BUR
rizzoli

Ida Magli in BUR

La dittatura europea

Dopo l'Occidente

Gesù di Nazaret

Il mulino di Ofelia

Omaggio agli italiani

IDA MAGLI

DIFENDERE L'ITALIA

BUR rizzoli
FUTUROPASSATO

ISBN 978-88-17-06677-8

Prima edizione BUR novembre 2013

DIFENDERE L'ITALIA

Dio ci salvi d'aver confidenza nei nostri Re
e nelle nazioni straniere.
Giuseppe Verdi

Capitolo 1

Dobbiamo accettare la distruzione dell'Europa?

Parte prima
Il quadro della situazione

Le speranze della scienza

La crisi attuale in realtà non è una «crisi». Si tratta, invece, del crollo di tutti i presupposti, quelli espliciti e consapevoli, ma soprattutto quelli impliciti, inespressi, sconosciuti alla maggior parte della popolazione, sui quali il sistema sociale e politico è stato fondato fino ad oggi. Un brevissimo sguardo su questi presupposti permetterà di rendersi conto facilmente di che cosa stiamo parlando e del fatto che nulla è recuperabile in Italia e in Europa di ciò su cui si reggeva il potere «democratico». Lo scrivo fra virgolette per segnalare ai lettori, come ha spiegato Gaston Bachelard nella sua *Epistemologia*,[1] che è cambiato il livello di comprensione di un concetto, ossia che il concetto di «democrazia», apparentemente tanto ovvio nella sua positività, lo dobbiamo assumere invece in forma critica per riuscire a individuare quale ruolo svolga nella decomposizione sociale in cui stiamo vivendo.

Ma a quale scopo questo sforzo di analisi e di approfondimento? Ebbene, anche se io sono convinta, come molti altri pensatori, che per la civiltà dell'Occidente sia giunta l'ora della fine, tanto da aver cercato di dimostrarlo nel libro pubblicato soltanto un anno fa e intitolato appositamente *Dopo l'Occidente*,[2] tuttavia è stata forse

---

[1] Gaston Bachelard, *Epistemologia*, Laterza, Bari 1975.

[2] Ida Magli, *Dopo l'Occidente*, Rizzoli, Milano 2012.

l'angoscia, l'eccesso di disperazione nel quale mi ha fatto sprofondare questa convinzione, a suscitare dentro di me tumulti di ribellione. Mi sono apparse così, all'improvviso, possibili vie di salvezza, complicati ma entusiasmanti progetti di resurrezione, folli sogni ad occhi aperti che però avrebbero potuto diventare realtà.

È stato in uno di questi momenti di abbandono alla speranza che mi è tornata vivissima alla memoria un'angosciosa domanda di Husserl: «Dobbiamo accettare il tramonto dell'Occidente come se si trattasse di una fatalità, di un destino che ci sovrasta?». È una frase che si trova nel saggio *L'idea di Europa*,[3] uno degli innumerevoli libri che ho letto in questi lunghi anni di battaglia contro l'unificazione europea e che non mi sono serviti a nulla perché gli ideatori e costruttori dell'Ue – economisti, banchieri, politici – sono stati attentissimi a non lasciare aperto neanche uno spiraglio in cui potesse prendere piede il pensiero critico, la riflessione filosofica, o anche soltanto un dubbio. Eppure lo sconsolato interrogativo di Husserl mi è servito più di quanto non potessi immaginare perché mi è sembrato subito falso, sbagliato. La sua ricostruzione della storia filosofica d'Europa mi è apparsa vecchia, inutile perché ignorava le scienze umane, la ricchezza del sapere sviluppatosi dall'Illuminismo e che ne ha trasformato le certezze in un tipo di certezza del tutto diverso e questa volta davvero determinante: la scoperta che la strada del sapere non è mai «certa» perché la scienza cresce su se stessa mettendo continuamente in dubbio ciò che già sa, e la scoperta che l'Uomo come «universale», cui si riferiscono i filosofi, non esiste. È questo il dato fondamentale dell'antropologia che ha spiazzato il sapere aristotelico e quello teologico. L'uomo è «uomo», appartiene alla specie umana in quanto parla (è la parola il carattere distintivo della specie umana) e parla soltanto se

[3] Edmund Husserl, *L'idea di Europa*, Cortina, Milano 1999.

sente parlare. Un certo numero di cosiddetti «sordomuti» è stato sempre presente in ogni società (l'incidenza statistica di questo gravissimo difetto genetico è quasi uguale ovunque) ma non si pensava che fossero muti perché non sentivano e anzi si associava di solito anche un certo deficit intellettuale a questo handicap. La situazione è cambiata da quando, intorno agli anni 1970-80, ingegneri e chirurghi otorinolaringoiatri hanno messo a punto la tecnica dell'impianto cocleare con la quale si fanno giungere all'area acustica cerebrale di chi nasce sordo (dall'1 al 2 per mille in tutto il mondo) attraverso stimoli elettrici dei suoni significativi permettendogli così anche di acquisire la parola. L'impianto però deve essere eseguito il più presto possibile dalla nascita per ottenere l'attivazione della parola perché, passato il primo anno e mezzo di vita, il bambino sente ma ha difficoltà ad imparare a parlare. Questo dato ha comprovato in modo quasi sconvolgente (almeno per coloro che non vogliono arrendersi all'idea della caratterizzazione bioculturale della specie) che la natura ha affidato il linguaggio alla cultura.[4]

È un'affermazione ovvia, ma proprio perché ovvio, il linguaggio e le lingue non erano mai state studiate sotto questo aspetto fino alla nascita dell'Illuminismo e delle scienze umane. Alla straordinaria ricchezza che la conoscenza dei sistemi linguistici ha apportato al sapere sull'uomo, si sono aggiunti gli studi particolari che tutti gli antropologi hanno fatto con un amore straordinario, sia perché convinti che non si può capire nessun modello culturale se non se ne conosce la lingua, sia per il timore che sparissero, insieme ai piccoli gruppi in estinzione cui si erano avvicinati, anche le loro lingue. Franz Boas e Alfred Kroeber (solo per citare i più importanti) hanno de-

---

[4] Anu Sharma – Amy A. Nash – Michael Dorman, *Cortical development, plasticity and re-organization in children with cochlear implants*, «Journal of Communication Disorders», luglio-agosto 2009, 42, luglio-agosto 2009, pp. 272-279.

dicato quasi tutto il loro tempo a raccogliere frammenti di lingue, racconti mitici, ricordi di leggende, da ogni indigeno che trovavano sulla loro strada, nella speranza che dalla massa disordinata del materiale accumulato si potesse poi, analizzandolo col particolare metodo messo a punto dall'antropologia, ricostruire i sistemi sociali, le credenze, i costumi, gli affetti del particolare gruppo, degli individui che quella lingua avevano creato.[5] Si può affermare che tutte le conoscenze fondamentali sulle «strutture della parentela» che gli antropologi hanno accumulato, creando con questo argomento un settore specializzato della loro disciplina, sono scaturite dall'analisi del particolare termine con il quale ogni singolo individuo si rivolge, e deve rivolgersi, ad ognuno degli appartenenti alla propria famiglia, distinto per grado di consanguineità, per sesso, per acquisizione matrimoniale. Oggi abbiamo sotto gli occhi la prova di quanto il linguaggio sia strettamente collegato alle forme della società e le rispecchi, nella distruzione che l'Occidente sta mettendo in atto dei termini di base delle «strutture della parentela»: non più mamma, papà, zio, nonna ma genitore 1, genitore 2 e probabilmente nessun altro termine di parentela, ci si chiamerà per nome e basta... Questo dato sarà sufficiente all'antropologo di domani (ammesso che l'antropologia sopravviva) per dedurne che nell'Europa del Duemila si tendeva ad eliminare la collaborazione fra natura e cultura prevista dalla natura e a ostracizzarla dando luogo esclusivamente alle tecniche culturali per costituire gruppi pseudo-parentali senza legami di «sangue». E potrà anche essere sicuro così, questo antropologo, anche se non ne trovasse nessun'altra

[5] Franz Boas, *Race, Language and Culture*, Macmillan, New York 1887; Alfred Kroeber, *Classificatory Systems of Relationship*, «Journal of the Royal Anthropological Institute», XXXIX, pp. 77-84; Dell Hymes, *A Perspective for Linguistic Anthropology*, in Sol Tax (a cura di), *Horizons of Anthropology*, Aldine Publishing Company, Chicago 1964, pp. 92-107.

prova, di avere a che fare con una società omosessuale, l'unica che ha bisogno di distruggere il concetto di legame di sangue per potersi rappresentare come strutturata in «famiglia».

Si è aggiunta alla consapevolezza linguistica la scoperta antropologica della «cultura». Questo termine è oggi talmente inflazionato e corrotto dall'uso non scientifico che se ne fa quotidianamente, da aver perso la forza epistemologica che invece possiede, e che ha trasformato la visione del mondo in quasi tutte le discipline. Volendo riassumerlo in poche parole possiamo intendere per cultura un «insieme complesso di costumi, di linguaggio, di tecniche, di significati, di valori, che caratterizza un gruppo umano, circoscritto nel tempo e nello spazio». Un *insieme complesso* implica – e questo costituisce la forza epistemologica di una definizione apparentemente banale – l'interazione fra i vari tratti del comportamento, un'interazione che non può essere valutata facendo semplicemente la somma dei singoli elementi che la costituiscono perché si integra in una «forma» particolare cui diamo il nome di «modello culturale».[6]

I filosofi, e Husserl ne è sotto questo aspetto uno dei rappresentanti più ottusi anche se è in buona compagnia (per esempio Nietzsche), non hanno preso atto quasi per nulla del concetto di cultura e sono rimasti «fermi» all'idea di un Uomo universale (analogamente alla teologia), così come sono rimasti fermi, forse inconsapevolmente, al dubbio sulla «trascendenza» che nei loro ragionamenti non manca mai perché o esiste ed è al di là dell'uomo, oppure non esiste e di conseguenza ogni sapere sull'uomo e dell'uomo è inutile. Insomma i filosofi, anche quando si dichiarano atei, assolutamente nemici del sacro e di una qualsiasi divinità, non riescono a «pen-

[6] Edward B. Tylor, *Primitive Culture*, Murray, London 1871; Alfred Kroeber – Clyde Kluckhohn, *Il concetto di cultura*, il Mulino, Bologna 1972.

sare», a vivere la trascendenza dell'uomo come tale, senza un al di là, quasi fossero proprio loro, i filosofi, incapaci di pensare la filosofia come pura «filosofia».

Di fronte alle disgrazie dell'Europa, i filosofi perciò non hanno saputo far altro che rinserrarsi nella filosofia, per disperarsi e al tempo stesso consolarsi perché loro, i filosofi, stavano comunque al di fuori, e non sono stati capaci di apprezzare l'ampiezza di orizzonti che le scienze umane aprivano sull'Uomo. Fenomenologia religiosa, antropologia culturale, sociologia, etnologia, storia, psicologia, psicoanalisi, psichiatria: tutti strumenti per comprendere l'Io, il singolo uomo *insieme* al gruppo e *attraverso* il gruppo, e per comprendere i popoli altri come «altri», non rifiutando di soffrire con loro pur sapendo che in realtà ci è impossibile «comprenderli».[7] Tutte le discipline dovevano quindi essere ripensate e ricostruite con al centro la «cultura», questo modo nuovo di concettualizzare l'ambiente in cui l'uomo vive e che è già manipolato dall'uomo fin dal primo momento in cui il neonato riesce a percepirlo intorno a sé perché possiede un nome, il nome che gli uomini gli hanno dato, culturalizzandolo, umanizzandolo. La stella, infatti, non è la stella, ma ciò cui ho dato il nome di «stella». Si può dire, tanto per fare un solo esempio del nuovo quadro delle scienze nato dal concetto di cultura, che tutto quanto l'archeoastronomia ha scoperto sull'«orientamento» degli antichi edifici è la prova più sicura di questo assunto, anche se si tratta di conoscenze che possediamo soltanto da pochi anni.[8] Senza l'antropologia, senza il concetto di «cultura» come totalità dell'ambiente pensato e creato dall'uomo, probabilmente gli astrofisici non sarebbero

---

[7] Ida Magli, «Introduzione» in *Onorate il grande spirito: testi e testimonianze degli indiani d'America*, a cura di Franco Garnero, Rizzoli, Milano 1999, dove si troverà una spiegazione particolareggiata di questa impossibilità.

[8] Giulio Magli, *Mysteries and Discoveries of Archaeoastronomy: from Giza to Easter Island*, Copernicus Books, New York 2009.

stati spinti a «curiosare» sul rapporto concreto, tanto concreto da poterlo misurare, dell'uomo con le stelle, con una determinata stella.

Malgrado tutte queste amare riflessioni sull'ottusa ignoranza e brutalità dei governanti che hanno cancellato le scienze umane dall'orizzonte dell'Europa per poterla uccidere, lo sconsolato interrogativo di Husserl è risuonato fortissimo dentro di me suscitando un'immediata risposta: no, no, qualche cosa si deve fare, qualche idea di salvezza la dobbiamo lanciare nel terribile mare di spietata contabilità creato dai banchieri e che ingoia tutto ciò che dà senso e valore all'umano. Dovremo pur rendere conto ai nostri figli e nipoti di non aver nemmeno tentato di reagire; di esserci lasciati calpestare come vermi, sprofondati in una totale vigliaccheria, senza neppure un urlo di rivolta. Qualcosa dobbiamo proporla, almeno per lasciare la testimonianza della consapevolezza, quella consapevolezza che è appunto, come ha affermato con forza Hans-Georg Gadamer, il carattere costitutivo della civiltà occidentale: «È qui e soltanto qui che è avvenuta la più importante delle rivoluzioni, l'apparizione di una presa di coscienza storica. Per coscienza storica intendiamo il privilegio dell'uomo moderno di avere piena consapevolezza della storicità di ogni presente e della relatività delle opinioni... Avere senso storico significa pensare espressamente all'orizzonte storico che è coestensivo alla vita che noi viviamo e che abbiamo vissuta».[9]

Morire con le armi in pugno era la speranza degli eroi greci, la certezza degli eserciti romani, il grido appassionato dei patrioti risorgimentali. Oggi che tutto questo è stato quasi completamente dimenticato, o addirittura guardato, se non con disprezzo, con il distacco di una totale incomprensione, appare davvero assurdo sperare

---

[9] Hans-Georg Gadamer, *Il problema della coscienza storica*, Guida, Napoli 1974.

in un soprassalto di vitalità. Eppure è così. Bisogna tentare a tutti i costi di reagire all'omicidio-suicidio che, per la prima volta nella storia, viene compiuto non da nemici su un popolo vinto, ma dai suoi stessi capi, dai responsabili della sua esistenza. La vigliaccheria è sempre disgustosa, intollerabile; ma lo è incomparabilmente di più quando si configura come l'accettazione, anzi la collaborazione, da parte di coloro che comandano, del tradimento verso i propri sudditi. Non si riesce neanche a crederlo che siano proprio quelli che hanno il dovere di assicurare il presente e il futuro della Nazione, a cooperare invece alla sua fine. Perfino quel «*Quoque tu, Brute?*» che risuona da tanti secoli come il più tragico grido di incredulità e di dolore che sia stato mai lanciato nella storia davanti al tradimento, appare «nullo» oggi di fronte a ciò che ci sta accadendo. Non è una congiura di pochi contro un capo, di un figlio contro il padre, una congiura che non vede altra via d'uscita che l'assassinio: sono i padri, i capi, che hanno congiurato per giungere all'assassinio dei figli, dei nipoti.

Fa parte di questo tradimento, ma appare tuttavia sorprendente, nel silenzio che i potenti hanno conservato sui suicidi di questi anni, mai avvenuti con tanta frequenza in Italia, il silenzio della Chiesa. È un silenzio traditore sotto due aspetti: la mancanza della denuncia nei confronti dei politici che inducono, quasi costringono con le loro leggi alla disperazione e al suicidio i propri sudditi. Ha trovato il coraggio di farla qualche laico, questa denuncia, presentando esposti alle Procure della Repubblica per istigazione al suicidio contro il capo del governo, Mario Monti,[10]

---

[10] Il Codacons ha fatto un esposto contro lo Stato per istigazione al suicidio. La Confedercontribuenti ha chiesto una commissione d'inchiesta internazionale alla Corte di giustizia dell'Aia sui suicidi di Stato. È stata presentata anche una querela contro il governo Monti presso il Tribunale di Roma il 17 aprile 2012 dall'avvocato Marco Bravaccini (testo visibile sul sito www.difendiamoci.org). Attualmente ancora senza risposte.

come mai non l'ha trovato la Chiesa? Ma soprattutto la mancanza – questa davvero la più grave e quasi non credibile – da parte dei sacerdoti del richiamo alla «speranza», virtù evangelica per eccellenza, che vieta il suicidio ai credenti. Lo vieta perché «essere uomini», sapere di poter pensare, capire, vedere, sentire, amare, soffrire, odiando la morte, è di per sé il fatto più bello che esista. Fa parte della creazione, della bellezza del mare, delle montagne, degli astri, dei colori, dei fiori, dei suoni... fa parte del mondo guardato con gli occhi dei poeti, con gli occhi d'amore di quello straordinario poeta che era Gesù di Nazaret. Speranza! Parola, sentimento bellissimo, che è sparito dall'orizzonte nel quale siamo stati rinchiusi, così come ne è sparita la bellezza.

La Terza guerra mondiale

È il vedere quanto sia orrido il mondo nel quale i governanti ci hanno costretto a vivere, però, che non può non suscitare una reazione di rabbia.

Rabbia! Un'irrefrenabile rabbia deve spingere almeno a smascherare i traditori, a consegnarne i nomi alla storia. L'Occidente non è morto di morte naturale, consumato dall'inevitabilità dei cicli storici. Si è trattato di un genocidio, di un'uccisione compiuta deliberatamente dai suoi capi politici, dai suoi capi religiosi, in una forma tanto perversa da non essere mai stata pensata prima nella storia: l'Europa è stata spinta ad uccidersi. Tutto questo nel silenzio più assoluto. Nessuno ha parlato: né giornalisti, né sacerdoti, né intellettuali. Questa è forse la cosa più incomprensibile e più disperante: nessun intellettuale ha reagito facendo sentire la propria voce. Non ci sono più «intellettuali» – poeti, musicisti, artisti – in Europa, in Italia? Sembrerebbe impossibile; ma il fatto che non abbiano parlato proprio in una situazione nella quale soltanto loro sarebbero stati in grado di spiegare ai popoli le trame complicatissime di un progetto non «pensabile», non «credibile», quale quello della distruzione degli Stati e delle genti europee, è la prova ultima della morte imminente della nostra civiltà.

Sono stata sempre convinta, con assoluta certezza, che l'ultima parola, in ogni tempo, in qualsiasi situazione, spetti ai poeti. L'avevo affermato in pubblico, senza alcun timore di poter essere smentita, perfino in un convegno di letterati e poeti sul pericolo atomico, tenutosi nel lontano 1982 sulle falde dell'Etna, con in sottofondo il brontolio del vulcano che gettava fino alla porta dell'albergo dove eravamo riuniti i suoi spruzzi neri. Era una strana circostanza: la sensibilità di un poeta e critico come Giovanni Raboni gli aveva permesso di capire quanto l'antropologia fosse vicina alla poesia, quasi analoga alla poesia, come non ci fosse differenza fra scienza e arte, tanto che aveva voluto includere un antropologo nel gruppo dei convegnisti. Fu così che mi trovai a sostenere, quasi senza accorgermene, che soltanto i Poeti (l'Arte) possono parlare di fronte alle guerre, di qualsiasi tipo esse siano, perché sono state sempre volute dal Potere, tanto nel passato quanto oggi, e per un unico fine: garantire il potere a chi già lo detiene, oppure garantirlo a chi lo vuole raggiungere. Per questo, dunque, l'ultima parola spetta ai Poeti: perché chi ha fatto dell'arte non può mai essere stato agito del tutto dal Potere.

Su questo punto ci fu il consenso di tutti i convegnisti e non mi fu difficile perciò giungere ad analizzare nella sua essenza «bellica» la profonda distruttività insita nell'unificazione europea, e a dimostrare che quella che stiamo subendo da parte dei nostri governanti è una vera guerra, la Terza guerra mondiale. Una guerra atroce, anche se per ora non si vede scorrere altro sangue se non quello dei suicidi, e che annienta le possibilità di vita più della guerra atomica (dalla quale gli uomini, i giapponesi, sono stati capaci di risorgere) perché è una guerra che vuole essere «finale», una guerra che vuole – e realizza – prima della distruzione fisica degli individui che ne sono i portatori, la distruzione della civiltà, della cultura, della storia d'Europa.

Una guerra, dunque, che io definisco «terza» proprio perché conto, denunciandola, che molti vi si oppongano impedendole di diventare «finale».

Questa Terza guerra mondiale è segreta, silenziosa, paralizzante come gas nervino, ed è già penetrata ovunque, senza essere stata dichiarata da nessuno perché i nemici sono i nostri stessi governanti, o meglio coloro di cui non conosciamo il nome ma che, nascosti dietro ai governanti, misteriosamente li dirigono. È stata messa in atto una violenza mentale di tipo nuovo, pur nella lunghissima storia delle violenze ideologiche, perché soffoca con le corde invisibili di un'assoluta pseudo-logica ogni possibile reazione dei sudditi. È soltanto quando non c'è più nessuno che osi ancora «pensare», infatti, che osi ancora credere, avere fiducia nel proprio sistema logico perché è quello dell'Uomo in quanto uomo, al di là dell'imposizione mentale dei potenti, che i popoli crollano. S'instaura, allora, una forma di delirio che, partendo dal gruppo direttivo, diventa collettivo, un delirio ben descritto da Georges Devereux presso le popolazioni etnologiche,[11] ma che possiamo almeno in parte riconoscere anche in molti fenomeni verificatisi prima d'oggi in diversi periodi del passato nella storia d'Europa.

Sarà sufficiente fare un solo esempio fra i tanti possibili: quello in cui sono stati gli studiosi apparentemente più liberi da qualsiasi pregiudiziale, specie da quelle religiose, ad essere certi dell'esistenza delle «streghe», impregnando di questa certezza la società e i magistrati del

---

[11] Georges Devereux, *Saggi di etnopsichiatria generale*, Armando, Roma 1978.

loro tempo. Possiamo indicare fra i tanti studiosi di questo tipo il famoso filosofo e giurista Jean Bodin. La sua storia è talmente esemplare che dovrebbe essere studiata in tutte le scuole e ricordata ogni giorno dai giornalisti, dai politici e dal clero. È esemplare perché Jean Bodin è un illustre professore di diritto romano, procuratore generale del Re di Francia, e ha pubblicato l'opera *Heptaplomeres* che è fra le prime a teorizzare la questione della «tolleranza», in anticipo sulle convinzioni filosofiche e politiche del suo tempo. Jean Bodin è però così sicuro che il Diavolo, di cui non mette minimamente in dubbio l'esistenza, si impossessi delle streghe inducendole ai più orridi delitti, da scrivere il codice processuale sul quale debbono essere condotti i processi di stregoneria: *De la démonomanie des sorciers*.[12] Siamo nel 1580; l'Umanesimo e il Rinascimento sono in piena fioritura in Italia, in Francia, in Germania; sono anche già nati da molto tempo gli Ordini di predicazione popolare, francescani e domenicani soprattutto, che hanno riportato l'attenzione dei credenti sul Vangelo, solo e soltanto Vangelo, «*sine glossa*», come aveva gridato Francesco d'Assisi per liberare la Chiesa dal predominio precettistico biblico. Il codice processuale di Jean Bodin rivela, invece, che ciò che guida i Papi e la gerarchia ecclesiastica è l'Antico Testamento nella primitività del ragionamento magico-tabuistico di migliaia di secoli fa. C'era, a dire il vero, già un indizio nell'*Heptaplomeres* di quale fosse l'atteggiamento fondamentalmente superstizioso di Bodin. Nel dialogo fra i rappresentanti di varie fedi religiose, che è l'argomento del libro, la simpatia dell'autore va all'ebreo Toralba, tramite il quale l'ebraismo viene presentato come una possibile forma di religiosità universale. Siamo, come si vede, a pochi passi dall'attualità. Se vi si aggiungono gli altri due

[12] Jean Bodin, *Demonomania degli stregoni*, Storia e Letteratura, Roma 2006.

componenti dell'epoca di Bodin, l'omosessualità e l'estremismo ideologico, si potrebbe quasi pensare che ben poco cambi con il passare del tempo. È anche per questo che mi sono soffermata sulla figura di Bodin, il quale può essere visto come una specie di prototipo di quell'universalismo falsificatore del bene che ha quasi del tutto annientato le capacità razionali dell'Europa.

Nei processi alle streghe ogni buona regola processuale è cancellata per far posto all'astuzia di un inquisitore che deve fronteggiare non le streghe, ma un personaggio più astuto di lui, il Diavolo che opera nelle streghe. Lo scopo del processo è soltanto uno: la condanna a morte. Per essere sicuro di questa meta Bodin ha basato il codice sul principio dell'equivalenza della stregoneria con il crimine di lesa maestà che appunto comporta la condanna a morte. L'astuzia dell'inquisitore, quindi, consiste nell'indurre la strega a dire quella parola o a fare quel gesto che ne confermi la condizione di «strega». Una volta raggiunto questo scopo il processo non ha più storia. La condizione di strega comporta di per sé: il rinnegamento di Dio, che obbliga il giudice a comminare la morte in applicazione del Deuteronomio; di adorare il Diavolo, che obbliga a comminare la morte in base all'Esodo; di offrire al Diavolo i propri figli, che obbliga a comminare la morte in base al Levitico; di bestemmiare, che obbliga a comminare la morte in base al Levitico. Come si vede tutto il campo della stregoneria è fondato sull'Antico Testamento, anzi si potrebbe studiare – cosa che ancora non è stata fatta – la nascita stessa delle credenze nel potere dell'attività del Diavolo e delle persone al suo servizio in questo predominio dell'Antico Testamento nel mondo cristiano. Probabilmente sono stati i vari movimenti protestanti a suscitare l'interesse dei cristiani verso questo tipo di conoscenza, tanto nei Paesi riformati quanto in quelli cattolici, insieme alla presenza molto influente sui Papi e sugli esponenti più alti della Gerarchia di una forte e ricca comunità ebraica. Ma questo, come vedremo subito, è soltanto uno degli elementi che formano il contesto della stregoneria. I processi alle streghe rappresentano, in realtà, il documento più chiaro e convincente di come tutta una popolazione, spinta dai suoi leader religiosi e politici, possa perdere qualsiasi nozione di razionalità e di giustizia. Jean Bodin, illustre giurista e docente di diritto romano, non ha dubbi sul fatto che le streghe vadano affrontate con un apposito codice che fa a pugni con qualsiasi concetto di codice giuridico, ma che diventa giusto per affrontare il Diavolo. Riesce così ad impedire, con la sua autorità e il suo prestigio, che anche una sola strega sfugga al rogo tramite quella diagnosi di «malattia mentale» che la comunità medica ha proposto agli inquisitori già da molti anni. L'esponente più in vista di questa comunità è il medico olandese Johann Wier (Wierus in latino) il quale, mosso a pietà dalle povere «donnette» analfabete, incapaci di capire in quale dramma teologico e giuridico fossero incappate con quell'accusa di stregoneria che le manda tutte al rogo senza eccezioni, punta le sue armi nel dimostrare che i poteri magici attribuiti alle streghe erano dei falsi immaginari. Già nel 1563 Wier aveva pubblicato un trattato su questo argomento, il *De praestigiis daemonum*, accolto con favore dai più importanti medici e dagli spiriti illuminati del suo tempo i quali assistono con disagio ai lugubri e spettacolari processi alle streghe. Il trattato suscita però l'ira furibonda di Bodin: nessuna strega deve sfuggire al rogo, facendo vincere il Diavolo. Bodin perciò si scatena contro Wier accusandolo di essere un «mediconzolo» in rapporto col demonio, accusa che porta facilmente al processo e alla condanna. Del resto la prova che si tratta del Diavolo è presto data: per quanto i processi possano teoricamente riguardare tanto stregoni quanto streghe, in realtà i soggetti presi di mira dal Diavolo sono quasi tutte donne perché il Diavolo le «possiede».

Da questo termine noi possiamo capire tutto, o quasi. C'è il sesso di mezzo, e c'è il sesso anche nell'odio sfrenato di Jean Bodin contro le streghe. Sono donne e Jean Bodin ha orrore delle donne, le teme, le rifiuta. L'omosessualità di cui non vuole rendere conto neanche a se stesso, lo guida, lo domina e travolge tutte le sue difese consentendogli di trovare giusto finalmente abbandonarvisi perché il possesso delle donne è demonico. L'omosessualità, dunque, è il segreto della caccia alle streghe. Pervade tutto il campo della persecuzione, dall'irrazionalità abnorme e grottesca dei processi alle torture chiaramente di tipo erotico e sessuofobico, come per esempio l'obbligo di denudarle totalmente radendone i capelli e ogni pelo. La distruttività tipica delle passioni omosessuali domina il rapporto degli inquisitori con queste donne, costrette a raccontare, a inventare, spinte dai suggerimenti degli inquisitori, fantasie sessuali abnormi che soddisfino infine ciò di cui gli interroganti vanno in cerca: la realizzazione ossessiva di una penetrazione anale della quale possono godere identificandosi nelle streghe perché soltanto il Diavolo è capace di «possedere» fino all'estenuazione del piacere attraversando analmente tutto il corpo da un'apertura all'altra. Alla fine, diabolicità e omosessualità si equivalgono nella ricerca di un orgasmo compulsivo sempre più al limite, sempre più estremo, ma che non si esaurisce mai.

Il fatto stesso che sia stato attribuito al Diavolo il coito anale dice chiaramente quanto sia forte l'omosessualità e quanto sia impotente la sua repressione. L'omosessualità è presente sempre, in tutti i luoghi e in tutti i tempi in cui si parla di streghe, in Italia, in Francia, in Inghilterra, in Spagna, in Germania. Nelle prediche di San Bernardino da Siena le accuse contro i «sodomiti» vanno di pari passo con quelle contro le streghe. È Bernardino, infatti, a sobillare la folla, cui sta facendo un'infuocata predica contro le streghe, al punto da spingerla a bruciare sul posto la supposta strega Funicella. È Bernardino a gridare nello stesso momento in cui manda al rogo le streghe: «Al fuoco, al fuoco, vadano al fuoco tutti i sodomiti di Firenze».[13] L'associazione dell'odio per le donne e l'odio per i sodomiti è rivelatrice di quell'omosessualità repressa che spinge Bernardino a temere di ogni donna, salvo la Madonna; a trovare nelle donne tutti i difetti e tutte le brutture possibili tanto da accusarle di essere la causa dell'omosessualità dei mariti e a guardare con orrore una donna che osi ridere aprendo la bocca perché vi vede un'oscenità intollerabile: «Quando tu vedi una che abbi il costume di ridare, alla squadernata, che ella apre la boca e mostrati tutti i denti, dì sicuramente che colei sia paza».[14]

Non diversamente ha predicato contro i sodomiti Girolamo Savonarola tanto da essere sottoposto egli stesso, per rivalsa, ad ispezione anale durante il processo e da essere condannato al rogo «per eresia»; ma come ormai sappiamo bene, l'accusa di «eresia» era indistinguibile da quella di stregoneria e di omosessualità. La prova più chiara si ebbe al momento del rogo, quando gli stessi magistrati che l'avevano condannato, assistendo all'esecuzione, gridarono: «Lodato sia Iddio, ché si potrà soddomitare!».[15] In concomitanza con la presenza di tanti omosessuali che predicano contro l'omosessualità, cresce a dismisura la devozione alla Vergine Maria: Vergine, Vergine, Vergine. La Madonna è l'unica donna di cui, come la propria madre, gli omosessuali possono sopportare la presenza: sono al sicuro dal doverla possedere. Nelle prediche di Bernardino la lode alla Vergine Maria è ininterrotta. Nei soli sermoni latini, interamente dedicati ad

---

[13] Bernardino da Siena, *Le prediche volgari*, a cura di C. Cannarozzi, vol. II, Rinaldi, Firenze 1958, pp. 47ss.

[14] Bernardino da Siena, *Prediche volgari,* a cura di L. Banchi, vol. II, Tip. Edit. all'inseg. di S. Bernardino, Siena 1884, p. 451.

[15] Roberto Ridolfi, *Vita di Girolamo Savonarola*, Belardetti, Roma 1952, p. 27.

esaltare Maria, l'epiteto di «vergine» ricorre 864 volte.[16] Ma come si sa la devozione alla Vergine si sviluppa in Occidente dal Mille in poi proprio in coincidenza con la denuncia dell'omosessualità monastica fatta da San Pier Damiani, mentre Bernardo di Chiaravalle decide che tutti i monasteri del suo Ordine saranno dedicati alla Madonna e porteranno il nome della Vergine Maria.

Si spiega con la compresenza di omosessualità e stregoneria quel fenomeno che ha tanto meravigliato gli storici: il grande numero di processi contro le streghe che si sono svolti in Inghilterra praticamente fino agli inizi del secolo XVIII. Processi assurdi, nei quali spesso i protagonisti sono delle bambine, a cui viene affidato il compito di dire e di fare ciò che gli adulti non vogliono o non possono dire o fare. Il Diavolo imperversa nell'Inghilterra del Seicento insieme a racconti di magie stregoniche che non si sa quale consistenza storica possano avere, ma che girano tutti intorno al sesso proibito, all'omosessualità.[17]

Tutte le scienze umane, dall'antropologia alla sociologia, alla psicologia, alla psichiatria, hanno abbondantemente studiato e verificato la connessione fra sessualità e psicopatologia, tanto individuale quanto collettiva. Sulla base di questi studi sono stati accumulati moltissime conoscenze e dati precisi che riguardano diversi periodi storici in Europa e molti gruppi tribali contemporanei un po' ovunque, ma soprattutto in Africa dove questo genere di psicopatologie collettive appare con maggiore

---

[16] Li ha contati Giulio Folgarait, *La Vergine bella in S. Bernardino da Siena*, Ancora, Milano 1939, p. 111.

[17] Do qui qualche indicazione bibliografica di base sull'argomento della stregoneria per obbligo di autore, avvertendo però i lettori che non vi si trova nessun accenno al mio tipo d'interpretazione. Jules Baissac, *Les grands jours de la Sorcellerie*, Paris 1890; Robert Mandrou, *Magistrats et Sorciers en France au XVIIe siècle. Une analyse de psychologie historique*, (con una importante bibliografia) Plon, Paris 1968; Christina Hole, *Witchcraft in England*, New York 1966 (1947).

frequenza.[18] Torneremo più volte nel corso di questo libro sulla connessione fra sessualità e psicopatologia collettiva perché sintomatologie di questo genere sono evidenti oggi nel generale degrado della società tanto negli Stati Uniti quanto in Europa. Probabilmente si trova qui uno dei motivi più forti che hanno spinto il Laboratorio per la Distruzione (il supposto centro operativo che dirige i governanti euromondialisti) a ordinare l'eliminazione delle scienze umane dall'orizzonte del sapere in Occidente, visto che sono state proprio le scienze umane a mettere in luce questi aspetti, ma soprattutto questa interpretazione, del comportamento umano.

Sembrerebbe incredibile che possano verificarsi anche nei contesti più progrediti scientificamente e politicamente più liberi, come nelle democrazie occidentali, gli stessi comportamenti di brutale dispotismo, di divieto del sapere, che hanno accompagnato nella storia del mondo gli imperi assoluti e le istituzioni religiose di ogni genere, da quelle giudaiche a quelle cattoliche e protestanti, da quelle sciamaniche a quelle buddiste.[19] Ma la realtà ci obbliga a prenderne atto.

Il Laboratorio per la Distruzione

Un centro operativo, che chiamo «Laboratorio per la Distruzione» (Lpd per gli amanti delle sigle), esiste sicuramente, anche se non sappiamo dove sia collocato e quali siano gli uomini che vi lavorano. Se ne ha la prova nella sistematicità logica con la quale viene condotta, nei vari campi sociali, culturali e politici, la Terza guerra mondiale.

---

[18] Margaret J. Field, *Witchcraft as a Primitive Interpretation of Mental Disorder*, «Journal of Mental Science», X (1955); Jacques Lombard, *Les cultes de possession en Afrique Noire et le Bori Hausa*, «Psychopathologie Africaine», III (1967), pp. 419-439.

[19] Ida Magli, *Il mulino di Ofelia*, Rizzoli, Milano 2007.

Volendo attenerci soltanto all'esempio delle scienze umane – antropologia, sociologia, psicologia, psicoanalisi, psichiatria, etnologia – non si può non rilevare che queste sono state combattute per diversi anni con formidabili «armi improprie», fra le quali più potente di tutte il marxismo, ottenendo però, com'è logico, ancora un maggiore interesse da parte dell'opinione pubblica e soprattutto fra i giovani e le femministe; poi, a cominciare dagli anni Novanta, sono state fatte sparire nel più grande silenzio, senza che nessuno abbia ritenuto necessario rilevarlo. Nel periodo rivoluzionario del '68 l'antropologia e la psicologia erano entrate di prepotenza nel sapere dei giovani, affascinati sia dalle conoscenze sui popoli «altri» che l'antropologia portava con sé, sia dalla possibilità di rimettere in discussione tutti i «ruoli» prestabiliti, in base alla critica dell'autorità della famiglia, del «padre» soprattutto, e di conseguenza di un Dio visto come Padre.

Dalla critica sul potere del Padre era tornata alla ribalta l'idea che «alle origini» della formazione della società il potere potesse essere stato nelle mani della Madre. Un'idea accantonata dopo le furiose polemiche che, a partire già da Hobbes, erano divampate fra filosofi e storici turbati dalla possibilità che le donne fossero mai state in grado di governare e di maneggiare le armi. Questa volta però c'erano le femministe: il quadro era cambiato. Sono riapparsi all'improvviso nelle librerie, nei corridoi delle università, nei mille giornali e giornaletti che animavano le discussioni sessantottine, i nomi e i testi degli autori dell'Ottocento e del primo Novecento che si erano occupati con passione di questi argomenti proprio perché trascinati, sebbene riluttanti e diffidenti nei confronti del femminismo, dalle scoperte e dalle teorie degli antropologi sull'organizzazione sociale delle popolazioni «primitive». Le dispute furibonde fra studiosi e accademici «seriosissimi» quali Johann Bachofen, Lewis Morgan, Henry Maine, Edvard Westermarck, che mai nessuno avrebbe potuto immaginare capaci di una qualsiasi emozione, sull'esistenza di un potere delle donne alle origini della società, su una Grande Madre mediterranea, sulla poligamia originaria, sul diritto materno, avevano scosso la tranquilla atmosfera quasi ovunque «vittoriana» della Germania, della Svizzera, della Francia, dell'Inghilterra dove il femminismo faceva i suoi primi passi senza che nessuno pensasse che fosse davvero il caso di preoccuparsene tanto lo si riteneva ancora soltanto l'ultimo degli abituali fastidiosissimi capricci femminili.

Quando Florence Nightingale, un'accigliata zitella inglese, raduna tutti i suoi beni e parte per Scutari insieme a un piccolo gruppo di infermiere finlandesi, decisa a prestare le sue cure ai militari britannici feriti nella durissima guerra di Crimea, l'Inghilterra se ne scandalizza, la giudica un po' matta e le Autorità militari fanno di tutto per convincerla a tornarsene a casa, ma l'evento viene ancora catalogato più o meno compassionevolmente fra le stranezze del carattere femminile. Florence, però, è una persona decisa a non finire, come finora sono finite tutte le donne, sepolta nel matrimonio o in un convento. Vuole lavorare nel mondo e per il mondo. Possiede una grande capacità organizzativa e una grande volontà di sapere scientifico (s'interessa, prima donna al mondo, di una disciplina che è ancora ai suoi inizi: la statistica): dunque le metterà a frutto curando i suoi compatrioti feriti e che si trovano, a quanto risulta dalle relazioni inviate in Inghilterra dai giornalisti di guerra, in condizioni igieniche e terapeutiche spaventose. Per una misteriosa decisione del destino Florence giunge a Scutari il 5 novembre 1854, il giorno della terribile battaglia di Inkerman dove il corpo di spedizione britannico ha contato 15.000 caduti. Nella spaventosa bolgia che l'ospedale da campo rigurgitante di feriti presenta ai suoi occhi, Florence vede subito che il vero nemico per questi sopravvissuti ai cannoni e ai fucili sono le infezioni, la sporcizia, la cloaca a cielo aperto, i pagliericci infestati dagli insetti. Colpita al cuore alla vista dei feriti che cercano di non appoggiarsi ai lenzuoli e ai cuscini imbrattati di ogni lordura, organizza immediatamente, mentre i medici militari la guardano stupiti, un imponente servizio di lavanderia. Iniziano in questo modo, con il via vai di pentoloni d'acqua bollente di Florence, la storia dell'assistenza infermieristica[20] e, insieme a questa, i primi passi della libertà professionale, quindi politica, delle donne.

La Germania e la Svizzera non erano più «avanzate» dell'Inghilterra riguardo la libertà e il potere delle donne. La Svizzera è stata l'ultima fra le Nazioni dell'Europa occidentale a concedere il voto alle donne nelle elezioni politiche e i governi austro-ungarici sono stati altrettanto conservatori impedendo, nel rispetto delle tradizioni, qualsiasi innovazione nel costume matrimoniale e femminile. L'Italia, al contrario, era come sempre agitatissima. Attraversata da movimenti e correnti in contraddizione fra loro a causa della situazione politica che l'ha tenuta divisa fino alla formazione del Regno, anche il costume e la condizione delle donne erano diversi fra il Nord occidentale e il Nord orientale, il Centro e il Centro-Sud. Gli storici sono soliti dimenticare, quando descrivono in termini critici le annose differenze fra il Nord e il Sud, che gli italiani sono stati governati per secoli da regnanti di mentalità e di cultura molto diverse da una zona all'altra e che il termine «governo» ha sempre significato e lo significa anche oggi, inserita nella «politica», l'imposizione esplicita e implicita di tutto il modo di vivere e di pensare: economia, morale, costume, religione, cultura, diritto, abbigliamento, spettacoli. Le donne sono state sempre,

[20] È ancora in uso il libretto di appunti scritto da Florence durante il suo servizio a Scutari: *Notes of Nursing*, edito in italiano a Nizza nel 1860 e ristampato a Milano nel 1980 a cura dell'Associazione Regionale Lombardia Infermiere-Infermieri. Vedi anche Ida Magli, *Storia laica delle donne religiose*, Longanesi, Milano 1995, pp. 293-299.

ovviamente, l'oggetto immediato e più sorvegliato dell'insieme culturale e politico. Se durante il Risorgimento molte di loro hanno potuto partecipare ai moti dei patrioti, oppure scrivere a Garibaldi lamentandosi di non poterlo fare come ha fatto Virginia Moro: «La natura mi fece il torto di farmi nascere femmina, perché il nostro sesso è ingiustamente pieno di schiavitù»,[21] la maggioranza invece è stata costretta all'analfabetismo (la frequenza alle classi elementari è diventata obbligatoria per le femmine soltanto con il fascismo) entro le mura domestiche.

Lo Stato Pontificio ha sempre ignorato i «bisogni» concreti dei popoli suoi sudditi, tenendoli, a cominciare dai cittadini di Roma, nell'abbandono alla miseria e alla sporcizia più assoluta, senza provvedere neanche alle strutture elementari di una città quali le cloache, gli acquedotti, le strade. Non c'è stato viaggiatore che non abbia messo in rilievo nei suoi ricordi di viaggio, le tristissime esperienze fatte nei soggiorni nell'Urbe e nelle strade e locande da Roma in giù. Era notorio, e in pratica non si poteva farne a meno, che il colonnato di San Pietro serviva come gabinetto pubblico.[22] I Borboni del Regno di Napoli non erano più solerti dei Papi. Amanti del bello e dei giochi d'acqua nei propri giardini, non hanno mai pensato che al popolo fossero necessarie le strade e le fontane: sono rimasti famosi, e oggetto di ammirazione degli artisti per la loro grazia, gli «acquaioli» di Napoli, ragazzetti che vendevano l'acqua o la limonata per le strade. Né hanno ritenuto che fosse necessaria qualche struttura igienica nelle proprie dimore: è rimasto famoso il fatto che perfino con il potente acquedotto di Caserta la nuovissima, splendida Reggia, ricca di mirabili giardini e giochi d'acqua, era priva d'acqua e di gabinetti e che

---

[21] Giacomo Emilio Curatolo, *Garibaldi e le donne*, Imprimerie Polyglotte, Roma 1913, p. 14.

[22] Émile Zola, *Roma*, Bordeaux, Roma 2012.

il Re Ferdinando soleva invitare i suoi ospiti ad ammirare la propria meravigliosa collezione di dipinti sul pianerottolo dove tutti facevano i propri bisogni.[23]

In questo contesto sociale e culturale è evidente che non poteva nascere alcuno spirito femminista. È stato, come ho accennato, il patriottismo, a suscitare anche in qualcuna delle donne del Sud la voglia di liberarsi dalla prigionia domestica e muovere qualche passo all'esterno.

Come dicevo, però, all'inizio degli anni Novanta le scienze umane sono state fatte sparire dall'orizzonte dell'informazione di massa, semplicemente con il silenzio, non parlandone più. All'improvviso i giornalisti hanno smesso di intervistare, come era diventato di prammatica per ogni fatto di cronaca, uno dei tecnici alla moda in questo campo; nessuno ha più dato rilievo alla pubblicazione di qualche nuova scoperta o qualche nuovo saggio degli autori più famosi. A stento è stata data la notizia nel 2009 della morte di Lévi-Strauss, l'autore del quale si erano nutrite generazioni intere di femministe, le stesse che adesso sono arrivate a posti di potere nel giornalismo, nella politica, ovunque. Dato l'enorme entusiasmo che le scienze umane avevano suscitato nel periodo che va dalla fine della Seconda guerra mondiale fino presso a poco agli anni Novanta, il fatto che nessuno abbia fatto rilevare questa sparizione sarebbe «strano» se non rappresentasse la conferma che la sparizione è stata voluta. Le cattedre ovviamente sussistono, ma le loro scienze non fanno più notizia. Lo Stato, inoltre, è generosissimo nel fornire ai propri sudditi l'assistenza di psicologhe (la femminilizzazione delle professioni, come vedremo nei prossimi capitoli, ha un preciso significato), figure fisse, insieme agli insegnanti e ai medici, in tutte le scuole, nei tribunali, nelle Asl, ma si tratta di un servizio privo di risvolti critici. Come è noto, anzi, psicologia e

[23] Harold Acton, *I Borboni di Napoli*, Giunti, Firenze 1997, p. 23.

psicoanalisi sono funzionali al mantenimento pacifico della società perché ricercano e trovano sempre all'interno dell'individuo le cause del suo malessere.

Contemporaneamente sono state eliminate dalle scuole, per ordine dell'Ue, antiche, nobilissime ed essenziali discipline come la geografia, la letteratura latina e greca con le lingue corrispondenti, riducendole tutte a fantasmi, innocui brandelli di un sapere inesistente. Perfino la storia, privata di tutti i contributi metodologici di cui l'epoca moderna l'aveva arricchita, sembra diventata un residuo d'altri tempi, impotente a dare agli uomini quella consapevolezza di se stessi che ne è (o dovrebbe essere) il frutto principale, conquista fondamentale della civiltà europea. Anche questo è stato deciso e messo in atto nel più completo silenzio. Sembra di vivere in una società di analfabeti, dove nessuno è in grado di valutare e di esprimere un giudizio su simili provvedimenti. Eppure anche soltanto il corpo insegnanti italiano (ma il decreto riguarda tutte le scuole dell'Ue) è costituito da circa un milione di persone. Come mai non hanno protestato, non hanno espresso e comunicato almeno ai giornali il loro parere su una decisione così grave? Di fatto i governanti, provvedendo a educare tutti con le scuole di Stato, hanno dettato anche il tipo di insegnamento cui i sudditi debbono essere sottoposti, tipo d'insegnamento che possiamo riassumere nel dato che segue: gli studenti debbono studiare in modo da non imparare nulla, o quasi nulla. Per prima cosa non debbono imparare a «pensare», a che cosa serva «pensare», a che cosa serva «conoscere»; di conseguenza, debbono imparare tutto senza imparare nulla su di sé, sulla propria vita, sul proprio ambiente, sul proprio gruppo, sulla propria storia, sulle istituzioni e sul potere che le regge, attuale o passato che sia. Sembra evidente che tutto questo sia stato programmato in vista dell'ideologia di chi comanda in Europa, o almeno di quello che si suppone sia questa ideologia:

l'omogeneizzazione mondiale, la formazione di persone tutte uguali: i «cittadini del mondo».

È obbligatorio, pertanto, insegnare ai ragazzi quale sia la verità sul sesso stabilita dal Potere. Non quella che il bambino vede, sente, tocca su di sé da quando è nato, quella della natura che ha fornito il pene e l'utero per la prosecuzione della specie, Dna diversi fra maschi e femmine, così come ha fornito gli occhi per vedere, i polmoni per respirare, ma quella del *gender* (termine che non viene mai tradotto vista la sua ambiguità). Che poi è ovviamente quella imposta dagli omosessuali «maschi» e che proprio in questi giorni l'Italia ha approvato: si è maschi o femmine, o anche trans, se l'individuo crede o pensa o desidera, o «sente» di esserlo. Il Consiglio d'Europa, come abbiamo visto, ha fornito la traccia obbligatoria per tutti. Al Policlinico di Bari si effettuano cambiamenti di sesso con 170.000 euro a intervento forniti dalla Regione Puglia (il cui presidente Nichi Vendola non ha mai nascosto la sua omosessualità), stanziamento che naturalmente serve a incrementarli. Perché si vogliono rendere più frequenti e «normalizzare» i cambiamenti di sesso caricandone la spesa sulle spalle della società? La spiegazione va cercata nel loro desiderio di integrazione (cosa che vedremo meglio più avanti). Le tecniche chirurgiche odierne facilitano questo scopo, anche se si tratta di operazioni di per sé molto complesse, e che lasciano sempre, o quasi sempre, conseguenze negative fisiche e psicologiche.

Una cosa, però, la si può dedurre con sicurezza da questi comportamenti e deve apparire chiara a tutti: nella direzione di senso impressa all'Europa dal Laboratorio per la Distruzione l'uguaglianza finale non sarà soltanto quella delle idee, della lingua, della religione, della Patria, ma anche fisica. L'uguaglianza che si persegue, però, è il più possibile «indistinta», di cui il modello è il «trans», in cui in apparenza è il maschio che assume qualche tratto di femminilità, ma di fatto non lo «aggiunge», non lo «somma» alla virilità perché, come l'opinione popolare ha sempre pensato, il maschio, pur quando continua a possedere e a far funzionare il pene, di fatto non è più «maschio» e non è «femmina». Insomma nella natura le forme ambigue sono errori e la cultura ha sempre cercato di correggere gli errori della natura o di evitarli. È soltanto in questo modo, infatti, che ha potuto sviluppare la scienza e la tecnica. L'omosessuale presenta già comportamenti «ambigui» dal punto di vista della mascolinità culturale: il «trans» li fissa fisicamente oltre che culturalmente, anche se ha bisogno della cultura per riuscirci. Quello che abbiamo davanti oggi, dunque, in Occidente, è il mondo della non-forma che pretende di diventare modello prevalente sulla forma. È ciò cui tende il Laboratorio per la Distruzione: nulla è più debole della non-forma. Come è ovvio, sul grigio cui si sta riducendo l'Europa, debolissimo di per sé, vincerà il «nero».

Si tratta, dunque, di preparare i giovani a non appartenere a nulla, a non identificarsi in nulla, a non sapere orientarsi sessualmente ma anche geograficamente, come è stato affermato con semplicità eliminando la geografia dagli insegnamenti scolastici: a che servirebbe visto che il pianeta appartiene a tutti? Perfino della psichiatria e del problema dei malati di mente, di cui si era discusso in Italia con grande passione dal '68 in poi a causa delle teorie di Franco Basaglia sulla necessità di chiudere i manicomi e di liberare i pazienti da una vita presso a poco carceraria, adesso non si sente più parlare. Non esistono più malati di mente? Come si curano? Come se la cavano i parenti nell'assisterli? Non lo sappiamo. È evidente che l'informazione in proposito è stata messa a tacere.

Ci sono del resto molti altri argomenti, fino a poco tempo fa all'ordine del giorno nell'interesse dei mezzi di comunicazione di massa e dell'attenzione degli italiani, sui quali è sceso un assoluto silenzio per motivi che non è difficile comprendere e interpretare dal punto di vista della «direzione di senso» impressa all'Europa dal Laboratorio per la Distruzione. Si possono citare, fra questi, i trapianti d'organo, trionfo della possibilità d'uguaglianza fisica, riguardo ai quali sembrerebbe non esista alcun problema. Non si parla più né della tesserina di cui si diceva che ogni cittadino sarebbe stato fornito, corrispondente ad un preciso elenco nelle Asl, né del consenso espresso esplicitamente alla donazione. Sembra a dir poco strano che tutto funzioni bene in un'organizzazione così complessa e problematica come quella dei trapianti in un Paese come l'Italia dove non facciamo altro che lamentarci delle carenze organizzative in ogni campo e dove è altrettanto strano che non se ne parli, esaltandolo, nel caso il sistema dei trapianti fosse davvero un'eccellenza. Del resto non si parla mai neanche dei crimini connessi alla «fame di organi» e all'orribile mercato che vi si è saldamente instaurato. L'Organizzazione Mondiale della Sanità ha denunciato ufficialmente l'esistenza di questo mercato, specificando che, per quanto riguarda i trapianti di rene, la compravendita accertata è di uno su dieci. Ma la realtà è molto più tragica. In Mozambico sembra sia frequente il rapimento dagli orfanotrofi di bambini che vengono smembrati per strappare gli organi. Questa denuncia è stata fatta qualche tempo fa da suore missionarie cattoliche che hanno scritto appositamente al Vaticano per denunciare la sottrazione di bambini dai loro istituti e il ritrovamento dei corpicini espiantati nei cassonetti della spazzatura. Ne ha parlato per due giorni «L'Osservatore Romano», quotidiano ufficiale dello Stato del Vaticano, ma poi è sceso come al solito il silenzio. La «notizia» che due cittadini francesi e un italiano sono stati linciati dalla folla nel Madagascar perché riconosciuti come trafficanti di organi è sparita l'indomani dai quotidiani senza che venisse data nessuna ulteriore informazione. Non c'erano prove, si è detto, che fossero veramente trafficanti di organi e la rabbia della folla è stata suscitata dal ritrovamento del corpo di un bambino di otto anni con delle orride mutilazioni perché in Madagascar i bambini sono sacri. Rimane il fatto, però, che se la popolazione si è convinta che si trattava di trafficanti di organi al punto di ucciderli pur non avendone le prove, significa che questo è un argomento all'ordine del giorno e che di traffico di organi ve ne deve essere molto. Erano i giorni dell'immenso lamento funebre per i morti nello sbarco a Lampedusa, quelli per i quali il Papa ha gridato, insieme a Capi di Stato e Capi di governo piangenti e sdegnati: «Vergogna!» Vergognati tu, Papa, vergognatevi voi, governanti, della vostra complicità con il silenzio nel crimine più orrendo che gli uomini abbiano mai commesso.

Il silenzio sul mercato di organi è dovuto naturalmente, oltre al fatto che è proibito ovunque dalla legge, al suo aspetto più grave: l'indispensabile coinvolgimento di professionisti di cui non piace pensare che siano dei terribili criminali. Espianto ed impianto richiedono necessariamente: ambienti sterili, strumentazione apposita, chirurghi, anestesisti, infermieri. Di costoro non si parla mai né, almeno che io sappia, è stato mai processato nessuno per trapianti illegali. Non si parla mai, del resto, almeno a livello d'informazione nei giornali, neanche dei risultati di questa «tecnica», salvo per casi eccezionali, come si fa invece doverosamente per ogni campo della scienza medica. Le statistiche (che si può supporre vengano normalmente stilate) non compaiono nei mezzi di comunicazione di massa. I fallimenti sono numerosi, ma i giornalisti si sono resi conto ormai da tempo che dei trapianti conviene non parlare, né nel bene né nel male, così da farli dimenticare del tutto come avviene per ciò che è normale e quotidiano. Altrimenti potrebbero venire alla luce i gravissimi problemi che i trapianti hanno portato con sé, problemi di etica professionale per i medici, problemi che implicano la responsabilità nei confronti della società come la moltiplicazione di malattie genetiche dovuta alla procreazione da parte di persone che sono sopravvissute con il trapianto e che non si fanno scrupolo di mettere al mondo figli con la loro stessa malattia e pertanto bisognosi anch'essi di trapianto (cosa molto frequente nelle patologie cardiache). Insomma i «trapianti» sono l'emblema della società degli «uguali». Sono perciò protetti da tutti e in ogni modo possibile, ma per prima cosa con la tecnica del «silenzio» su ciò che potrebbe risvegliare qualche dubbio, qualche soprassalto critico perfino nella massa degli «informi». Gli agenti della Terza guerra mondiale hanno scelto, con il silenzio, il sistema più astuto per tenere tranquillo un mondo come il nostro che è convinto di essere informatissimo e che anzi la sua virtù principale sia appunto quella di un'assoluta libertà d'informazione.

Siamo tornati dunque ad essere veramente analfabeti, pur sapendo leggere, e il Laboratorio per la Distruzione lavora copiando alla lettera i sistemi dell'Inquisizione gesuitica e degli Uffici censura dai quali siamo stati oppressi per tanti secoli. Forse non è sufficiente dire che «copia alla lettera», perché è vero che lo fa ma con un supplemento difficilmente descrivibile di astuzia e di distruttività. È certo, infatti, che Galileo non avrebbe potuto dare alcun fastidio alla Chiesa se non avesse conosciuto molto bene almeno la geografia...

Dunque oggi, in base alle certezze inculcate dai governanti e dal Laboratorio per la Distruzione, si è giunti alla convinzione che saremo veramente liberi soltanto quando non possederemo più nulla di ciò che definisce e caratterizza la vita di ogni essere umano e di ogni popolo: la propria identità, il proprio territorio, la propria lingua, il proprio gruppo, la propria storia. È questo, perciò, l'aspetto più evidente della Terza guerra: il ribaltamento del sistema logico. Se ogni individuo sa, come tutti gli uomini sanno con assoluta certezza da tempo immemorabile, quale sia la fragilità di una specie che la natura ha affidato completamente alle sue capacità cerebrali e alla formazione di un gruppo per poter vivere, o meglio per poter parlare, è folle e stupido convincersi del contrario. Così pure: ogni uomo sa che sarebbe vissuto malissimo se non avesse avuto accanto a sé una madre la cui voce riusciva a calmarlo fin dal suo primo pianto perché ne riconosceva il suono già a lungo sentito nel silenzio ovattato dell'utero; ogni uomo sa che sarebbe vissuto malissimo se non avesse avuto un luogo suo sul quale aprire per la prima volta gli occhi e riconoscerne l'orizzonte; se non avesse avuto dei familiari intorno a sé che l'hanno aiutato a vivere fino a quando non è stato in grado di provvedere a se stesso; se non avesse avuto e non avesse anche da adulto una società con la quale condividere la lingua, la *forma mentis*, i costumi, i valori, gli ideali, le speranze; entro la quale poter ridere, scherzare, giocare, insomma «fidarsi». Del resto lo stesso uomo sa anche che la solidarietà è un'eccezione e che la gelosia, l'invidia, l'egoismo, l'aggressività, sono la norma e sempre pronti a scatenarsi contro di lui. Com'è possibile che adesso debba credere l'opposto? Che starà benissimo soltanto quando non possederà nulla di ciò che fino adesso gli è sembrato indispensabile e positivo? Che i miliardi di persone sconosciute che affollano il pianeta saranno sempre solidali con lui e che lui deve fidarsene?

Fa parte delle nuove armi della Terza guerra mondiale diffondere queste convinzioni illogiche e deliranti, ma gli italiani, pur accorgendosi di vivere già adesso con estremo disagio anche nel proprio ambiente di cui percepiscono una nuova ostilità, non riescono a individuare come azioni di guerra tutto ciò che viene deciso contro di loro. È il concetto di «guerra» che glielo impedisce perché implica (ha sempre implicato fino ad oggi) l'azione di un «nemico» o di uno straniero come nemico. Eppure questa nuova, strana «guerra» interna al gruppo, la si vede proiettata chiaramente negli spettacoli cinematografici e televisivi che sono ormai quasi tutti centrati sul «giallo». Appena si preme il telecomando si viene aggrediti da qualcuno con la pistola in pugno. È per questo che tutti l'hanno sempre in mano e non la possono abbandonare: i «nemici» siamo noi. Quando la «guerra» era la guerra con gli stranieri, le armi in tempo di pace si appendevano al chiodo, le porte del tempio rimanevano chiuse. Adesso bisogna invece averle sempre pronte: i «nemici» sono quelli di casa, quelli del marciapiede di fronte o del portone accanto, quelli del posto di lavoro, negozio, fabbrica, ufficio, e i generali, i capi di Stato maggiore sono i detectives, gli ispettori e le ispettrici di polizia, i quali vincono sempre la singola battaglia (il singolo episodio) perché è ovvio che la guerra, questa guerra, non finisce, non può finire. È talmente assolutizzata l'idea che l'unica guerra possibile e lecita è quella interna al gruppo, che il maggior numero di programmi televisivi è fondato sulle battaglie degli ispettori di polizia. L'ispettore di polizia sembra che debba essere ormai l'eroe-ideale, l'unico tipo di riferimento proposto alla nostra società. Passiamo dal commissario Cordier a Colombo a Derrick per non parlare del fedelissimo cane-commissario Rex.

Né artisti, né scienziati, né politici dunque: giustamente nella nostra vita di guerra fra noi stessi, è l'ispettore di polizia che decide chi ha vinto e chi ha perso ed è quindi l'eroe.[24] Fra le battaglie affrontate dall'ispettore di polizia, spesso compare quella più difficile e dolorosa ma inevitabile, e simbolizzatrice della nostra vita di guerra nel gruppo: la battaglia contro i reati commessi dai poliziotti, compagni e amici del capo che conduce le indagini. Insomma la presenza del traditore. In una serie famosa e

[24] Vedi per esempio la serie *Le strade di San Francisco* dove ha fatto i suoi primi passi d'attore Michael Douglas.

trasmessa innumerevoli volte dalle reti televisive di quasi tutto il mondo, quella diretta e interpretata da Chuck Norris,[25] la guerra interna al gruppo è data talmente per scontata che il protagonista, l'eroe difensore dei più deboli, giustamente non del tutto «bianco» perché, allevato dai bianchi, la sua maggiore forza, però, le sue capacità quasi disumane gli provengono dai genitori indios, insegna a tutti i suoi amici, come strumento pacifico di difesa, una specie di karatè con il quale si riesce ad atterrare con calci e pugni ben assestati qualsiasi aggressore. Anche qui, quindi, appena si preme il telecomando, si è aggrediti dalla Terza guerra mondiale dove, seppure mancano le pistole, si esibiscono calci di spaventosa violenza che per certi aspetti, proprio perché richiedono l'aggressività fisica diretta – i protagonisti si esibiscono in numerose giravolte per imprimere maggiore forza ai propri calci – appaiono perfino più carichi di odio personale che non il colpo della pistola. Inutile dire che il campo di battaglia è l'America con le sue periferie inondate da spacciatori di droga, da alcolizzati, da ragazzi sbandati e piccoli criminali e dove forse si vuole, con questo genere di spettacoli, far diminuire l'uso delle armi da fuoco. Bisogna aggiungere che in questa serie è profusa una forte atmosfera vagamente mistico-visionaria, a metà fra il cristianesimo metodista e un supposto pacifismo orientale: il non plus ultra, insomma, nell'immenso mare di crudeltà che viene esposto nelle singole puntate della serie, di quell'ideale dell'uguaglianza e della «pace» con il quale si sta distruggendo l'Europa. Non manca infine, per sottolineare ancora di più la guerra nel gruppo, una serie centrata sui reati commessi all'interno delle forze armate (dell'Aviazione militare americana) e giudicati da magistrati e tribunali formati dagli stessi militari.[26]

---

[25] *Walker Texas Ranger.*

[26] Vedi la serie dell'aviazione militare americana *JAG – Avvocati in divisa.*

Malgrado tutta questa organizzazione, tesa a far dimenticare qualsiasi possibilità di guerra che non sia quella all'interno del proprio gruppo, è da molto tempo (in pratica già dalla fine della Prima guerra mondiale) che da diverse parti si prevede, o si profetizza, lo scatenarsi di una nuova guerra, tanto catastrofica da provocare la fine dell'Europa e dell'Occidente. Fra coloro che accennano a questa terribile evenienza si fanno diverse ipotesi sulla causa scatenante, con la speranza che, influendo sulle cause, si possano evitare le conseguenze. Una di queste ipotesi si riferisce alla Russia. I cattolici, ma anche molti laici, ritengono, fin dall'inizio della rivoluzione bolscevica, che l'ideologia marxista, la negazione dell'esistenza di Dio, la persecuzione della Chiesa, i terribili disordini sociali e politici che l'hanno flagellata dalla fine della Prima guerra mondiale, possano sfociare in una guerra mondiale peggiore di tutte. Un'altra ipotesi, invece, fa risalire ai terribili errori dei politici, con evidente allusione al nazismo, la necessità di una guerra sterminatrice. La più famosa, però, fra queste «profezie» di guerra, è quella dei bambini di Fatima ai quali è stata la Madonna stessa a rivelare che una terribile guerra si sarebbe scatenata nel mondo a causa dell'avidità di sesso e di denaro in cui gli uomini sono sprofondati.

È il 13 maggio del 1917 quando a Lucia, Francisco e Giacinta, che portano il loro piccolo gregge al pascolo, appare una bellissima Signora che dice: «Non abbiate paura, non voglio farvi alcun male». È l'inizio di una serie di apparizioni che travolgono la vita di questi tre pastorelli portoghesi, i più piccoli dei giovanissimi eroi che la Madonna si è scelta per lanciare i suoi messaggi di conversione e di penitenza a un mondo che essi non conoscono affatto. È per questo che li ha scelti?

Le prime apparizioni, e le più famose, sono state quelle di Lourdes quando, nel gelido febbraio del 1858, la Madonna si è presentata all'improvviso alla piccola Bernadette, povera, analfabeta, ignara di qualsiasi strumento del sapere e del potere, avvertendola che un terribile flagello si scatenerà nel mondo se gli uomini non si pentiranno dei loro peccati. Bernadette lo ripete a tutti, sempre con le stesse parole, ma nessuno le crede fino a quando l'acqua miracolosa sgorgherà nel luogo dove era apparsa la Madonna e avverranno le prime guarigioni facendo di Lourdes il luogo più famoso del mondo.[27] È morta a trentacinque anni, «macinata come un chicco di grano», come essa stessa ha detto offrendo la propria morte per la conversione dei peccatori. Dopo di lei sono morte di tisi, offrendosi in sacrificio per la redenzione dei peccati del mondo, la piccola Teresa di Lisieux, a ventiquattro anni, Gemma Galgani, la «povera Gemma», anch'essa poverissima e ricca soltanto, come Teresa, dei suoi «desideri immensi», a ventiquattro anni.[28]

Quando una bellissima Signora vestita di bianco, la Madonna, appare nella Cova da Iria, luogo sconosciuto a tutti e dove adesso s'innalza un enorme, orribile santuario, chiede le stesse cose che aveva chiesto agli altri suoi piccoli messaggeri: penitenza e sacrificio. Una terribile catastrofe si scatenerà se gli uomini non si pentiranno dell'insaziabile cupidigia di ricchezze e di sesso dalla quale sono divorati. Una terribile catastrofe cosa può essere se non una guerra peggiore di tutte le altre? Questa volta, però, c'è un fatto nuovo: nei peccati di cui pentirsi è condannato esplicitamente il denaro e soprattutto il sesso. La Chiesa ha sempre incluso il sesso nei peccati più gravi, ma proprio per questo ogni volta che la Madonna ha richiamato gli uomini al pentimento per i peccati nessuno ha pensato al sesso come causa diretta della catastrofe. Que-

---

[27] René Laurentin, *Lourdes, cronaca di un mistero*, Mondadori, Milano 1998; Vittorio Messori, *Bernadette non ci ha ingannati*, Mondadori, Milano 2012; Émile Zola, *Viaggio a Lourdes*, Medusa, Milano 2010.

[28] Enrico Zoffoli, *La povera Gemma*, Il Crocifisso, Roma 1957; Teresa di Lisieux, *Storia di un'anima*, Paoline, Cinisello Balsamo 2006.

sta volta, invece, vi è stato messo l'accento in modo esplicito e drammatico, tanto più che ne parlano bambini troppo piccoli per poterne sapere qualcosa. Alla più piccola dei veggenti, Giacinta, che ha soltanto sette anni, la Madonna ha rivelato come siano soprattutto i peccati «impuri» ad aver sprofondato il mondo nel pericolo della fine e le ha affidato il compito di fare molti sacrifici per ripararli. Come possono bastare i sacrifici di una bambina di sette anni a combattere contro i peccati «impuri»? La situazione stessa la fa soffrire: ci pensano tutti quelli che l'assediano per farsi dire e ridire che cosa ha visto, e farsi garantire, con la sua capacità di sopportare il martirio, che non sta ingannando nessuno, che il Cielo ha parlato. La Signora ha detto anche a lei, come a Francisco, che morirà presto, che morirà sola. Francisco, infatti, è morto quasi subito. Giacinta è sconvolta dalla sua morte. Ha paura. «Sola!» È questo che le fa più paura. In cerca di coraggio lo confida a Lucia, la più grande, quella che ha visto e capito meglio il messaggio della Madonna, ma subito aggiunge, accettandolo, già sicura che sarà così: «Morire sola è un sacrificio tanto grande che si potranno convertire molti peccatori, non è vero?». È morta sola, anche lei oppressa dalla tisi e dal peso della lussuria del mondo da riparare, in una stanza d'ospedale, a Lisbona, lontana dalla famiglia, a dieci anni, il 20 febbraio 1920.[29]

La frenesia del sesso, però, non si è fermata, anzi. È stata coperta con il silenzio durante la Seconda guerra mondiale quando tutti erano troppo presi dalle battaglie, dai bombardamenti, dalla fame, per potersi interessare di ciò che tre bambini avevano raccontato intorno alle apparizioni della Madonna. Ma anche perché fra i cattolici molti continuavano a pensare che la profezia mariana riguardasse gli avvenimenti di Russia, che fosse la Russia,

---

[29] Luigi Gonzaga da Fonseca, *Le meraviglie di Fatima*, a cura di Joaquin Maria Alonso, Paoline, Roma 1970; Ida Magli, *La Madonna*, Rizzoli, Milano 1987, pp. 121-135.

con la sua negazione di Dio, con il suo materialismo, con la legalizzazione del divorzio e dell'aborto, a doversi convertire. Nessuno aveva pensato allora che potesse succedere qualcosa di molto peggio. Sembrava che non fosse neppure immaginabile tutto ciò che è avvenuto nell'Occidente cattolico dopo il Concilio, molto al di là del divorzio e dell'aborto che erano sembrati, almeno in Italia, il limite massimo della libertà sessuale, con il disfacimento degli Ordini e delle Congregazioni religiose, con l'improvviso emergere dell'omosessualità ovunque, perfino dentro il Vaticano, e infine con la clamorosa scoperta della pedofilia del clero.

Eppure non si riusciva a vedere il centro del problema, ossia che il nemico era in casa, che gli ordini per l'uccisione degli italiani venivano dai dirigenti, dai capi, dai governanti; che la sfrenatezza sessuale era incitata, voluta, immessa come un virus contagioso nella società per affrettarne la fine. Spettacoli, pubblicità, moda femminile, omosessualità con tutte le sue varianti: il discorso sul sesso, l'invito al sesso è onnipresente, e ha eliminato qualsiasi differenza. Il Consiglio d'Europa si è preoccupato di mandare a tutte le Nazioni dell'Ue le linee guida per spiegare a ogni cittadino d'Europa, nelle scuole e fuori dalle scuole, che cosa siano, come debbano essere chiamati, quali diritti abbiano i Lgbt, ossia lesbiche, omosessuali, trans.

Adesso però che la fine è vicina, si sente il bisogno almeno di parlare, di rivelare che l'avvento dei banchieri è intollerabile a tanti, anche se è vietato lamentarsene. In un'Europa che si vanta di aver eliminato la condanna a morte per qualsiasi individuo, anche se reo dei più gravi delitti, quale giustificazione potremo avere per avere accettato in totale silenzio ed obbedienza che fossero condannati a morte i popoli? Non avevano saldato il debito con i banchieri? Questo, infatti, è stato affermato, ed anche se viceversa le sue cause sono così numerose e complesse che quasi nessuno osa parlarne, è certo tuttavia che sono stati i banchieri ad innescare la miccia della fine. Sì, sono stati i banchieri, ed anche questo fatto testimonia l'incongruità di ciò che sta succedendo. Forse non ci eravamo accorti di essere nelle mani dei banchieri fino a quando non abbiamo visto le corde con le quali ci stavano impiccando. Non ce n'eravamo accorti proprio per l'abisso che separa la civiltà dell'Europa, la civiltà del pensiero, del diritto, della scienza, della musica, dell'arte, dagli adoratori del denaro.

L'eliminazione dell'Europa

È stato facile. Troppo, troppo facile. Hanno in mano l'arma assoluta, la creazione del denaro, e l'hanno usata con la spietatezza, non di chi minaccia, non di chi vuole intimorire, ma di chi vuole distruggere l'Europa.

Era il loro scopo fin dal primo momento, fin da quando hanno cominciato a fingere di costruirla. Nel momento stesso in cui è stata decisa la Comunità economica europea, è cominciata la distruzione. Distruzione dei prodotti particolari, specifici dei singoli Paesi, e distruzione dei popoli particolari, delle singole Nazioni. La parola «comunità» è stata usata dolosamente, non nell'accezione antica e cara ai popoli, per indicare l'«insieme» politico e solidale di un gruppo fedele ai propri connotati di origine, ma in quella comunista dove si annientano le differenze. Con la motivazione che si trattava di «omologare il mercato» abbiamo assistito, troppo stupiti per renderci davvero conto di quello che stava succedendo, allo sterminio delle nostre migliori mucche, all'eliminazione di montagne delle nostre splendide arance, e simultaneamente, con l'abbattimento dei confini e l'invasione di immigrati, non soltanto dall'Est dell'Europa ma anche e soprattutto africani e mediorientali, alla cancellazione dell'identità italiana ed europea.

Testimonianza irrefutabile di quello che sembrava follia e che invece era realtà: così come le mucche e le arance, anche i popoli d'Europa dovevano essere omologati e distrutti.

Ma dobbiamo guardare anche ad avvenimenti precedenti l'istituzione della Comunità europea, per capire davvero quello che è successo e che sta succedendo. È stato con la fine della Prima guerra mondiale che il progetto distruttore ha preso forma, con la costituzione della Società delle Nazioni, che si trasformerà in Organizzazione delle Nazioni Unite (Onu) dopo la Seconda guerra mondiale. Lo scopo da raggiungere, quindi, un nuovo ordine mondiale e un governo mondiale, era già chiaro da molto tempo. I più importanti rappresentanti dei Paesi alleati vincitori del conflitto e di quelli neutrali, tutti massoni, si erano riuniti a Parigi, nella sede massonica di rue Cadet nei giorni 28-30 giugno del 1917 per discutere dei problemi del dopoguerra, dei quali il più importante era naturalmente quello di trovare un mezzo per impedire lo scoppio di altri conflitti. Fu deciso allora qualcosa di molto diverso dal vecchio sistema dei trattati di alleanza fra gli Stati: i pochi signori che dirigono il mondo si sarebbero messi insieme di persona per realizzare un programma di «pace» fondato sull'eliminazione delle differenze e l'omologazione dei popoli. Il «piano», se vogliamo chiamarlo così, era diviso in due parti: la prima parte, non rivelata ai popoli, era il perseguimento della mondializzazione con un centro di governo unico. Conseguenza: per rendere possibile governare tutti i popoli nello stesso modo da un centro unico, bisogna che i popoli siano omogenei, con gli stessi bisogni, gli stessi desideri, e soprattutto il più possibile «passivi». Come fare per omogeneizzarli? Il sistema più efficiente è quello di mescolarli fra loro perché mescolandoli se ne disintegrano gli «elementi» fondativi[30] psicologici, culturali e, attraverso i rapporti sessuali e la procreazione, l'omoge-

---

[30] Si ottiene quello che già nel 1997 definivo un «popolo crema». Vedi Ida Magli, *Contro l'Europa*, Bompiani, Milano 1997, pp. 72-76.

neizzazione diventa genetica. La seconda parte consisteva nell'organizzazione dello strumento principale per «mescolare» i popoli: lo spostamento di enormi masse da un territorio all'altro, da una Nazione all'altra d'Europa. Il piano era dettato, con chiara evidenza, dalla certezza, da parte dei signori di rue Cadet, della propria onnipotenza e dal disprezzo assoluto verso le singole persone e verso i popoli, oggetti, esclusivamente oggetti, da spostare sul tavolo da gioco. Bisogna precisare, affinché non ci siano illusioni da parte di nessuno, che sono *oggetti tutti*, sia quelli obbligati a spostarsi, i cosiddetti «migranti», in perversa analogia con gli uccelli, sia quelli obbligati a rimanere fermi, subendo l'invasione. Rimaneva un punto, forse il più difficile da risolvere: gli uomini, tutti gli uomini, sia singoli individui che popoli, ritengono di essere diversi dagli altri individui e dagli altri popoli e, per omologarli, dobbiamo eliminare non soltanto le differenze concrete ma anche il sentimento di diversità. Dato che ci crediamo diversi perché siamo affezionati alla nostra famiglia, alla nostra terra, alla nostra lingua, alla nostra storia, alla nostra Patria, alla nostra moneta, alla nostra indipendenza, ai nostri capi, ai nostri compatrioti e riteniamo che questi affetti siano tanto importanti da combattere contro chiunque possa metterli a rischio, bisognerà cancellare questi sentimenti e queste appartenenze, fare del pianeta la terra di tutti cancellando dalla mente dei popoli i saperi pericolosi, cominciando da quello geografico in modo che nessuno sappia più se è italiano o congolese. Invece del mappamondo faremo una bella sfera, magari dipinta tutta di celeste, senza nessuna indicazione né di terre né di mari. Tutti saranno semplicemente «cittadini del mondo».

Ci sarà una sola lingua (l'inglese-esperanto) parlata da tutti e una sola moneta per gli scambi in tutto il mondo; si toglieranno i confini e i dazi da un Paese all'altro in modo che ogni individuo e ogni prodotto possa circolarvi liberamente; si uniformeranno i gusti in ognuna delle produzioni umane – musica, letteratura, teatro, architettura, pittura – che diventeranno appositamente «senza forma» e le orecchie e le menti saranno bombardate con identici prodotti pubblicitari e televisivi. Infine si obbligheranno gli individui, tramite il linguaggio politicamente corretto, ad avere anche percezioni e sentimenti politicamente corretti così che nessuno veda più differenze di nessun genere negli altri. Non ci saranno più differenze di sesso né di famiglie e neanche padre e madre, ma «genitore 1, genitore 2»... Insomma tutti uguali e tutto uguale, così che alla fine non vi sarà più nessun motivo per scatenare nessuna guerra. Tutto questo, naturalmente, fingendo che le guerre siano scatenate dai popoli e non, come è sempre stato, dai Capi: Re, Imperatori, Generali, Papi, Dogi, Principi, Dittatori.

Il frutto di questa grande trovata è stato la nascita della Società delle Nazioni e l'inizio della Terza guerra mondiale: quella contro i popoli, contro le Nazioni, contro le identità. Gli strateghi però erano quasi tutti gli stessi responsabili del Trattato di Versailles che, con il suo intento punitivo nei confronti dei tedeschi e con le ingiustizie commesse verso gli alleati di minor peso, in primis l'Italia, aveva posto le condizioni per dare adito ai nuovi conflitti che sfoceranno nella Seconda guerra mondiale. Il brillantissimo progetto fu, perciò, necessariamente accantonato, anche se la Seconda guerra fu guidata dall'Inghilterra e soprattutto dagli Stati Uniti d'America in modo che alla fine l'Europa potesse essere plasmata secondo il progetto unificatore che non era ancora stato possibile realizzare. Fu, infatti, questo uno dei principali motivi per i quali Churchill non volle mai concedere un armistizio a Hitler sebbene gli fosse stato chiesto insistentemente più volte.[31] L'America a sua volta condusse bombardamenti distruttivi, spietati, contro gli

[31] Heinrich Rogge, *Intese con l'Inghilterra tentate da Hitler*, Garzanti, Milano 1941.

uomini, contro la Cultura, contro la Storia, contro l'Arte, senza alcuna giustificazione strategica di carattere militare. Fu per questo che, con un terrificante bombardamento, la città di Dresda venne distrutta in ventiquattro ore insieme ai suoi abitanti e che fu abbattuto, suscitando l'orrore e lo sconforto del mondo intero, il centro più antico e sacro della cultura monastica, l'abbazia di Montecassino.

Uno scopo, quindi, c'era: cancellare per sempre la storia e la civiltà d'Europa, radendone il più possibile al suolo le testimonianze architettoniche e uccidendo il maggior numero dei suoi portatori-testimoni. Per questo la guerra non finiva mai. Si fermò soltanto quando non ci fu più nulla da distruggere e gli uomini furono ridotti a poche, misere larve spaurite in cerca soltanto di un rifugio dove nascondersi. L'America dichiarò allora, sganciando contemporaneamente l'atomica come firma inoppugnabile della sua dichiarazione, che l'Europa, insieme ai suoi nefandi figli, non esisteva più e che adesso, nell'uguaglianza universale, era lei la padrona del mondo. Il mondo sarebbe stato tutto uguale a lei.

Con le trattative per il nuovo assetto dell'Europa e con le truppe americane stanziate stabilmente in innumerevoli basi sparse ovunque, ma soprattutto nel Mediterraneo e sul territorio italiano, dal Veneto alla Toscana a Napoli alla Sicilia, il vecchio progetto mondialista era già a buon punto. C'era però un'aggiunta importante che ancora non era stata messa in luce: la «pace». Bisognava diffondere ovunque la convinzione che c'era una meta da raggiungere, un ideale da realizzare. Il processo dell'uguaglianza e dell'omogeneizzazione, al quale tutti dovevano lavorare con la massima alacrità, ne rappresentava soltanto lo strumento. Bisognava realizzare una «pace» essenziale, una pace non più intesa come uno stato di non-guerra, ma come un valore in se stesso. Una nuova «cultura», insomma, comune a tutti gli uomini e da perseguire da parte di tutti, popoli e governanti. Bisogna riconoscere che nessuno ha capito e utilizzato il concetto antropologico di «cultura» meglio degli operatori nascosti nel Laboratorio per la Distruzione. Senza il concetto antropologico di cultura il progetto della Terza guerra mondiale non avrebbe avuto senso.

La Società delle Nazioni, trasformatasi in Onu alla fine della guerra, si attrezzò per dirigere e sostenere questi scopi in maniera molto concreta ed efficiente, mettendo in atto diverse strutture esplicitamente di livello sovranazionale come l'Organizzazione Mondiale della Sanità, l'Organizzazione Internazionale del Lavoro, l'Alto Commissariato delle Nazioni Unite per i Rifugiati, ma soprattutto impegnandosi ad eliminare ogni forma di «razzismo» e di «xenofobia». Questi sono i termini principali del nuovo Dizionario universale, gli unici «peccati» proclamati come tali per la coscienza degli uomini del Duemila: razzismo e xenofobia. La Chiesa si è accodata al codice laico e Bergoglio ha provveduto ad «accomodare» (il principio dell'«accomodamento», come vedremo, è il caposaldo dell'azione dei gesuiti) la gravità dei peccati, confortando divorziati e omosessuali: il sesso non sarà più lo spauracchio dei cattolici. Il vero, anzi unico metro di misura della cattolicità sarà l'«accoglienza».

Si trattava di una premessa alla volontà di spingere il più possibile le migrazioni da un Paese all'altro, essendo questa l'arma principale per giungere in breve tempo alla disintegrazione delle singole culture e all'abbattimento delle differenze fra i popoli. Non conosciamo i nomi di coloro che ci lavorano ma esiste sicuramente un centro direttivo, fornito di imponenti mezzi psicologici, propagandistici e finanziari, che sollecita e aiuta milioni di persone ad abbandonare il proprio Paese, l'Africa soprattutto, per dirigersi verso l'Italia e l'Europa. Contemporaneamente sono state date le istruzioni opportune a tutte le istituzioni politiche, sociali e religiose, per predisporre i popoli oggetto dell'invasione al «dovere dell'accoglienza», con un martellamento incessante da parte degli strumenti di comunicazione di massa, dei politici e, almeno per quanto riguarda l'Italia, anche con una predicazione aggiuntiva e intimidatoria da parte della Chiesa. Nel 1975, con una «preveggenza» sorprendente e sospetta, l'Organizzazione Internazionale del Lavoro ha predisposto, con la convenzione numero 143, le condizioni da osservare da parte di tutti gli Stati che la firmino, «sulle migrazioni in condizioni abusive, e sulla promozione della parità di opportunità e di trattamento dei lavoratori migranti», convenzione che l'Italia ha firmato e il Parlamento ha ratificato con la legge numero 943 del 30 dicembre 1986. È il trattato che pone fine alle «identità».

Il primato dei banchieri

Gli esponenti più autorevoli di questo nuovo assetto ideale del mondo erano in gran parte gli stessi che avevano in mano le strutture principali della finanza mondiale, Rothschild, Rockefeller, le monarchie d'Europa, persone il cui interesse è esclusivamente l'accumulo del denaro e il dominio sul mondo attraverso il denaro. Come sia possibile che i detentori del potere politico, i capi delle religioni più importanti, quali l'ebraismo, il buddhismo, il cristianesimo, il confucianesimo, siano d'accordo con un tale progetto al punto di collaborarvi, come stanno facendo nell'unificazione europea, senza parlarne esplicitamente ai popoli, è un problema che mi angoscia da molto tempo e al quale ho dedicato molte delle mie energie andando di persona a interrogare cardinali, politici, giornalisti, industriali senza riuscire ad ottenere una risposta, come ho raccontato nel saggio *La dittatura europea*.[32] Con il passare del tempo, però, la catastrofe che si avvicina è diventata evidente a molte altre persone ed è ormai del

[32] Ida Magli, *La dittatura europea*, Rizzoli, Milano 2010.

tutto certo che si sta cercando di cancellare politicamente, culturalmente e fisicamente la civiltà europea dallo scenario del mondo. Coloro che continuano a tacere ne portano adesso la responsabilità personalmente, politici-giornalisti-scienziati-artisti-religiosi, in quanto spetta a loro almeno suscitare e sostenere la discussione pubblica e costringere tutti a riconoscere che, quali che ne siano i motivi e le buone intenzioni, il risultato sarà comunque la cancellazione dei popoli e delle culture europee.

È assurdo. Dobbiamo gridarlo ad altissima voce che è assurdo. Dobbiamo inventare un modo per sgominare gli assassini dell'Europa, che l'uccidono, privandola di tutto ciò che possiede di meglio, a cominciare dall'indipendenza e dalla sovranità. Togliere a un popolo la sovranità della moneta significa, infatti, togliergli tutta la sovranità. Non soltanto in concreto, dato che uno Stato in tanto è «sovrano» in quanto è solvibile per definizione, ossia è in grado, fabbricando la moneta, di assicurare sempre il pagamento di tutto ciò che acquista, che realizza e mette in atto; ma gliela toglie anche simbolicamente, come immagine del suo potere. La moneta, infatti, è lo strumento di comunicazione che ha portato sempre e ovunque il nome e la faccia di chi comandava. Faraoni, Monarchi, Dittatori, Imperatori, Papi: una volta assunto il potere, tutti hanno per prima cosa fabbricato la propria moneta, imprimendovi il proprio nome, il proprio simbolo, la propria immagine, la data del loro imperio. I nostri archeologi, i nostri storici sono stati sempre tanto sicuri di questo comportamento che, anche quando mancavano altri documenti, hanno ricostruito la storia passata, fissandone gli avvenimenti e le date, solo sulla base delle monete o dei frammenti di monete cercati e raccolti con la massima cura come i reperti più preziosi.[33]

---

[33] Jean Babelon, *Numismatique*, in «L'histoire et ses méthodes», Encyclopédie de la Pléiade, Gallimard, Paris 1961, vol. XI, pp. 329-389.

L'azione di possesso e di conquista più violenta che i proprietari della Banca centrale di Francoforte potessero mettere in atto è stata quella d'imporre contemporaneamente a centinaia di milioni di uomini di adoperare una moneta nuova, creata dal nulla, non appartenente né al proprio né a nessun altro Stato, e che vuole ingannare coloro che l'adoperano non riportando, come appunto è stato sempre fatto e come sarebbe doveroso e necessario, la «faccia» e il nome dei Rothschild, dei Rockefeller, dei vari sovrani d'Europa, di Mario Draghi, insomma di coloro che ne sono i proprietari e che non vogliono far sapere ai popoli che l'adoperano di chi siano sudditi. Tanto meno, poi, vogliono che si sappia che sono quasi totalmente le stesse persone che possiedono tutte le banche centrali per cui, non soltanto sono gli unici veramente «solidali» fra loro, ma governano il mondo nel modo più semplice e più efficace che sia possibile immaginare: attraverso i titoli di Borsa.

L'euro, dunque, è una moneta che, nel momento stesso in cui ha cominciato a circolare, ha prepotentemente affermato, come ogni moneta ha sempre fatto, che i possessori delle banche erano adesso i padroni d'Europa e che, tanto più i sudditi diventavano poveri, tanto più loro si arricchivano. E tuttavia in segreto. Con la complicità inspiegabile (o almeno che sembra inspiegabile) dei governanti, dei politici, dei giornalisti di tutta l'Europa, che hanno così conficcato il pugnale del tradimento nelle spalle dei propri fratelli. Un tradimento avvenuto però con la complicità del silenzio anche da parte del resto del mondo, questa sì più che spiegabile visto che tutti guardano pieni di speranza all'autodistruzione ed eliminazione dell'Europa dal campo di battaglia per il potere mondiale.

Moneta e Parola sono la stessa cosa: strumenti di comunicazione concreta e simbolica. Se non c'è qualcuno che li «traduce», scambiandoli, non servono a nulla, non valgono nulla. Ma non servono a nulla anche se non c'è qualcosa che dà consistenza al loro «valore» e lo garantisce. L'oro?

Sì, per parecchio tempo, il corrispettivo concreto del valore della moneta più «forte», il dollaro, è stata la cosa più preziosa, l'oro. Ma siamo già nei tempi moderni. Nel più antico passato sono state le «donne» la cosa più preziosa, la prima moneta di scambio: «Io do una delle mie donne a te, tu dai una delle tue donne a me», come dice Lévi-Strauss spiegando l'origine del patto di solidarietà fra i gruppi umani quando hanno rinunciato a farsi la guerra.[34] La «comunicazione» oggi in Occidente non avviene quasi più perché i maschi l'hanno interrotta, come vedremo meglio a proposito dell'omosessualità, rifiutando la donna come strumento e come garanzia-oro dello scambio. D'altra parte la teoria di Lévi-Strauss si basava su un dato che, soltanto fino a pochi anni fa, tutti hanno sempre ritenuto incontrovertibile: l'*istinto* sessuale maschile. Anche quello femminile, ovviamente, che induce le donne a cercare di attrarre il maschio con il loro comportamento, ma il maschio può possedere le donne sia che lo vogliano sia che non lo vogliano, per cui l'unica cosa che conta davvero è che il maschio lo voglia. L'istinto ovviamente è dettato dalla natura e ha come unico scopo il mantenimento della specie. Dunque il possesso delle donne per garantire la procreazione. La comunicazione, lo scambio si è bloccato nel momento in cui i maschi hanno rifiutato le donne. Volendo riferirsi alle teorie freudiane sul rifiuto del «dare» da parte del bambino, sulla stitichezza come sintomo di questo rifiuto, si potrebbe facilmente individuare nel primato dei banchieri, della loro avidità di denaro, il corrispettivo del rifiuto omosessuale del «dare» nella comunicazione con la società, la sterilità del coito. E sarebbe facile, anzi doveroso, dedurne la falsità della moneta «euro», che dimostrerebbe di essere priva di valore nel momento stesso in cui noi smettessimo di adoperarla. Non ha né donne né oro dietro di sé.

---

[34] Claude Lévi-Strauss, *Le strutture elementari della parentela*, Feltrinelli, Milano 1969.

Parte seconda
Una controguerra

La diversità

Non basterebbe, però, strappare ai nuovi padroni la moneta perché la moneta è soltanto una delle armi che è stata predisposta dagli strateghi di questa Terza guerra mondiale, per stancarci, per logorarci, per costringerci a combattere esclusivamente sul fronte predisposto da loro, impedendoci di vedere tutte le altre armi schierate su fronti oscuri e silenziosi. Questi strateghi sono il nostro vero nemico, ma noi non li conosciamo, se ne stanno nascosti dietro ai banchieri, e noi li dobbiamo combattere al buio, senza saperne nulla, senza vederli, contrapponendogli soltanto la nostra volontà di non farci uccidere. Di conseguenza dobbiamo rispondere costruendo, punto per punto, laddove loro distruggono e distruggendo, punto per punto, laddove loro costruiscono. Adoperano come principale strumento di distruzione il sistema dell'uniformità? Noi dobbiamo fare il contrario, e farlo in tutti i campi, in ogni settore di vita. Laddove l'Ue ha voluto che tutte le banane, i cetrioli, le mele, le arance avessero lo stesso sapore, lo stesso peso, la stessa forma, lo stesso profumo, noi dobbiamo favorire il più possibile la diversità delle produzioni, ripristinando le specialità locali più pregiate, dando valore ed eccellenza alla *varietà*. Questo – la varietà – è il principale connotato della creazione, la forza della natura, quello che vogliono annullare e che noi dobbiamo ostinatamente perseguire. La diversità delle arance e delle mele è soltanto uno fra gli innumerevoli esempi di ciò che è già stato eliminato, visto che negli anni trascorsi dalla firma di Maastricht ad oggi l'omologazione è stato il principio conduttore del potere europeo in ogni campo, da quello delle produzioni materiali a quello delle persone.

L'omologazione è perseguita imponendo silenziosamente l'uso di una non-lingua, quell'anglo-americano che non è il prodotto di nessun popolo, non è il frutto secolare ed epigenetico della cultura di un popolo, della sua intelligenza, della sua storia, della sua riflessione concettuale sulla vita, sul suo territorio-paesaggio di appartenenza, sui suoi rapporti con gli altri uomini. È proprio per questo motivo, quindi, che il Laboratorio per la Distruzione lo immette e lo fa circolare «nell'aria», obbligando tutti i popoli d'Europa a diventare «meticci», sudditi colonizzati. Li priva così dello strumento essenziale e indispensabile per «pensare», per pensare davvero, per conoscere e formulare concetti, per creare scienza, filosofia, letteratura, arte, poesia.

Tutte le ricchezze del pensiero umano che ogni popolo d'Europa ha donato al mondo lungo il corso di secoli fecondissimi di una straordinaria civiltà attraverso la propria specifica lingua, pur discesa da una sola fonte, la lingua latina e l'estensione dell'Impero romano, apparterranno ad un passato che presto scomparirà anche dalla memoria e che sarà cancellato dai nuovi abitatori d'Europa: gli africani. Su questa sparizione non si debbono avere dubbi, non ci possono essere dubbi: nessun conquistatore lascia mai in vita la cultura, le opere, la religione, la storia di coloro che lo hanno preceduto. Tanto più quando sono gli stessi abitanti dei territori conquistati a favorire la distruzione. Noi ne abbiamo sotto gli occhi la prova: c'è già adesso un ministro africano a governare gli italiani. Nessuna conferma, più di questa, di quanto i governanti italiani, e in particolare

Enrico Letta e i suoi alleati, odino gli italiani, ne pregustino la morte, infliggendo loro, con un anticipo di diversi decenni, l'ignominia di essere dominati da stranieri, dagli africani, e sappiano con certezza, vedendone l'inizio, come sarà disprezzata e distrutta la loro civiltà da parte di popoli che nei lunghi millenni passati da quando sono nati (si vantano che il più antico reperto della specie *Homo Sapiens* sia stato ritrovato in Africa) non hanno dato nessun contributo al pensiero umano.

L'omologazione è perseguita, inoltre, imponendo identici programmi di studio e di esami nelle scuole di tutta Europa, ovviamente nella pseudo-lingua inglese e attraverso l'uso di test e di questionari che, come vedremo meglio nel capitolo dedicato alla scuola, è funzionale alla selezione dei mediocri, escludendo chiunque sia dotato di un maggiore quoziente intellettuale e di conseguenza della possibilità e della capacità di spirito critico. Ma non basta. Per mettersi al sicuro da qualsiasi elemento imprevedibile, il Laboratorio per la Distruzione ha provveduto, con uno strumento di omologazione raffinato, il «politicamente corretto», ad impedire ogni conoscenza che non sia passata prima attraverso il condizionamento della de-privatizzazione, dell'informazione di massa. Il «politicamente corretto» è ovviamente la più efficiente delle censure perché prima di essere una censura, è un «lavaggio del cervello», tende – e riesce – a costringere il pensiero a vedere e a percepire in maniera allucinatoria la realtà attraverso definizioni e concetti precostituiti. Noi quindi lo dovremo combattere in ogni campo, per prima cosa definendolo sempre per quello che è, anche se non abbiamo, pur nella lunghissima storia di governi tirannici sperimentati nel passato, un termine adatto: onnipotenza del potere, dispotismo del linguaggio, lavaggio del cervello, censura?

Insomma dobbiamo inventare, creare, realizzare un mondo opposto a quello già creato dall'Ue e che ci sta uccidendo. Dobbiamo mettere in atto sistemi politici, economici, culturali, del tutto diversi da quelli che ci sono stati imposti, avendo di fronte a noi un solo scopo: vivere. E vivere una vita che valga la pena di essere vissuta, per noi e per coloro che verranno dopo di noi.

Eccomi qui, dunque, pronta a contraddire me stessa, a proporre di salvare l'Italia (e con l'Italia possibilmente tutte le Nazioni d'Europa) iniettandole nelle vene il suo stesso sangue. Da una parte, quindi, richiamare con forza alla memoria, al cuore degli italiani, la bellezza del loro territorio, lo straordinario paesaggio di questo pezzetto di terra che ha entusiasmato e commosso i viaggiatori di tutto il mondo e che forma un tutt'uno con le sue popolazioni. Riproporre al pensiero e allo studio degli italiani, contrariamente a quanto è stato fatto fino adesso, la grandezza della loro storia, della scienza, dell'arte, della musica, di tutte le loro capacità creatrici. Da un'altra parte, invece e simultaneamente, stimolare uno di quei soprassalti di libertà vitale che hanno contraddistinto l'Italia lungo lo scorrere dei secoli anche nei periodi più bui e che oggi può forse concretizzarsi addirittura con maggiore facilità che nel passato, malgrado ci sia stato tolto ogni diritto e perfino l'onore di portare le armi. Con maggiore facilità, perché siamo abituati a cambiare rapidamente abitudini e opinioni visto che oggi, contrariamente a quanto succedeva nell'antichità, il cambiamento è considerato un fattore positivo. Così come siamo pronti a mutare opinione su ogni cosa, convinti che questa sia una virtù della modernità, quella che permette di non perdere mai la speranza, così dobbiamo ricominciare a credere e a combattere per capovolgere la situazione di angosciosa agonia nella quale ci troviamo, e lavorare al ripristino della forza e dell'identità del popolo e della Nazione italiana.

È l'arida sterilità che i banchieri hanno creato intorno a sé, però, il fattore determinante, quello che dà la sicurezza della rinascita perché non può sussistere a lungo senza che da qualche parte si scateni il bisogno insopprimibile di tornare ad essere uomini, di riaffidarsi al pensiero, al cuore, allo spirito. Come ha detto Georg Trakl riassumendo alla perfezione, con l'intuito profetico che soltanto i poeti possiedono, la situazione che stiamo vivendo: «*Un possente dolore nutre oggi l'ardente fiamma dello spirito*».[1] È così, ne sono convinta: l'angoscia terribile nel vedere in quali misere condizioni sia stata ridotta l'Italia dai governi di questi ultimi anni, nel doverci vergognare di coloro che in teoria ci rappresentano, nel non poter aiutare tutti quegli italiani che hanno perso il proprio posto di lavoro, le proprie aziende, i piccoli redditi indispensabili alla vita quotidiana, nutre con disperata energia la fiamma di quello spirito che i banchieri credevano di avere spento.

Cerchiamo, dunque, di radunare tutte le forze possibili intorno al progetto di un secondo, di un nuovo Risorgimento, di rifondazione psicologica, sociale e culturale della Nazione Italia, cominciando dall'analizzare a fondo i motivi principali dello stato pre-agonico (o forse già agonico) in cui si trovano, insieme all'Italia, tutte o quasi tutte le Nazioni europee, in particolare quelle dell'area euro. È ovvio che soltanto conoscendo bene la situazione, potremo prendere delle decisioni. Decisioni gravissime e determinanti perché riguardano il modello culturale, la *forma mentis* dei popoli, la loro storia, la loro sensibilità individuale e collettiva, tutti fattori che impongono di piegarsi con il massimo di partecipazione sull'angoscia, sul dolore della malattia presente. Non vogliamo affatto rassegnarci a fare un «buon uso della malattia» in senso pascaliano, anzi: vogliamo farne un buon uso analizzandola e comprendendola scientificamente fin nelle sue cause profonde, per ucciderne i virus uno per uno con farmaci mirati, prima che tocchi a noi rima-

[1] Georg Trakl, «Grodek», *Poesie*, Garzanti, Milano 1983.

nerne uccisi. Senza questa analisi oggettiva e priva di veli, non sarebbe possibile formulare una diagnosi tanto vicina al vero da suggerire quello che si deve fare per mettere in atto tutte le indispensabili terapie.

Si tratta di una diagnosi difficilissima perché la realtà che stiamo vivendo ci sfugge nel suo vero significato. È una realtà terribilmente oscura, segreta, misteriosa, impossibile da interpretare sulla base della sola ragione, ma piuttosto simile a qualcosa di indeterminato che si presenta come una specie di fatale, cosmico indovinello: un «enigma». Un enigma, però, che non è l'Eroe, il «predestinato», a dovere e sapere risolvere, ma noi, uomini comuni che non sappiamo nulla e che pure siamo chiamati a diventare eroi. Diventare eroi proprio nell'epoca e nella società che ha affermato di non avere bisogno di eroi, anzi: che è fortunata, è felice una società che non ha bisogno di eroi.

A farci luce nell'oscuro meandro nel quale dobbiamo inoltrarci, abbiamo però, come abbiamo già accennato, uno strumento particolare, una lampada straordinaria: le scienze umane e la consapevolezza della storia.

Vivere la storia

In Italia il «sapere» è stato sempre un'opera improba visto che le «Autorità», politiche e religiose, vi si sono opposte con tutte le loro forze. Ma è stata un'opera improba soprattutto nel campo delle scienze umane e in quello storico, tanto che si potrebbe quasi comprendere, ricostruire la storia dell'Italia come «Nazione», il laborioso percorso del suo sussistere, del suo *voler* sussistere come Nazione, guardando esclusivamente ai vari modi del «sapere» inventati lungo il passare del tempo dall'ostinazione e dalla genialità dei suoi figli, tutti riassunti nel «fare storia». Gli studiosi italiani, infatti, qualsiasi cosa studiassero, quale che fosse la disciplina cui erano dediti, si sono in silenzio tutti autoproclamati «storici», impegnandosi interiormente a fare la storia dell'Italia partendo ognuno dal proprio campo di ricerca. Filologia, linguistica, letteratura, poesia, architettura, pittura, scultura, archeologia, filosofia, musica, medicina, astronomia, matematica, teologia (sì, perfino la teologia): tutto è servito a fare luce sull'esistenza della «Nazione Italia», quasi a crearla come «Nazione». Nessuno si è mai dato per vinto davanti alla tragica realtà di un territorio frammentato, suddiviso in molteplici staterelli che cambiavano nome, dimensione e padrone da un anno all'altro; nessuno ha taciuto davanti alle minacce e alle condanne di Inquisitori, Papi, Duchi, Dogi, Principi, Re, Imperatori, di volta in volta italiani, francesi, austriaci, tedeschi, spagnoli. Soprattutto nessuno ha taciuto, pur da credente cristiano, nel consegnare alla storia, di secolo in secolo, le nefandezze della Chiesa e del suo potere.

Hanno fatto storia in questo modo così anomalo Dante con la sua *Commedia* e Machiavelli con il suo *Principe*, Petrarca con i suoi *Canti* e Foscolo con i suoi *Sepolcri*, Valla con la sua *Falsa donazione* e Manzoni con i suoi *Promessi sposi*... Si può spiegare, forse, soprattutto in questo modo la poca attenzione che gli studiosi italiani hanno prestato alle scienze umane e alla relativa discussione sulla loro «essenza» e al loro legame con la storia, nel momento in cui queste novità apparivano in Germania, in Francia, in America. Contribuiva a questo disinteresse il fatto che in Italia tanto il potere ecclesiastico quanto quello civile avevano silenziosamente vietato il diffondersi di queste dispute, trattandole, ogni volta che se ne presentava l'occasione, con un disprezzo assoluto, il «giusto» disprezzo dovuto alle aberrazioni di ciechi illuministi e di famosi «senza Dio».

Il motivo vero, però, di tale comportamento era un dato di fatto di cui nessuno si era accorto: gli italiani, con la loro abitudine a fare scienza partendo ognuno dal proprio punto d'osservazione, in realtà avevano precorso tutte le nuove discipline e le avevano «risolte», adoperandole già da molto tempo. Quali maggiori «analisti» del potere di Dante o di Machiavelli? Quali maggiori psicologi sociali di Manzoni o di Verga? Quale maggior linguista, psicologo, antropologo, di un Giacomo Leopardi nei suoi *Canti*, nel suo *Zibaldone*, nel suo *Discorso sopra lo stato presente dei costumi degl'italiani*,[2] dove indica fin dal titolo, con assoluta consapevolezza di ciò che intende fare, che si occupa dello stato «presente» dei costumi degli italiani. È proprio quello che usano fare gli antropologi e che è stato tanto difficile da capire e da accettare da parte degli storici classici. Il «tempo», infatti, per gli antropologi è sempre quello «presente». È questa la loro forza: osservano l'oggi con gli occhi distaccati di chi guarda «da lontano»,[3] un lontano sempre presente nel tempo e nello spazio.

Non è forse «antropologica» quella *Storia d'Italia dal 1871 al 1915* che Benedetto Croce narra con una capacità di penetrazione psicologica assolutamente sorprendente, chiudendola in un periodo brevissimo di cui sono precisate le date d'inizio e di fine degli avvenimenti? Non lo è forse la *Storia della letteratura italiana* descritta da Francesco De Sanctis con l'inimitabile vivacità coloristica dell'etnologo? Per una «strana» coincidenza questa storia è stata pubblicata nel 1870-71, ossia negli stessi anni in cui, come abbiamo già ricordato, Edward B. Tylor definiva per la prima volta in senso antropologico il concetto di cultura. L'abilità di questi studiosi si era continuamente «affinata» nell'analizzare e descrivere con estrema puntualità avvenimenti e situazioni, pur stando sotto gli occhi inquisitori ed ostili di governanti che in Italia sono stati sempre, nel passato tanto quanto

[2] Il saggio di Leopardi è del 1824; la prima definizione di «cultura» in senso antropologico dalla quale si usa far nascere l'Antropologia culturale come disciplina a sé stante è quella enunciata nel 1871 da Edward B. Tylor nel saggio: *Primitive Culture*, Murray, London 1871.

[3] Claude Lévi-Strauss, *Lo sguardo da lontano*, Einaudi, Torino 1984.

oggi, stranieri e nemici anche quando erano italiani. Anzi, soprattutto quando erano italiani. È stato quindi il bisogno di superare ostacoli di ogni genere che ha spinto tutti i «pensatori» italiani a creare, a inventare, a «scoprire», quasi senza conoscerle, l'antropologia e la sociologia, la psicologia e perfino la psicoanalisi. Sarebbe sufficiente ricordare, a questo proposito, come l'inconscio sia presente e sottinteso nel personaggio della Monaca di Monza, con una puntualità alla quale Freud non sarebbe mai potuto arrivare perché non aveva avuto sotto gli occhi i meccanismi di una società guidata per secoli dalla teologia e quindi dalla morale e dalla censura cattolica. Così come, del resto, balza agli occhi di ogni lettore la presenza sottintesa dell'inconscio, con una finezza di analisi che quasi toglie il respiro, nel Pirandello dei *Sei personaggi in cerca d'autore* e di *Il fu Mattia Pascal.*

Ma per trovare ancora una prova di come gli italiani abbiano sempre «fatto storia», guardando il mondo dal loro personale punto d'osservazione e ognuno con il proprio particolare strumento, sarà sufficiente ricordare l'opera lirica verdiana con il suo immenso apporto alla conoscenza delle passioni e della loro universalità, un apporto che D'Annunzio ha saputo riassumere in una sola frase: «Pianse ed amò per tutti». Anzi, da questo punto di vista si può dire che Verdi è stato lo «storico» che ha *dimostrato*, vivendolo e facendolo vivere nella sua musica come in un laboratorio, quanto Leopardi aveva già affermato a livello teorico: l'universalità, la «verità», senza tempo e senza spazio, di quei caratteri «romantici» che rappresentano l'animo umano in ogni cultura.[4] Naturalmente e soprattutto in quella italiana.

Ha saputo dimostrare in modo splendido questa universalità del pensiero di Verdi uno dei suoi massimi stu-

---

[4] Giacomo Leopardi, *Discorso di un Italiano intorno alla poesia romantica*, Bur, Milano 1998.

diosi ed interpreti, Riccardo Muti, dedicandogli il libro *Verdi, l'Italiano.*[5] Il titolo riassume, come meglio non si potrebbe, il pensiero del maestro Muti e rivela al tempo stesso quanta «italianità» ci sia in colui che ama fino a questo punto la musica di Verdi, perché è la musica la creazione specifica degli italiani, l'incancellabile dono che gli italiani hanno consegnato al mondo. Come saremmo stati felici se fosse stato afferrato dai politici quel lampo che si è acceso nel cielo plumbeo delle elezioni presidenziali 2013, suggerendo il nome di Riccardo Muti come rappresentante degli italiani! Saremmo riusciti a dimenticare in un attimo le umiliazioni che i politici ci hanno inflitto con il degrado delle loro miserie e avremmo ritrovato quel «nostro fare sicuro spontaneo naturale sensibile abbagliante di luce» descritto con tanta puntualità d'amore da Giuseppe Verdi.[6]

Noi, dunque, (io stessa) ci troviamo oggi a «fare storia» ancora una volta così come sono stati sempre costretti a farla gli italiani: raccontarla e tentare di spiegarla nel momento stesso in cui la viviamo. Siamo, infatti, anche noi, come i tanti studiosi che ci hanno preceduto, sotto la dittatura di poteri stranieri, quelli euro-americani, e sotto la dittatura dei poteri italiani che sono, come sempre, umili servi degli stranieri e che ci odiano, come ci hanno sempre odiato, più di quanto ci odino gli stranieri.

Davanti a questa situazione siamo costretti perciò anche noi, come gli storici nostri predecessori, a narrare giorno per giorno, durante il loro svolgersi, le terribili disgrazie della nostra Patria e dei nostri fratelli. Questa volta, però, a differenza del passato quando ogni avvenimento, anche tragico, suscitava la speranza della libertà, della redenzione della Patria, ci troviamo a descrivere una storia tristissima, deprimente, incomprensibile, finale. «Incomprensibi-

---

[5] Riccardo Muti, *Verdi, l'Italiano*, Rizzoli, Milano 2012.

[6] Giuseppe Verdi, *Autobiografia dalle lettere*, Bur, Milano 2001, p. 426.

le» perché i poteri che perseguono la nostra morte si servono di un'arma assolutamente nuova: ci spingono a darci la morte da noi stessi. Ci ripetono di continuo, infatti, e ci convincono che siamo noi, intrisi del vecchio, spregevole razzismo, intrisi di un odioso «nazionalismo», con tutto il carico di negatività che è stato imposto al concetto di nazionalismo, ad uccidere gli altri. Una storia «finale» perché, uccidendo il proprio popolo, i governanti condannano a morte anche se stessi. È una scena di caccia, insomma, in cui tutti si accusano a vicenda di essere cacciatori e tutti sono invece simultaneamente anche selvaggina.

Questa situazione così aliena dalla realtà ha riempito l'atmosfera già tanto oscura in cui viviamo di un'angoscia nuova, di un timore spasmodico: l'orrida attesa di un nemico sconosciuto, misterioso, invisibile.

Omicidi-suicidi

Le pagine che seguono sono dunque quasi soltanto delle «note di diario», appunti e pensieri messi sulla carta nei giorni tragici che hanno posto le premesse alla fine della storia e della civiltà in Italia. Il che significa in realtà la fine della storia e della civiltà in tutta l'Europa dato che è l'Italia ad averle dato inizio, ad averla concretamente costruita, metro per metro, città per città, da Parigi a Lione, da Francoforte a York, a Londra, a Siviglia, ad Oporto, con l'immensa opera ingegneristica e civilizzatrice dei romani in ogni campo. I 75.000 chilometri di strade costruite dai Legionari formano un tutt'uno con la scoperta e la civilizzazione del mondo allora conosciuto.[7] L'Europa è vissuta e si è nutrita della lingua latina, delle strutture giuridiche, militari, politiche, amministrative create da

---

[7] Victor Wolfgang von Hagen, *Le grandi strade di Roma nel mondo*, Newton Compton, Roma 1978; Pierre Grimal, *La civilisation romaine*, Arthaud, Paris 1968.

Roma e che ne hanno garantito lungo il passare dei secoli, attraverso il cristianesimo, la sopravvivenza fino al XIX secolo. È questa storia che i nostri governanti hanno deciso di cancellare, fingendo che non sia mai esistita.

Racconteremo questa fine perciò attraverso lo smarrimento di coloro che la stanno vivendo; che la stanno vivendo senza comprenderla, consapevoli di non comprenderla e che per questo non vedono altra soluzione che l'uccidersi. Le migliaia di suicidi avvenuti in Europa in questi ultimi anni rappresentano appunto il grido di una disperazione che non è la povertà, la disoccupazione, la fame ad aver provocato, come potrebbe sembrare in apparenza, ma l'impossibilità di capire quello che sta succedendo; impossibilità di capire perché i governanti odino tanto i propri sudditi, i propri fratelli, da volerli morti; da spingerli, anzi, a darsi la morte. Nella Società di France Télécom si sono suicidati, nel tempo intercorso dall'inizio della crisi nel 2008 alla sua prima ristrutturazione nel maggio 2010, 50 dipendenti fra dirigenti e tecnici. Secondo il rapporto trasmesso dall'Ispettorato del Lavoro alla giustizia francese, questi suicidi sono stati la diretta conseguenza della soppressione di 22.000 posti di lavoro e del trasferimento in altre sedi e in altre città di 10.000 dipendenti, effettuato dall'azienda in questo periodo.

È già qualcosa, però, che in Francia sia stata effettuata questa inchiesta e che sia stato riconosciuto un rapporto di causa-effetto fra la crisi e i suicidi. In Italia, nulla di tutto questo. Nessuna istituzione – né la magistratura, né il Parlamento, né la Chiesa – ha fatto sentire la propria voce per mettere in rilievo e trovare una qualche responsabilità alla tragica catena dei suicidi iniziata negli ultimi mesi del 2011. Si era appena installato il governo Monti ed erano cominciate ad arrivare le cartelle dell'Inquisizione fiscale, subito organizzata con la creazione di un nuovo Tribunale per la ricerca e la condanna degli eretici: «Equitalia». Il Laboratorio per la Distruzione è attentissimo nel trovare i nomi giusti da inculcare, senza che se ne accorgano, nella mente dei sudditi: Equitalia è un nome che sembra una specie di presa in giro a coloro che ne sono rimasti annientati fino al suicidio. Questo tribunale, però, ha accompagnato giustamente la nascita del governo dei banchieri: sottrarsi al fisco è comportamento ereticale, analogo al sottrarsi ai dogmi. Le istituzioni, perciò, hanno concordemente ignorato il succedersi angosciante dei suicidi indotti dalla crisi, e non è stata mai cercata o individuata la responsabilità di qualcuno, o almeno i giornali non ce ne hanno informato. Suicidi eclatanti come quello del segretario del San Raffaele, Mario Cal, uomo di fiducia dell'opera di don Verzè, non hanno avuto, almeno a livello d'informazione giornalistica, nessun seguito. Nell'unico caso in cui la stampa ha dato notizia di un'inchiesta della magistratura, quello del suicidio del dirigente del Monte dei Paschi di Siena, David Rossi, la conclusione è stata che si trattava di un suicidio volontario. Niente e nessuno ve lo aveva spinto. Come è possibile credere che, in una crisi terribile come quella che ha travolto il Monte dei Paschi di Siena, non soltanto dal punto di vista degli ammanchi finanziari, ma da quello dell'immagine, del nome della più antica istituzione bancaria d'Italia, un giovane funzionario, sposato e padre, si getti dalla finestra del suo ufficio, l'antichissimo edificio del Monte dei Paschi, alle 11 del mattino, dopo un'ultima telefonata che non sappiamo a chi sia stata fatta, senza un motivo? È più probabile pensare che, come nel caso di altri suicidi, si sia reso conto di ritrovarsi solo di fronte a un'eventuale situazione di disonore perché nessuno dei dirigenti, degli amministratori, dei responsabili politici si era addossato una qualche responsabilità riconoscendo le proprie colpe.

Il suicidio di David Rossi mi ha angosciato e mi angoscia tanto quanto mi ha angosciato e continua ad angosciarmi quello di Sergio Moroni nel 1992, un suicidio che sembra tanto lontano e invece è vicinissimo, come sono sempre vicine, quale che sia la lontananza effettiva nel tempo e nello spazio, le vicende di un uomo che ha dato senso con i suoi gesti, assumendoli su di sé, ad un particolare momento e ad una particolare storia di una Nazione. Anche nel caso di Moroni, amministratore del Partito socialista, nessuno dei capi, a cominciare da Craxi, si è assunto responsabilità di nessun genere. Nella lettera che ha scritto prima di uccidersi e indirizzata a Giorgio Napolitano nella sua qualità di presidente della Camera dei deputati pregandolo di leggerla ai parlamentari di cui faceva parte, Moroni giustificava il suo comportamento di amministratore in quanto il sistema di gestione dei finanziamenti adottato dai partiti era uguale per tutti e che per questo non aveva mai ritenuto di trovarsi in colpa. Di fatto la situazione era proprio questa, soltanto che i capi non hanno ammesso le proprie responsabilità se non quando sono stati chiamati alla sbarra da Di Pietro. Napolitano ha aggiunto un'ultima offesa alla dignità di Sergio Moroni non leggendo la lettera al Parlamento, comportamento gravissimo, visto che fa parte della nostra civiltà essere certi che le ultime volontà vengano esaudite.

Storia dell'odio

I sudditi sanno bene che sono i governanti, con le loro decisioni, a provocare la storia, quindi anche i suicidi, quando ne fanno parte. Sanno che è falsa l'affermazione: «la storia siamo noi». Un'affermazione che viene ripetuta con enfasi ogni giorno anche attraverso programmi scolastici televisivi cui è stato dato questo titolo proprio per ingannare i cittadini, nello stesso modo con il quale sono state immesse nell'aria le innumerevoli menzogne sulla democrazia e il potere del popolo. Nessuno lo sa meglio degli italiani, invece, che la storia l'hanno sempre creata i governanti, i capi. Nessuno lo sa meglio degli italiani perché sono stati per tanti secoli sudditi del potere più forte che sia mai esistito, quello dei Papi-Re. Non ci si deve meravigliare di questa affermazione visto che soltanto un Papa (Gregorio VII) ha potuto affermare senza che nessun altro potere osasse contraddirlo, che un Papa può «giudicare tutti e non può essere giudicato da nessuno».[8] Del resto sarà sufficiente ricordare, a titolo di conferma, che era la parola del Papa a decidere a quale Nazione spettasse il diritto a possedere una o più delle nuove terre che venivano scoperte o conquistate. La verità, perciò, è che la storia l'hanno creata sempre i governanti. Perfino quando, nello scoppio di qualche rivolta, è sembrato che i primi agenti fossero stati i sudditi, in realtà erano stati i capi, i detentori del potere, i veri agenti in quanto erano state le loro azioni a costringere, a spingere i sudditi alla ribellione.

Anche oggi sono i governanti che creano la storia. Si tratta di una storia stranissima, incomprensibile, angosciosa, una storia che non si è mai verificata prima d'oggi e che quindi viene narrata adesso per la prima volta: la storia dell'odio. Un odio totale. Un odio che assomma quello verso un Paese, uno Stato, una Nazione, a quello verso ogni singolo, povero, fragile essere umano che ne fa parte. Si tratta degli esseri più fragili, più miseri, più piccoli perché adesso sono «soli», «individui», nel senso pieno del termine in quanto già privati del gruppo, dell'appartenenza a un popolo, a una società, a una Patria. Sono in realtà l'ultimo nato, nella storia dei popoli, sul quale viene scaricato, come nella più classica delle famiglie, l'odio di tutti i membri. Un odio vero, profondo, crudele, sadico, maligno. L'odio di chi vuole uccidere ma che non riesce a soddisfarsi uccidendo direttamen-

---

[8] *Dictatus Papae*, assiomi contenuti in due lettere del 1075.

te; che induce ad uccidersi coloro che odia perché ha bisogno di assistere, di assaporare la morte di coloro che odia guardandoli mentre si tolgono la vita.

Tutta la forza di quest'odio, dunque, è concentrata nello sforzo di indurre ad uccidersi coloro che cercano di vivere. Il senso di falsità che aleggia ovunque e che tutti percepiscono oggi in Europa, in Italia, proviene soprattutto da questa specie di «sacra rappresentazione», di spettacolo teatrale, che assolve alla funzione primaria per la quale lo spettacolo è nato: dare consapevolezza, oggettivandolo, dell'esistenza del Potere, della forza del Potere, imponendone il «timore» perché il Potere *è*, esiste di per sé, consiste in se stesso e si manifesta come trascendente perché è potenza che dà e che induce alla morte. Per non riconoscerne la primaria essenza di odio gli uomini l'hanno proiettato e oggettivato nel Sacro, nelle Divinità, in un Dio.[9] Adesso, però, che in Europa, in Italia, il Sacro si è logorato al punto che i Papi si «dimettono», tolgono il «sacro» dalla propria persona come si tolgono l'abito liturgico alla fine della cerimonia, l'odio è apparso, *fascinans et tremendum*, sul palcoscenico della verità. È l'odio dei potenti, l'odio di coloro che governano, che nessun Dio nasconde più agli occhi dei sudditi: per questo i sudditi si uccidono.

L'odio uccide la vita e pertanto anche il tempo, che infatti sembra essersi fermato. Il Duemila? Quando è cominciato il Duemila? Quel Duemila tanto atteso, inaugurato con il Giubileo, con la moneta nuova, con le profezie della New Age, con il timore, o forse chissà, con la speranza che i computer si fermassero, non fossero capaci di continuare a contare il tempo, da quando ci siamo accorti di averlo di fronte? Da ieri, da tredici anni, oppure da oggi, questo «oggi» che scorre «da fermo», l'oggi dell'avvento dei banchieri? Sembra trattarsi di un tem-

[9] Rudolf Otto, *Il sacro*, Feltrinelli, Milano 1966.

po-non tempo, affondato in una specie di limbo, immobile ed oscuro, di cui non si sa nulla perché non è stato mai sperimentato in precedenza. È anch'esso un tempo teatrale, più vero di quello reale nella sua completezza-assolutezza, chiuso in se stesso, e che tuttavia sottolinea la sua falsità col non scorrere insieme alla vita, né quella biologica né quella culturale. Di nuovo: per questo si uccidono. Soltanto la morte può dare e dà il senso della realtà al tempo-non tempo mettendogli fine.

«Non sembra che vi sia una soluzione, non è rimasta più nessuna mossa» dice con assoluto realismo la dolcissima Lucy, la giovane «schizofrenica» in cura nell'ospedale di «psichiatria della famiglia» diretto da Ronald Laing ed Aaron Esterson, profeti della nuova psichiatria. Agli psichiatri che la sollecitano a spiegarsi meglio, dice con chiarezza: «Che mossa si potrebbe fare, nessuna. Non c'è speranza. È come una partita di scacchi, uno resta inchiodato e non si muove più».[10] È la lucida constatazione di una ragazza che vede, senza la minima illusione, la realtà della propria vita, di quella di sua madre, una casalinga «inchiodata» alla desolata quotidianità del ruolo di moglie e di madre, e la realtà del mondo che la circonda, anch'esso inchiodato ai ruoli assegnati dalla società. Gli psichiatri, appartenenti all'ordine sacrale del potere e difensori di quest'ordine, hanno definito «schizofrenica» Lucy e la sua famiglia. Siamo passati così dalla patologia del singolo individuo all'insieme della famiglia, ma ancora fermi, con la famiglia, all'analisi di un piccolo gruppo faccia a faccia. La psichiatria occidentale non ha avuto il coraggio di andare oltre. La diagnosi di schizofrenia di gruppo, tanto lucidamente percepita e verificata dagli antropologi e dagli psichiatri nelle popolazioni «altre», primitive e non, animiste o musulmane,

[10] Ronald D. Laing – Aaron Esterson, *Normalità e follia nella famiglia*, Einaudi, Torino 1970, p. 62.

in Asia e in Africa soprattutto,[11] non è arrivata fino all'Occidente, fino all'evidentissima patologia collettiva esplosa in America e in Europa con l'assolutizzazione dei giochi di Borsa, con la consegna di tutti i propri beni, quelli dell'anima e quelli materiali, a degli schizofrenici conclamati, i banchieri-giocatori che, con il loro delirio, hanno portato alla rovina singoli individui, popoli e Stati. Una patologia, quella del «giocatore» (maschio) che Dostoevskij ha descritto benissimo in un individuo (di fantasia, o lui stesso), sempre associata alla frenesia del sesso, un sesso anch'esso patologico proprio per la sua impulsività e irrefrenabilità. Due sintomatologie patologiche interconnesse ed evidenti, ma che nessuno psichiatra ha il coraggio di riconoscere e di diagnosticare in un gruppo. Non ne ha il coraggio perché affermare la malattia di un gruppo è sempre pericoloso, ma soprattutto perché non c'è nessuna possibilità di dimostrarlo: se tutti delirano, nessuno delira. È difficile diagnosticare la patologia mentale di chi è convinto che ogni potere sia incluso nel potere sul denaro, e che è riuscito, inventando «salsicciotti» e titoli «spazzatura», a mettere knock out i giocatori di Borsa di tutto il mondo. Eppure le persone dotate di un normale buon senso, i possessori di un piccolo conto corrente, non riescono a capire come un «valore», un bene, una sia pure piccola somma di denaro, possa essere definita «spazzatura». Nel riconoscerne la patologia gli psichiatri si troverebbero a dover richiedere l'isolamento di tali malati, ossia di tutto il gruppo che ha in mano con i loro titoli di debito gli Stati d'Europa, perché questa forma di delirio è altamente contagiosa, come sanno bene tutti coloro che hanno a che fare con un «giocatore», e come dimostrato dagli abbondanti studi in proposito. Del resto, non si può spiegare altrimenti

[11] Georges Devereux, *Saggi di etnopsichiatria generale*, Armando, Roma 1978.

che con la suggestione del contagio l'assurdità del comportamento dei politici quando si sono giocati in Borsa il massimo del proprio potere cedendo ai banchieri la «sovranità» monetaria. Chi non riconoscerebbe un delirio nel grido lanciato da Mario Monti: «La crisi dell'euro è la prova della buona riuscita dell'euro».

Dobbiamo ripetere anche noi, dunque, insieme a Lucy: «Non sembra che vi sia una soluzione, non è rimasta nessuna mossa...»? È così. Ammesso che questa sia la sintomatologia schizofrenica, la nostra è una società schizofrenica.

La morte che non vale

Questa disperazione, dunque, quella del «non c'è più nessuna mossa», è perfino più atroce, più assoluta di quella che alla fine della Seconda guerra mondiale ha spinto al suicidio tanti intellettuali, tanti poeti nei giorni della caduta di Berlino. Quelli «sapevano». Lasciavano scritto: «*Celesti occhi ha la morte, è nata in Germania*»...[12] La loro morte era in un certo senso una testimonianza di «onore» dei tedeschi davanti a se stessi e davanti al mondo. Quelli che si sono uccisi e che continuano ad uccidersi oggi in Europa, in Italia, invece «non sanno». Sanno però di non sapere perché siano ridotti a questo. La disperazione nasce dal non-senso. È il non-senso, la falsità, la mancanza di una qualsiasi via d'uscita logica da ciò che viene prospettato dai governanti, che induce alla morte.

Gli uomini sono forniti di un solo strumento valido per vivere: la capacità logica. Non avrebbero mai potuto affrontare la potenza della natura se non l'avessero utilizzata decifrandone le leggi con l'intelligenza, con la sistematicità della ricerca «causa-effetto», dato che non pote-

[12] Paul Celan, *Poesie*, Mondadori, Milano 1979.

vano vincerla con la forza. Di fronte ad una situazione come quella odierna in cui i popoli sono spinti dai leader a vivere e ad agire contro se stessi, contro ogni proprio interesse e scopo, le reazioni possibili sono quelle cui assistiamo ormai da mesi: aderire passivamente, lasciandosi condurre come ciechi verso la catastrofe, oppure darsi la morte, darla anche ai propri figli perché è a loro che è stato tolto il futuro. Sono quelli che si uccidono i più consapevoli: più consapevoli dell'assurdità logica in cui viviamo e che gridano ad altissima voce quale sia la situazione. Non c'è possibilità di ribellarsi in una democrazia così «perfetta» come quella italiana, come quella europea, dove anche i comunisti, anche le Sinistre, stanno dalla parte dei più ricchi, dei banchieri, quelli che derubano i poveri, che fanno pagare ai poveri gli ammanchi che sono stati loro a provocare giocando e perdendo i soldi dei clienti e che mantengono il «segreto» sulla fine programmata dell'Europa, governando tutti insieme. Se ne vantano: quale maggior democrazia che «le larghe intese»?

Si uccidono, dunque, questi italiani, per il non-senso perfino della morte che pure sono costretti a darsi; per la mancanza di ciò che ha sempre simbolizzato l'atto estremo del suicidio: la forza dell'uomo, la sua grandezza nella sconfitta finale. Non sono intellettuali, non sono poeti: piccoli pensionati che non riescono a pagare l'affitto della casa dove abitano, piccoli imprenditori che non riescono a pagare i debiti della propria azienda o le tasse imposte da un fisco implacabile. È questo l'aspetto più sconvolgente della morte che stiamo vivendo: quello della «loro» morte. L'abisso fra il suicidio che ci addolorava ma non ci sorprendeva di chi, come l'intellettuale, in fondo con la morte ha un dialogo costante, l'ha inscritta nell'orizzonte del suo pensiero, è stimolo alla sua poesia, alla sua riflessione di vita, e il suicidio di chi ha svolto in silenzio la sua piccola attività quotidiana, senza simbolismi, senza trascendenze e che sorprende tanto da non riuscire a dirne neanche una parola. Quanto coraggio, quanta dignità, quanta terribile disperazione in questi suicidi! La disperazione di chi sa che anche la propria morte non vale nulla, non cambia nulla... Non farà notizia, nessuno la commenterà. I debiti non si cancelleranno: passeranno agli eredi; l'azienda fallirà ugualmente e i dipendenti rimarranno ugualmente senza lavoro. Cosa c'è di più normale? I capi, i governanti, i banchieri non se ne accorgono neppure. Non una parola, non uno sguardo sui suicidi.

«Ce l'abbiamo fatta!»

È perfino ridicolo, grottesco, ma in realtà rispondente soltanto allo spirito di chi ha assolutizzato il denaro facendo il banchiere, che pretenda la morte in nome del denaro, come stanno facendo i banchieri in nome del debito pubblico. Un'assolutizzazione infame. Tanto infame quanto quella dei governanti che obbediscono ai loro ordini e che gridano, come ha gridato Enrico Letta il 5 luglio 2013: «Ce l'abbiamo fatta!». Esultava perché le autorità finanziarie europee avevano cancellato le procedure di condanna nei confronti del debito pubblico italiano. Ce l'abbiamo fatta? E le migliaia di imprenditori suicidi (8000 alla fine del 2012), i milioni di disoccupati, la disperazione dei cittadini oppressi dalla crisi, la Nazione senza futuro, senza illusioni, senza figli, tutto questo è forse racchiuso in quel «Ce l'abbiamo fatta»?

Il 5 luglio 2013 è dunque una data che gli italiani non dovranno dimenticare mai. La data dell'infamia di questi governanti che dovrebbero essere condannati molto più gravemente di quelli che hanno trascinato i popoli alla rovina con le guerre. Più gravemente perché questi l'hanno fatto per tradimento, per uccidere i propri popoli.

I governanti, però, di tutto questo non parlano. Non parlano né di se stessi, da quando si sono volontariamente ridotti alla sola funzione di dire di sì alle decisioni dei banchieri, né dei banchieri e del loro tirannico modo di governare i popoli. Un silenzio che dura da troppo tempo anche perché, da quando la crisi ha raggiunto il suo culmine con il terribile anno 2011, il tempo, come abbiamo già notato, sembra diventato inafferrabile, impossibile da padroneggiare. Tutti si aspettano che siano gli esperti, i politici a traghettare i sudditi, ridotti alla veste di «ombre», lungo la strada che porta alla luce. I politici, però, sanno bene che questa strada non esiste perché l'unica possibile comporterebbe rimettere in questione l'unificazione europea, il dominio dei banchieri, cosa che nessuno osa neanche porre di fronte a sé. Ripetono perciò che «si vede la luce in fondo al tunnel», ma è il tunnel che non è per nulla un tunnel, un corridoio da percorrere per raggiungere una meta: è invece la situazione, è la realtà.

Quel possente dolore di cui parlava Georg Trakl non aiuta ad accendere la fiamma dello spirito nei nostri giovani, non corrisponde a ciò che stanno vivendo perché non sanno neanche che quello che soffrono è un possente dolore. Sono al di là della percezione del dolore. Si aggirano «soli», chiusi ad ogni mondo che non sia quello riflesso nell'a tu per tu con il loro computerino. Una solitudine nuova, tragicamente vuota, quella che sperimentano i nostri giovani e che parla anch'essa della fine dell'Europa. Non hanno nulla da dire a nessuno. Questo silenzio, però, questo vuoto, dice una cosa terribile: che non abbiamo consegnato loro, nella rovina in cui siamo sprofondati, neanche quell'ardente fiamma dello spirito di cui parla Trakl e che fino ad oggi gli uomini che si sono succeduti in Europa hanno sempre tenuto accesa e consegnato, attraverso i secoli, ai loro discendenti. Lasceremo che i banchieri spengano anche questa fiamma?

Capitolo 2

Fine dei simboli e delle rappresentanze

Note di diario

Parte prima
Il crollo del Papato

Il Papa si dimette – il Parroco denuncia il ladro

Mentre scrivo queste righe, nella soleggiata mattina del 5 marzo 2013, le due istituzioni principali sulle quali si è retta l'Italia fino ad oggi espongono alla mite luce romana i propri ruderi. Ruderi nuovi, frammisti ai consueti ruderi del Palatino e del Colosseo integrati da tanti secoli nel paesaggio: è crollato il Parlamento; è crollato il Papato.

Tutti, romani e non romani, hanno avuto un soprassalto di sorpresa e di sgomento alla notizia del crollo. La sorpresa e lo sgomento non scaturivano però soltanto dall'enormità dall'evento in sé, quanto dall'improvvisa consapevolezza di una terribile conferma: ciò che da lungo tempo ognuno pensava e sentiva in cuor suo senza riuscire a crederlo, era avvenuto. Sì, in effetti lo sapevamo tutti che Parlamento e Papato erano morti. Più se ne parlava, più ne veniva arricchito lo «spettacolo», e più ci si convinceva che le procedure per tenerli in vita erano pura finzione.

Beppe Grillo ha dato il colpo di grazia al Parlamento e Joseph Ratzinger ha dato il colpo di grazia al Papato, ma traballavano già da molto tempo e, come cercherò di dimostrare subito, non potevano non crollare insieme perché era un unico cemento a tenerli in piedi: la forza del Sacro. Nel momento in cui Grillo ha affermato che i suoi eletti al Parlamento non erano «rappresentanti» ma «portavoce» dei cittadini, ha dimostrato, con questa sola parola, di aver cancellato il «sacro» dal Parlamento e che, di conseguenza, il «Parlamento» non esisteva più. Così pure: nel momento in cui il Papa Benedetto XVI ha annunciato di aver dato le dimissioni, è crollato il Papato, l'istituzione «Papato», nella sua essenza di sacralità simbolico-concreta. Parlamento e Papato possono continuare a fingere di esistere, come di fatto sembra che facciano, ma la forza del Sacro l'hanno persa per sempre. Da questo punto di vista perciò tanto la democrazia quanto la Chiesa sono istituzioni morte. Il «sacro», infatti, è una potenza, un'energia che nessuno può darsi da sé.[1]

Stranamente, però, nei giorni delle dimissioni papali, con una contemporaneità quasi «necessitante», si è verificato un altro crollo del Vangelo, in apparenza molto meno grave e traumatico, ma in realtà il più tragico: il Parroco di Carpenedo, piccolo paese non lontano da Venezia, ha denunciato il ladro, un qualsiasi piccolo ladro che ha rubato degli oggetti preziosi nella *sua* chiesa (una lampada e una colonna portafiori in bronzo) incitando i carabinieri, i parrocchiani a cercarlo, ad arrestarlo, diffondendone i connotati ripresi dalla telecamera di sorveglianza, con una furia, una rabbia sconvolgenti.[2] La chiesa di Carpenedo, dunque, non è, come tutte le chiese, la casa del Dio cristiano, del Dio del Vangelo, del Dio dell'amore e del perdono; non è, come tutte le chiese, il rifugio sicuro di ogni poveraccio, di ogni perseguitato, di ogni bandito, di ogni evaso, luogo che fin dalle origini cristiane le forze di polizia e le Autorità hanno sempre rispettato. La chiesa di Carpenedo è invece di proprietà di un tal Rinaldo Gusso, il quale, lungi dall'essere un rappresentante di Gesù, rappresenta soltanto se stesso e la propria misera anima nel momento in cui compie l'orribile azione di denunciare un

---

[1] Rudolf Otto, *Il sacro*, op. cit. Gerardus van der Leeuw, *Fenomenologia della religione*, Boringhieri, Torino 1992 (1960).

[2] www.ilgiornale.it, 2 marzo 2013.

ladro, simbolicamente e concretamente una prova del fatto che il Vangelo non è più valido, che il cristianesimo non esiste più. Il sacerdote Rinaldo Gusso non ha mai letto il Vangelo? E, se non il Vangelo, non ha mai letto neanche una delle meravigliose pagine piene d'amore e di commozione per i ladri, per i banditi che il Vangelo ha ispirato a semplici laici quali Alessandro Manzoni o Victor Hugo? Non si è mai commosso, come si sono commossi milioni di lettori, al racconto dell'incontro fra il vescovo di Milano e l'Innominato?[3] E non ha mai sentito parlare del galeotto Jean Valjean, famoso in tutto il mondo e rappresentato anche più volte al cinema e alla televisione? Anche lì c'è un ladro e un vescovo, il vescovo di Digne: «Prima di tutto, quell'argenteria era nostra?» si domanda monsignor Bienvenu all'annuncio che sono state rubate le posate d'argento dall'ergastolano cui aveva dato ospitalità, e subito si risponde: «Era roba dei poveri, ed è evidente che quel ladro è un povero»... Poco dopo, quando il ladro gli ricompare davanti accompagnato dalla polizia che l'ha arrestato, subito gli va incontro salutandolo festosamente: «Sono felice di rivedervi... Ma, come è andata? Io vi avevo regalato anche quei due candelieri, perché non li avete presi insieme alle posate?».[4]

È la forza di Gesù, questa, la forza dell'amore e del perdono, che è arrivata fino a noi: nient'altro. Adesso, forse, in Italia, in Europa, questa forza sta scomparendo... è scomparsa.[5]

---

[3] Alessandro Manzoni, *I promessi sposi*, Sei, Torino 2008, pp. 402-407.

[4] Victor Hugo, *I miserabili*, Newton Compton, Roma 1995, pp. 83-84.

[5] Ne è un'orribile prova il rifiuto da parte di tutti, Chiesa e Stato, di celebrare il funerale e di dare sepoltura a Erich Priebke. Non ci si accorge della barbarie di tale comportamento, anzi neanche barbarie: la paura primitiva del corpo contaminante di un morto maligno che può contaminare il luogo dove viene sepolto. Sono forme di primitività magica, oltre alla negazione del perdono che caratterizza l'ebraismo, e alla quale si era opposto Gesù con il suo grido dalla croce: «Perdona!».

Nel panorama di Roma, perciò, si vedono chiaramente i ruderi di due istituzioni, il Parlamento e il Papato, fino a ieri ritenute incrollabili. Il crollo del Papato fa certamente molta più impressione del crollo del Parlamento, non soltanto per la sacralità esplicita che lo sostanzia e per la lunghissima vita che ha dietro di sé, ma anche perché sono state tenute nascoste il più possibile le malattie mortali che l'hanno portato al disfacimento. Ne faremo una descrizione e un'analisi accurata, anche se necessariamente sintetica, ma non dobbiamo fermarci a piangere neanche per un momento perché, proprio in base a questa analisi, ci potremo rendere conto che esiste una realtà evangelica a sé stante, diversa, o meglio, opposta al tipo di religione cui è stato dato il nome di «cristianesimo» e che ha accompagnato la storia dell'Europa con le sue innumerevoli istituzioni fino ad oggi. Questa realtà evangelica avrebbe adesso la possibilità di presentarsi, integra e nuda, sullo scenario del mondo. Forse si tratta soltanto di una grande illusione; ma è nascosta qui anche l'unica speranza di non vedere nel prossimo domani soltanto il Corano aggirarsi per l'Europa.

Il Papa ha dato le dimissioni? L'incredulità è stata tale che in un primo momento perfino i giornalisti hanno pensato di aver capito male. In fondo Ratzinger l'aveva detto in latino, in un discorso tenuto nel chiuso di un consesso cardinalizio... poteva darsi che ci fosse stato un equivoco. Alessandro Sallusti, direttore del quotidiano «il Giornale», afferra il telefono e mi grida: «Ida, Ida, hai sentito? Davvero questo è dopo l'Occidente!». Non faccio in tempo a rispondere: «Certo, certo, è dopo l'Occidente», quando arriva la conferma dell'Ansa: era vero. Il Papa aveva dato le dimissioni.

Dimissioni? Una parola orribilmente statale, burocratica, laica, che stride in assoluto con un'investitura sacra. Un'investitura sacra, poi, come quella del successore di Pietro, di cui la Chiesa ha affermato per secoli e secoli che proviene da Dio stesso, dallo Spirito Santo: è lo Spirito Santo che ispira i cardinali nel conclave. Sulla figura del Papa vescovo di Roma, sono stati caricati mano a mano tutti i significati simbolici possibili e tutti i poteri, tanto da giungere a quel potere dei poteri che in qualche modo ne significa e ne testimonia l'appartenenza al divino: l'infallibilità. Non c'è infatti nessun altro modo che riferirsi al divino per poter affermare un tale potere in un essere umano, assolutamente non credibile senza il sostegno della fede nel soprannaturale, nella presenza di un Dio. La Chiesa, però, così come la sua storia, è tutta fondata sui significati simbolici che ne giustificano la realtà. La teologia cattolica non ha fatto altro, lungo il passare dei secoli, che affinare le proprie capacità di costruire ragionamenti simbolici in funzione di fatti concreti, e il primato del vescovo di Roma ne è uno degli esempi più indicativi e più preziosi.

La costruzione è cominciata partendo da quel passo del Vangelo, «Tu sei Pietro e su questa pietra costruirò la mia Chiesa», che in realtà è soltanto un debole gioco di parole di tipo giudaico e che non è attribuibile in nessun modo a Gesù. La forza di verità di Gesù, la sua «modernità», è consistita proprio nell'essersi opposto con assoluta decisione alla primitività magico-normativa dell'ebraismo, un'opposizione sintetizzata in un solo ordine: «Le tue parole siano: sì sì, no no». Non avrebbe mai pensato, perciò, di fondare un'istituzione così importante come quella del Capo del suo gruppo (ammesso che volesse farlo) sulla fiducia che gli ebrei ripongono nel significato magico dei nomi, una fede molto comune nelle culture etnologiche e in quelle antiche dove la forza della magia permette, imponendogli un nome, di affidare ad una Potenza immensamente più forte di quella dell'uomo il destino del singolo individuo.

Ma la capacità di sviluppare significati simbolico-concreti, che è precipua della teologia cristiana, e in particolar modo di quella cattolica, ha accompagnato in modo tanto «logico» quanto sorprendente soprattutto la figura del Papa-vescovo di Roma così da riuscire a farne quello che è stato fino al giorno 11 febbraio 2013, quello della rinuncia di Ratzinger. Un'istituzione di cui la consegna al Papa, quando viene eletto, dell'anello del Pescatore rappresenta il legame ininterrotto con il pescatore Pietro, discepolo di Gesù, per affermare la supremazia del vescovo di Roma sugli altri vescovi e di conseguenza la legittimità del Papato. Nessuno ha mai pensato che fosse possibile togliersi di dosso un'investitura sacra come se si trattasse di un ufficio statale. È vero che la rinuncia al Sommo Pontificato è prevista, come possibilità, dal canone 221 del Codice di diritto canonico promulgato dal papa Giacomo della Chiesa (Benedetto XV) nel 1917. Il fatto che questa eventualità sia stata codificata dopo mille e novecento anni, e quando il Papato aveva perso, con la sovranità sull'Italia, quasi tutta la potenza di una monarchia pari alle altre, è indice di per sé di un grande cambiamento nella visione del ministero papale. L'allungarsi della durata della vita nell'epoca moderna, testimoniato anche dal lungo Papato del predecessore di Benedetto XV, quello di Leone XIII, protrattosi dal 1878 al 1903, ha sicuramente influito sull'inserimento della norma nel Codice, anche se questo non altera il fondamento teologico della «costituzione divina» della Chiesa. Ma sul piano dei significati del Papato, significati sempre affermati lungo lo scorrere dei secoli accentuandone tanto l'importanza teologica quanto quella del potere effettivo, le conseguenze di questa desacralizzazione sono talmente rovinose da non poterle neanche immaginare.

La differenza con i rari casi precedenti risiede nel fatto che allora non c'era l'infallibilità (che è stata stabilita soltanto con il Concilio Vaticano I nel 1870), un dogma che investe la figura del Papa di una dote soprannaturale, essendo ovviamente impossibile che un essere umano non sbagli mai, una dote molto diversa dal potere sacramentale comune al sacerdozio. Senza dubbio il dogma dell'infallibilità è stato proclamato per contrapporre una maggiore forza sacrale alla perdita del potere terreno dopo la proclamazione del Regno d'Italia e il ritirarsi del Papa nel piccolo recinto del Vaticano, ma questa circostanza non toglie nulla al valore simbolico, oltre che concreto, del dogma.

L'Istituto Mater Boni Consilii, in un comunicato emesso nella stessa data, 11 febbraio 2013, della rinuncia di Ratzinger ha ipotizzato che l'elezione di Ratzinger non fosse reale ed efficace in quanto l'eletto ha dimostrato di non avere avuto né allora né in seguito l'intenzione oggettiva e abituale di provvedere al bene della Chiesa.[6] Si tratta di una conclusione dettata dall'evidente impossibilità di ammettere le «dimissioni» come un fatto teologicamente valido. D'altra parte è evidente a tutti, anche ai più lontani dal mondo della Chiesa, che, con le dimissioni, si è dato un colpo fatale al potere del Papato, al suo «primato» davanti alle altre Chiese (ortodosse e protestanti), alla figura di Re, come capo dello Stato Vaticano. Insomma un indebolimento assoluto della «sacralità» del Papato e di conseguenza della Chiesa cattolica.

Ricatti vaticani

Dopo il primo momento di incertezza e di sgomento per l'annuncio delle dimissioni dato da Ratzinger in modo assolutamente repentino, nessuno ha creduto ai motivi di stanchezza e di vecchiaia («*ingravescentem aetatem*») con i quali ha cercato di spiegarle. Veri o non veri che

[6] *La rinuncia di Joseph Ratzinger*, Comunicato dell'Istituto Mater Boni Consilii, in «Sodalitium», anno XXIX, 1, marzo 2013.

fossero questi motivi, era chiaro a tutti che aver comunicato al mondo le dimissioni in forma ufficiale, dato il consesso cardinalizio cui si era rivolto e la lingua latina che aveva utilizzato, senza aver minimamente preparato in qualche modo in precedenza né la gerarchia ecclesiastica né l'opinione pubblica in generale, dimostrava almeno due cose: o che questa decisione fosse stata presa all'improvviso sotto la spinta di qualcuno o di qualche cosa che ve l'aveva costretto, oppure che Ratzinger avesse deliberatamente scelto di sottolineare l'eccezionalità del suo gesto traumatizzando il mondo proprio col non averlo lasciato in nessun modo prevedere. Il buon senso, infatti, avrebbe voluto che cominciasse parecchio tempo prima delle dimissioni a mancare ripetutamente a qualche impegno pubblico e facesse circolare la voce di qualche suo malessere in modo da rendere più credibile un gesto così grave e le motivazioni che ne ha dato. Ratzinger invece ha voluto sferrare un pugno allo stomaco di tutti, e rendere il colpo il più forte possibile con la sorpresa. Questa volontà, evidente fin dall'inizio, si è andata poi sempre più confermando per il modo con il quale ha imposto la coesistenza di due Papi tanto sulla scena del mondo quanto nello Stato del Vaticano.

Era stato studiato tutto prima: su questo non ci possono essere dubbi. Aveva progettato una Chiesa con un Papa apparentemente uguale ai Papi istituzionalizzati di sempre, ma con accanto un altro Papa, privo delle funzioni, ma ancora «Sposa di Cristo e della Chiesa». Il suo voler rimanere a vivere nel ristrettissimo territorio del Vaticano, vicino al nuovo Papa, ha stupito e messo tutti in grave imbarazzo, sia dentro la Chiesa sia fuori, cosa che lui ovviamente sapeva benissimo. Non bisogna dimenticarsi mai, in tutto quello che ha fatto Ratzinger, che lui conosceva alla perfezione tutti i meccanismi mentali e le colpe della comunità ecclesiastica dentro e fuori del Vaticano per essere stato a capo della Congregazione per la Dottrina della Fede (l'ex Sant'Uffizio) per oltre vent'anni. L'errore fondamentale, semmai, era stato quello di mettere a capo della Chiesa proprio l'uomo che conosceva i segreti di tutti.

In un primo momento dopo le dimissioni la Curia pensava, com'è logico, che il modo migliore per superare il trauma fosse il ritorno di Ratzinger nella sua Baviera per sparire così il più presto possibile dall'orizzonte vaticano e dalla memoria dei popoli. Ratzinger invece ha voluto non soltanto rimanere a Roma e nella Città del Vaticano, ma ha sottolineato il suo essere Papa continuando a portare l'abito bianco che, oltre a simbolizzare la qualità papale di Sposa di Cristo e della Chiesa, lo fa identificare come Papa da tutti quelli che lo vedono. Ratzinger ha continuato poi a utilizzare il nome assunto da Papa, provocando grande sorpresa e imbarazzo nella Curia. Un comportamento imprevedibile e che ha aumentato il disagio in tutta la gerarchia. Sicuramente gli sarà stato chiesto, data la sua fama di sottile teologo, quale significato bisognava dare, o dava egli stesso, a questo comportamento, ma non ce n'è stato riferito nulla. Possiamo soltanto sperare che ne rimanga almeno qualche documentazione per gli storici di domani.

La massa di credenti e non credenti ha cercato subito invece un modo per superare il trauma di un avvenimento del tutto nuovo nella storia, accentuando il più possibile i mali della vecchiaia, tanto più pesanti nella evidente fragilità costituzionale di Benedetto XVI. Erano soprattutto i romani a esercitarsi nel compianto sulla vecchiaia pur di ritrovare un po' del loro terreno solido sotto i piedi. Abituati da duemila anni a considerare il Regno Pontificio come unica cosa incrollabile, sempre uguale a se stessa, nel continuo via vai sul territorio d'Italia di popoli nemici, di eserciti in battaglia, di imperatori e di conquistatori di cui non riuscivano a ricordarsi neanche il nome tanto erano rapidi a insediarsi e rapidi nell'andarsene con il loro bottino, i romani avevano sempre avuto fino ad oggi nel proprio antichissimo detto, coniato *ab illo tempore* dai loro avi: «Morto un Papa se ne fa un altro», la certezza che a Roma nulla sarebbe mai veramente cambiato.

La parola «dimissioni» è risuonata così estranea al mondo papale da apparire impossibile. Era finito il Papato. Questo hanno pensato i romani. Questa era la verità, altro che dimissioni. Le dimissioni di un Papa sono apparse come qualcosa di assolutamente impossibile, priva di senso. Non sono affatto analoghi, infatti, i casi precedenti che abbiamo citato e ai quali si è tuttavia fatto ricorso nel tentativo di attutire nell'opinione pubblica l'impatto di una novità così traumatica.

Sono venute subito alla mente, tuttavia, le conseguenze che tutti percepivano come catastrofiche. Conseguenze sul piano che più conta per la Chiesa, quello dei significati simbolici, costruiti attraverso i sistemi collaudati da secoli del pensiero teologico e che dovevano assolvere al compito di fare del vescovo di Roma il capo di tutto il cristianesimo, respingendo le pretese d'indipendenza della Chiesa ortodossa e quelle delle Chiese protestanti in ogni loro diramazione.

Il crollo del Papato, però, è soltanto l'ultimo atto della lunga crisi in cui si è dibattuta la Chiesa dalla fine della Seconda guerra mondiale e che il Concilio Vaticano II, convocato appositamente, non è riuscito a fermare. Anzi, per certi aspetti si può vedere nel Vaticano II, nella incapacità delle varie strutture ecclesiastiche di metterne concretamente in atto i decreti annegandoli in interminabili discussioni sui loro significati, non soltanto la prova della profondità della crisi, ma addirittura uno dei maggiori fattori di un ulteriore disfacimento. La bibliografia di commento al Concilio Vaticano II è vastissima e si è susseguita fino ad oggi con analisi e interpretazioni di ogni genere tanto che basterebbe da sola a testimoniare come di fatto il Vaticano II abbia rappresentato, nella sua concomitanza con la rivoluzione del '68, il fallimento non soltanto dei suoi contenuti, ma del Concilio nella sua qualità di «Concilio», strumento principale usato dalla Chiesa lungo tutta la sua storia per affrontare e risolvere i suoi problemi più gravi.[7] Anche i Concili non servono più.

Una rivoluzione totale: il '68

Erano gli anni del '68, del «Vietato vietare», della contestazione giovanile nei confronti di tutte le strutture sociali e di ogni ruolo d'autorità in Occidente. In America il ribaltamento di ogni ruolo di autorità sedimentava fin dagli anni Venti con il marxismo, molto radicato non soltanto nelle zone operaie e nelle periferie delle città, con il loro invincibile degrado, ma anche negli intellettuali, nei giornalisti di sinistra[8] che simpatizzavano con la rivoluzione russa, con l'ugualitarismo stabilitosi con il governo bolscevico. In realtà anche il governo e le industrie americane sostenevano la rivoluzione finanziando Lenin insieme ai suoi amici, mentre molti operai e intellettuali erano partiti per il Paradiso sovietico non soltanto dagli Stati Uniti, ma anche dalla Francia e dall'Italia. Qui il comunismo godeva di moltissime simpatie fra gli operai e gli intellettuali, ma era stato mal visto dalle istituzioni fin dall'inizio a causa soprattutto della posizione ostile della Chiesa che aveva guardato inorridita allo sterminio dei nobili e dei preti ortodossi e aveva anche quasi del tutto interrotto i rapporti con la Chiesa ortodossa, co-

---

[7] Vinicio Albanesi, *I tre mali della Chiesa in Italia*, Ancora, Milano 2012; Bartolomeo Sorge, *Oltre le mura del Tempio*, Paoline, Milano 2012; Carmelo Abbate, *Sex and the Vatican*, Piemme, Milano 2011; Gianluigi Nuzzi, *Sua Santità*, Chiarelettere, Milano 2012.

[8] Eugene Lyons, *Il crollo dell'utopia comunista*, Bocca, Milano 1940.

stretta per sopravvivere ad accordarsi con Stalin e a sopportare il dichiarato ateismo di Stato.[9]

Ma in Italia la rottura fra il socialismo e il comunismo era avvenuta anche sulla base di temi determinanti come la Patria, la religione, la morale familiare, gli stessi temi che sono giunti adesso alla totale disgregazione della società. L'America, la Francia, la Germania, e poi tutta l'Europa erano scosse dal turbine di una ribellione assolutamente nuova, quella dei figli contro i padri, e di conseguenza contro i «maestri» di qualsiasi genere, con punte di vero e proprio estremismo soprattutto in Italia. Una ribellione di tipo fondamentalmente intellettuale, nata dalle scienze umane, dal concetto-chiave di «cultura», e alimentata dall'analisi antropologica dell'assetto psicologico e sociale, dallo sguardo oggettivante con il quale gli antropologi avevano imparato, e quindi insegnato, a «vedere davvero», a «osservare» la famiglia, i padri, le madri, i figli nelle tribù «primitive» e scoperto che i «ruoli» reggevano nello stesso modo tutte le società. I personaggi che incarnavano l'«autorità» sulla scena dell'Occidente per la prima volta venivano visti nella loro doppia realtà, quella del ruolo rappresentato e quella del soggetto «recitante», ed era bastato questo sguardo possessivo, interno ed esterno, a distruggerli.

Non era un caso che le posizioni più estremistiche si fossero concentrate in Italia, nelle università italiane. I motivi erano chiari. L'Italia era uno dei Paesi più arretrati proprio nei campi maggiormente investiti dalla contestazione: l'autorità dei padri, la libertà sessuale e l'emancipazione delle donne. Che la situazione fosse questa soprattutto a causa dell'influenza esercitata per tanti secoli dalla Chiesa sui fedeli, sulle donne soprattutto, e sulla morale sottesa alle ideologie della classe politica, era un

---

[9] Angela Carpifave, *Storia della Chiesa ortodossa russa*, Edizioni Dehoniane, Bologna 2009.

fatto noto a tutti, ma la Chiesa ha ritenuto che convenisse fingere di non saperlo perfino con se stessa e si è convinta, come del resto molti opinionisti e commentatori politici, che il '68 fosse un episodio di passaggio che non la riguardava direttamente e che comunque sarebbe fallito insieme alla contestazione politica delle Brigate Rosse. Nulla di più falso, naturalmente. Quello che conta in una società è il modello culturale, sono le idee e le convinzioni che ne discendono, non il sistema di governo. La quasi coincidenza del Concilio Vaticano II (1962-65) con la rivoluzione culturale avrebbe dovuto mettere sull'avviso le istituzioni laiche tanto quanto quelle ecclesiastiche e indurre a studiare i motivi di questa coincidenza, cosa che invece non è stata fatta, probabilmente proprio per non essere costretti a guardare in profondità alle gravissime malattie che avevano infettato tutti i sistemi di potere. Si è trattato di un errore enorme dal quale né la Chiesa né la classe politica sono più riusciti a riprendersi. È vero: in quegli anni i partiti erano rimasti quasi indenni, il Parlamento continuava a funzionare e Francesco Cossiga, ministro dell'Interno, si vantava di non aver fatto entrare, durante le giornate più burrascose della contestazione, neanche un poliziotto nel sacro perimetro della città universitaria di Roma. Il professor Bachelet, il professor Tarantelli erano stati uccisi proprio in quel perimetro, nel modo più vigliacco e più brutale: chiamati per nome all'improvviso dai brigatisti con il kalashnikov puntato affinché vedessero la morte in faccia. Ma cosa poteva importare di queste morti a un ministro dell'Interno che scappava atterrito a gambe levate soltanto vedendo su qualche muro il suo nome scritto con la K? Per questo non aveva fatto entrare nell'università neanche un poliziotto, abbandonando professori e studenti alla violenza dei contestatori: sperava così di «tenerseli buoni». L'unica cosa che gli importava era che non se la prendessero con lui. In seguito ha avuto il destino che voleva: è toccato a lui, ministro dell'Interno che aveva fatto di tutto per non salvarlo, aprire la macchina dove i brigatisti avevano deposto il cadavere di Moro. Quindi è stato premiato, omaggiato, promosso alla massima carica dello Stato e forse la carriera onorifica di Cossiga è una delle prove più convincenti del fatto che le catastrofi che si sono succedute, e che continuano a succedersi, in Italia non sono affatto catastrofi ma eventi programmati e voluti dalle persone che non conosciamo e che lavorano nel Laboratorio per la Distruzione.

La Chiesa: ancora una volta l'omosessualità e le donne

Niente era cambiato? Parole vuote. Una società in cui le donne diventano all'improvviso totalmente libere e padrone di se stesse e dove l'uso della sessualità non è più il maggiore strumento di coercizione nelle mani del Potere e, per quanto riguarda l'Italia, nelle mani della Chiesa, il modello di vita, la «cultura» è totalmente diversa, e questo è stato il risultato del '68.

L'aspetto più grave della crisi, quello di cui la Chiesa non è riuscita a rendersi neanche minimamente conto, è stato infatti, con la negazione dei «ruoli» e dell'autorità che vi è connessa, l'annullamento della «minorità» femminile e del suo posto nella famiglia e nella società. Tanto non se n'è resa conto che, nelle innumerevoli discussioni sul modo in cui mettere in atto le novità del Concilio Vaticano II, discussioni seguite con grandissima speranza da tutte le donne, cattoliche e non, tanto in America quanto in Europa, alla fine tutto è rimasto come prima. Eppure sono state sempre le donne, fino dai primi anni dell'organizzazione cristiana, l'«esercito» della Chiesa. Pronte a donare tutti i loro beni, a «testimoniare» la verità di Gesù fino al martirio, a mettere in atto quell'esercizio della carità verso i poveri e gli ammalati che ha contraddistinto i cristiani dai primissimi tempi in tutte le società dove si sono trovati a vivere.[10] Con lo sviluppo degli Ordini e Congregazioni religiose, sono stati i numeri a parlare meglio di qualsiasi altra cosa: il ramo femminile è stato sempre, e continua ad esserlo malgrado il ridimensionamento verificatosi negli ultimi anni, di due terzi più numeroso di quello maschile. Ma la delusione del Concilio si è sommata con la crisi del concetto di «autorità» indotta dal '68 ed è stata soprattutto questa crisi a incidere sull'abbandono in massa dei conventi da parte delle religiose e sulla drastica diminuzione delle vocazioni. L'«obbedienza», infatti, pur facendo parte, insieme alla castità e alla povertà, dei voti messi alla base delle «Regole» di ogni Ordine e Congregazione tanto maschili quanto femminili, opera però in modo del tutto diverso nell'ambiente femminile e incide in modo tragico sulla libertà della religiosa perché la rende dipendente, oltre che nelle azioni e nel lavoro quotidiano, soprattutto nel suo mondo interiore, nella sua intelligenza e spiritualità. L'«infantilismo» che spesso caratterizza la personalità delle religiose, o di cui perlomeno vengono accusate dal mondo esterno, deriva quasi totalmente dal loro affidarsi all'«autorità» (del confessore, del direttore spirituale, della Superiora) in base al voto d'obbedienza, pur di non essere costrette a dirimere di volta in volta con se stesse e con i detentori dell'autorità in che modo e in quali limiti si deve intendere l'obbedienza.

Le statistiche attuali sulla riduzione costante degli ingressi negli Ordini e Congregazioni dovrebbero mettere in allarme la gerarchia ecclesiastica perché segnalano che le strutture portanti dell'organizzazione si vanno esaurendo senza che si riesca ad inventarne di nuove altrettanto valide. È vero che, dalla fine della guerra in poi, mentre s'indebolivano le strutture dell'Azione Cattolica,

---

[10] Ida Magli, *Storia laica delle donne religiose*, op. cit.

si sviluppavano diversi movimenti cosiddetti «ecclesiali», formati da laici impegnati in attività sociali di vario genere, come i notissimi Comunione e Liberazione, Catecumenali, Opus Dei, ma non è possibile fare alcun confronto con l'importanza che hanno avuto gli Ordini e le Congregazioni religiose a partire dal 1200 fino alla Rivoluzione francese. In realtà questi hanno formato le strutture portanti della società europea in tutti i campi: politico, economico, artistico, educativo, assistenziale e, partendo dall'Europa, in gran parte del mondo raggiunto dai missionari. Benedettini, cluniacensi, certosini, francescani, cappuccini, domenicani, gesuiti, salesiani: sono stati loro, in pratica, ma soprattutto i corrispettivi rami femminili, a svolgere i compiti essenziali per la sussistenza e lo sviluppo della società, provvedendo alle scuole, alla cura dei malati, agli ospizi per i poveri, per i vecchi, per i bambini orfani o abbandonati, all'ospitalità per i viaggiatori e per i pellegrini.

Ci si dimentica sempre, quando si parla della straordinaria opera di carità di santi famosi come, per esempio, don Giovanni Bosco, Francesco di Sales o Filippo Neri, che non avrebbero potuto fare nulla se, raccogliendo i bambini abbandonati per le strade, non avessero trovato a casa le suore a cui affidarli. Così pure per quanto riguarda i missionari. Insieme a un sacerdote partivano (e partono) per l'Africa almeno due o tre religiose ed erano loro, appena giunte in luoghi privi di qualsiasi anche minima struttura per la sopravvivenza, a organizzare immediatamente un «Pronto Soccorso» (volendogli dare un nome, anche se ovviamente non è possibile fare nessun confronto con i Pronto Soccorso degli ospedali europei) composto di una tettoia, pentole con acqua bollita insieme a qualche strumento chirurgico, dove accogliere partorienti, neonati piangenti e chiunque si presentasse con qualche problema da risolvere, ma soprattutto insegnare alle donne le regole fondamentali dell'igiene – per prima bollire l'acqua – contro i principali mali che affliggono gli indigeni e che uccidono i bambini: infestazioni di ogni genere. Se il missionario fosse stato solo, nessuna predicazione del Vangelo, nessuna celebrazione della Messa avrebbe suscitato interesse in gente afflitta da malattie e da bisogni particolari. L'Africa è un continente e un mondo umano a sé stante, che però l'Occidente, soprattutto l'Europa, finge di capire e si rifiuta di capire, anche quando vuole aiutare.

Quasi tutte queste attività per quanto riguarda l'Europa sono affidate ormai allo Stato ed è quindi venuta meno la motivazione principale che attirava i giovani negli Ordini e nelle Congregazioni. Il numero dei sacerdoti si è ridotto di due terzi, con l'aggravante che l'età media supera i sessanta anni. Negli Stati Uniti durante gli ultimi quarant'anni il numero delle religiose è passato da 180.000 a 68.000, con una età media di settant'anni (il 26 per cento oltre gli ottanta e soltanto il 7 per cento al di sotto dei cinquanta) il che significa che si stanno estinguendo. I Religiosi sacerdoti sono passati da 23.000 a 14.000, con una età media di ottant'anni di cui solo il 21 per cento al di sotto dei sessant'anni. I Religiosi «fratelli» (ossia non sacerdoti) si sono ridotti da 12.000 a 5000 mettendo in evidenza il fatto che la vita religiosa di per sé, quando non è «nobilitata» e resa anche comoda e ricca dalle rendite del sacerdozio, non interessa più. Tutto questo va messo poi in rapporto alla popolazione appartenente alla Chiesa cattolica (al di là della distinzione fra credenti praticanti o soltanto calcolati in base al battesimo, rito di routine come immissione del nuovo nato nella società) che, in correlazione con l'aumento demografico, è passata da 45 a 65 milioni.

Se queste sono le cifre negli Stati Uniti d'America, quelle europee sono ancora più significative. Con la libertà concessa dal Vaticano II una grande massa di Religiosi e di Religiose ha abbandonato i conventi disperdendosi nella società laica e nelle più varie professioni per guadagnarsi da vivere. Il fiume in uscita è stato impressionante. Per quanto si sospettasse che molti consacrati vivacchiassero alla meno peggio, senza alcuna vocazione, nei conventi e nelle parrocchie, nessuno aveva immaginato che si trattasse di una tale maggioranza da lasciare spopolati antichi e prestigiosi monasteri. Quasi tutti i conventi, rimasti ognuno con solo due o tre persone anziane, sono stati costretti ad accorparsi, provocando gravi sofferenze in tutti coloro che hanno dovuto lasciare il proprio Paese, i propri confratelli, le abitudini di lunghi anni di convivenza. Anche molte diocesi, rimaste a loro volta prive del personale monastico che aveva per tanto tempo supplito alla scarsezza del clero diocesano nello svolgimento delle liturgie e nell'amministrazione dei sacramenti, hanno dovuto ristrutturare la propria attività riducendo il più possibile il servizio e la presenza nelle parrocchie. Malgrado questo vero e proprio terremoto, non c'è stata però da parte della gerarchia ecclesiastica, almeno ufficialmente, una riflessione veritiera sui suoi significati. Non c'è stata soprattutto perché quel poco che si è cercato di chiarire, già così superficiale, è rimasto chiuso nello strettissimo cerchio dei superiori religiosi, tenendolo nascosto il più possibile all'opinione pubblica, al mondo laico, che non è stato chiamato in nessun modo a dare il proprio consiglio e il proprio contributo di conoscenza pratica della realtà. All'interno degli Ordini, invece, proprio perché liberi di discutere senza il timore che l'opinione pubblica all'esterno venisse a conoscenza della drammaticità della situazione, il dibattito è stato intenso e almeno in alcuni casi anche molto critico e angoscioso. Nessuno, però, ha avuto il coraggio di riconoscere che era la vita monastica in sé, la Regola fissata dai Fondatori, ad aver prodotto i maggiori danni per un motivo del tutto ovvio: le trasformazioni sociali, psicologiche, economiche dovute al passare del tempo, alla formazione di una sensibilità culturale e religiosa del tutto diversa da quella che aveva dato origine ai singoli Ordini monastici. Insomma, il principio assunto alla base della Chiesa: la perfezione sta nel mantenersi fedeli alla Tradizione, nel non cambiare nulla di quanto fissato all'«inizio», si è esteso, senza che fosse mai prescritto formalmente, come una regola implicita e indubitabile, ad ogni istituzione ecclesiastica, creando una forma di vero e proprio condizionamento psicologico e di resistenza a qualsiasi cambiamento. Nessuno ha denunciato le lunghe ore dedicate ogni giorno alla recita dell'Ufficio Divino, usanza ripresa dall'ebraismo, come contrarie all'ordine di Gesù: «Non ripetete parole». Nessuno, insomma, si è reso conto che si trattava di rivedere tutta la struttura del cristianesimo e che da questo punto di vista non potevano servire a nulla anche le più avanzate e coraggiose aperture alla psicologia e alla psicoanalisi proposte dai Superiori di varie Congregazioni e Ordini monastici per la formazione dei novizi e per aiutare il clero e i monaci in difficoltà. Aiutare i singoli individui non serviva ovviamente ad innovare le istituzioni, così come i cambiamenti nel rituale, nella lingua, nei gesti della liturgia non servivano a rendere «nuova», attuale, l'istituzione Chiesa.

Come può aver pensato la gerarchia di rinnovare lo spirito dei cristiani discutendo del dare o non dare l'ostia consacrata direttamente in mano ai fedeli per la comunione? Di fatto, gli unici tentativi di mettere in atto le disposizioni del Concilio sono stati quelli riguardanti la liturgia, dato che comunque sembravano quelli più facili e meno «pericolosi», ma i cambiamenti rivolti a «democratizzare» il rito della Messa sono stati tanto limitati da apparire infantili quando non addirittura ridicoli. È sembrato a molti una vera rivoluzione lo spostamento dell'altare in modo che il celebrante si trovasse di fronte ai fedeli, ma anche questa innovazione fino a che punto era giusta? Il sacerdote prega insieme ai fedeli? O meglio: i fedeli stanno nella stessa posizione del sacerdote di fronte a Dio oppure no? Discussioni interminabili su cose che, anche se in apparenza quasi del tutto prive d'importanza, in realtà testimoniavano che lo spirito che aveva guidato le norme del Concilio era ispirato ad una specie di vago adeguamento alle idee di democraticità del mondo laico piuttosto che a una riflessione vera sulla crisi del cristianesimo. Capire il senso di ciò che si dice è stato invece un presupposto molto significativo dell'innovazione liturgica e si è cercato di metterlo in atto con la traduzione dei testi dal latino, ma anche questa novità non ha raggiunto lo scopo che si prefiggeva, ossia quello di rendere la preghiera attiva e partecipe per un motivo evidente: il rito liturgico è ripetizione. Per questo la lingua è sempre, in ogni rito, una lingua «morta», anche quando è quella quotidiana: si tratta di una formula che, come tale, deve essere sempre identica e pronunciata da coloro che sono investiti dell'autorità sulla formula stessa. Non ha senso perciò che la pronuncino i laici i quali non possiedono la «potenza» della sacralità. E di fatto sentono di non averla: qualsiasi preghiera detta dai laici è come il rosario: la puoi ripetere dieci, cento, mille volte perché non cambia la realtà. Del resto l'aveva detto chiaramente Gesù: «Ci sono quelli che credono di essere esauditi a forza di parole...».

Il «meccanismo del sacro» dunque, era ormai bloccato e non c'era modo di rimetterlo in funzione perché ognuno dei suoi congegni dipendeva da tutti gli altri. A cominciare, per esempio, dal rito fondante del battesimo. Nella Chiesa primitiva si trattava di un classico «rito d'iniziazione», quello che tutte le società hanno adoperato e adoperano per distinguere un gruppo d'élite (in qualsiasi modo s'intenda l'élite) dalla normalità della massa e trasformava in «cristiano» uno dei tanti appartenenti alla società «pagana». Lo si riceveva da adulti al termine di un lungo itinerario di conversione; lavava le colpe, riportando il battezzato all'innocenza, e lo rendeva «fratello» degli altri cristiani (i primi cristiani si chiamavano fratello e sorella fra di loro) associandolo alla Chiesa del suo territorio: Chiesa di Efeso, Chiesa di Gerusalemme, Chiesa di Roma. È evidente che il battesimo è diventato cosa ben diversa in una società tutta «cristiana». È cominciata allora l'abitudine d'impartirlo ad ogni nuovo nato insieme al nome, non essendoci più bisogno della conversione da una religione precedente, ed è perciò sparito il carattere di rito d'iniziazione. Per quanto la Chiesa abbia tentato di mettere l'accento sulla necessità del battesimo per togliere il peccato originale, e di «fingere» una specie di conversione del neonato che, per bocca della madrina o del padrino, rinuncia al Diavolo, di fatto il battesimo ha perso la «potenza» di aggregazione ad un gruppo particolare, tanto che più volte lungo lo scorrere dei secoli si è riproposta l'idea d'impartire il battesimo soltanto agli adulti. Molti movimenti penitenziali nati dopo la crisi dell'anno Mille hanno adottato il battesimo degli adulti per i loro gruppi (i valdesi, per esempio, i catari, e dopo la Riforma, diverse Chiese protestanti). Da questa «nullificazione» del significato sociale del battesimo sono necessariamente discesi molti degli avvenimenti successivi. Il tentativo, per esempio, ripropostosi più volte senza però una forte convinzione sui benefici che ne sarebbero scaturiti, di riportare la celebrazione del battesimo all'età adulta è nato dal bisogno di ridare senso al battesimo. Anche il sorgere di tante associazioni per i cristiani che volevano sentirsi o essere «più cristiani» degli altri, come gli stessi crociati che si sottoponevano a una vera e propria investitura iniziatica, è stata una conseguenza della perdita di forza del battesimo. La massificazione degli Ordini e delle Congregazioni religiose soprattutto, che a un certo punto erano diventati parte essenziale della struttura economica e politica della società, lasciando i «laici»[11] all'ultimo gradino dell'essere cristiani, testimoniava del fatto che, in un mondo di tutti battezzati, il battesimo di per sé non contava nulla. La prova, in un certo senso «crudele», della nullificazione del battesimo era data dal fatto che il monaco, entrando in comunità, prendeva un nuovo nome: quello impartitogli con il battesimo non valeva più. Siamo giunti infine nella nostra epoca alla distinzione, non detta ma fortissima, di un'élite cristiana come quella di Comunione e Liberazione o dei Catecumenali (termine significativo) non fra i comuni battezzati e gli ecclesiastici, ma fra i «veri» battezzati, gli «iniziati» e testimoni del cristianesimo originario e il resto della società battezzata ma non «cristiana», ivi inclusi gli ecclesiastici.

Il meccanismo del sacro, dunque, come dicevamo, era bloccato e il Vaticano II non è riuscito a ridargli vita. Eppure, per la prima volta, un Concilio era accolto con maggiore entusiasmo e con grandissime aspettative più dai laici che dai religiosi. In Europa, in Italia soprattutto, sembrava venuto finalmente il momento di togliersi di dosso la cappa pesantissima di una teologia «medioevale» nel campo della sessualità e nella concezione della «Donna». A un certo punto, perciò, le interminabili discussioni sulle innovazioni liturgiche apparvero, come erano di fatto, soltanto un modo per sfuggire ai problemi veri e il fallimento del Concilio è diventato evidente a tutti. Nessuna illusione era ormai possibile: era stato offerto ai cristiani soltanto un itinerario di belle intenzioni, espresse in suggestive parole ma non traducibili nella realtà, e questa constatazione ha suscitato nel cuore dei credenti una rab-

[11] San Pietro (1Pt 2,10) usa il vocabolo greco *laós* per designare l'intero popolo cristiano. Successivamente ne derivò il termine *laikòs* usato da San Clemente Romano che verso la fine del I secolo fa la distinzione fra i presbiteri e il popolo. In seguito, a cominciare da Tertulliano, viene usato come termine tecnico per indicare i fedeli che non appartengono al clero. Cfr. G. Damizia, voce *laico*, in *Enciclopedia Cattolica*.

bia e un'amarezza così forti da distruggere ogni possibilità di fiducia nella Chiesa. Del resto, quello che ha rivelato fino a che punto fossero stati ipocriti e falsi gli autori del Concilio è stato il silenzio su ciò che, poco dopo, si abbatterà sulla Chiesa con la forza di un terremoto: l'omosessualità, l'incidenza della pedofilia del clero.

Proprio così: nel tanto osannato Concilio, in barba a tutti i giuramenti che fanno i grandi Padri della Chiesa, vescovi e cardinali, di mantenere il più assoluto segreto su ciò che avviene in conclave, non si sono fidati del proprio giuramento e non hanno discusso del problema più grave: la sessualità. Non una parola, nelle centinaia di pagine del Vaticano II, su questo argomento. Ma se viceversa la realtà fosse un'altra, se cardinali e vescovi ne avessero discusso fra loro e avessero deciso di non farne neppure un cenno nei documenti conciliari, allora questo sarebbe davvero il segno che la Chiesa non ha più alcuna strada davanti a sé.

Omosessualità ovunque

Sembra una vera e propria vendetta del destino che la Chiesa sia stata colpita in ciò che è stato per duemila anni la sua quasi unica arma, un'arma totale, implacabile, ossessiva: il controllo della sessualità. Le strutture organizzative fondamentali di cui abbiamo parlato, gli Ordini monastici e le Congregazioni religiose, già in profondissima crisi dopo il Concilio, non hanno adesso alcuna possibilità di vivere davvero, di slanciarsi con la fiducia in se stessi indispensabile per ogni grande azione, alla conquista del mondo. Il dubbio di una scelta omosessuale accompagnerebbe sempre chiunque volesse farsi monaco e andare a vivere, mangiare, dormire, in un edificio di soli maschi. Questa pregiudiziale potrebbe porsi naturalmente anche per le donne, ma di fatto la convivenza fra donne non crea né preoccupazione né scandalo, così come non l'ha mai creata neanche nel passato. Il supposto lesbismo nei conventi, anche se c'è stato, ha suscitato curiosità e interesse probabilmente più per ragioni di inconsapevole voyeurismo erotico che per la sua gravità sociale e ha trovato soltanto in pochi casi un riscontro pubblico. Nel libro *Atti impuri* della storica americana Judith Brown è ricostruito uno dei pochi casi in cui sono rimasti gli atti del processo per lesbismo cui è stata sottoposta una monaca del Seicento, condannata poi al carcere a vita.[12] Non abbiamo dei libri corrispondenti su processi per omosessualità di monaci. C'è da aggiungere che soltanto l'omosessualità nei conventi femminili ha trovato un Diderot pronto a farne l'oggetto di un romanzo, il famoso *La religieuse*,[13] pubblicato nel 1796, dopo la Rivoluzione quindi, e quando Diderot era già morto da dodici anni, mentre dell'omosessualità maschile anche i più grandi fra i filosofi illuministi non parlano. Il fatto è che l'omosessualità femminile, contrariamente a quella maschile, non è eversiva dell'ordine sociale, non mette a rischio la struttura della società perché le donne possono essere costrette a subire la fecondazione e a procreare, pur non volendolo: il potere è dei maschi anche nel sesso. I maschi non possono essere costretti all'erezione.

Lo scandalo vero è stato quello dei preti pedofili, ma su questo punto non sono mai state date dalla Chiesa le informazioni indispensabili per comprendere bene la natura del fenomeno, ossia di quale fosse il sesso e l'età delle vittime. «Pedofilia» è un termine generico che nella società laica di solito si riferisce a violenza su bambine dai quattro ai sette-otto anni, mentre attualmente la maggiore età si raggiunge per legge a diciotto anni, un'età in cui nessuno è «bambino» e nessuno può essere costretto a un rapporto sessuale se non vuole. È indubbio che nei

---

[12] Judith C. Brown, *Atti impuri*, il Saggiatore, Milano 1987.

[13] Denis Diderot, *La religiosa*, Marsilio, Venezia 2002.

casi denunciati riguardanti il clero si è trattato in grande maggioranza di rapporti sessuali con allievi dei collegi e dei seminari in cui è improbabile che sia stata usata la forza, quanto piuttosto adescamenti e un potere autoritario implicito, tanto che le denunzie sono arrivate anche venti o trent'anni dopo gli avvenimenti e spesso da parte di persone divenute a loro volta sacerdoti. Quindi maschi, adolescenti più che bambini data l'età a cui vengono ammessi nei seminari. Stupisce il fatto che la Chiesa abbia accettato queste denunce senza cercare di conoscere meglio la situazione, pagando anche grosse cifre, come è successo in America, pur di non affrontare processi. Ma anche prescindendo dal caso particolare del clero, rimane il fatto notissimo da tutta la storia passata come da quella attuale che il rapporto che instaurano gli omosessuali, sia quando è amoroso sia quando è a pagamento, è sempre con un giovane, o almeno con una forte differenza di età fra i due partner, anche quando sono ambedue adulti (è sufficiente guardare le «coppie» odierne pubblicamente tali). Le motivazioni sono senza dubbio molto complesse, ma in genere gli omosessuali giustificano questo tipo di scelta riferendosi all'esempio dell'antichità classica greca: l'iniziazione sessuale fra il maestro e l'alunno. La verità è che soltanto la giovinezza è «bella» e l'attenzione dell'omosessuale è concentrata sulla fisicità del giovane, nell'apprezzamento del significato della sua bellezza. Riesce perfino a stupire l'intensità dello sguardo di ammirazione con il quale alcuni grandi intellettuali hanno guardato alla bellezza dei loro giovani amanti: «Oh! Gli occhi di Habel. / I palpiti verdi smaglianti dell'acque, / l'azzurro del cielo, / del mare profondo, / e l'arido biondo di sabbie / che dan lo sconforto, / che dicon di sguardi perduti / davanti al mister d'ignoto infinito».[14] È Aldo Palazzeschi che contempla così il ragazzo che ama, ma

[14] Aldo Palazzeschi, «Habel Nasshab», in *Poesie*, Mondadori, Milano 1971.

non sono diverse le emozioni descritte da Oscar Wilde, da Umberto Saba, da Roland Barthes, da quasi tutti quelli che hanno provato a dirci il loro modo di vedere la «bellezza-giovinezza» maschile.

Un certo atteggiamento «protettivo», da parte del partner più anziano, è in qualche modo presente anche oggi se non altro perché il più anziano è in genere persona «arrivata» nella società, che è in grado quindi di aiutare il più giovane a farsi a sua volta un posto nella vita. In Italia era ben noto questo aspetto della vita di Pasolini, il suo bisogno di trovare ragazzi di passaggio oltre a quelli con i quali viceversa instaurava un rapporto amichevole oltre che sessuale. Ma soprattutto in Pasolini si può vedere una specie di prototipo dell'intellettuale omosessuale che, nell'esercizio di un sesso divoratore di ogni altra esperienza, cerca continuamente significati cognitivi che non possono alla fine non combaciare con l'avidità di ogni tipo di cibo spingendosi all'estremo del sadismo e del masochismo.[15] C'è una sola forza dietro a questo tipo di comportamento: la violenza di una distruttività cognitiva fino alla morte. Nel gruppo degli intellettuali di Parigi che faceva capo a Michel Foucault, i più giovani avevano tutti, almeno per un breve periodo di tempo, un rapporto sessuale con i maestri. Ma c'erano poi sempre molti altri partner, ragazzetti di strada e di passaggio, mantenuti o addirittura coabitanti con l'uno o con l'altro, come si è scoperto alla morte di Foucault. Nella sua casa risiedevano diversi ragazzi sempre a disposizione anche per scorrazzamenti sadomasochistici notturni, con stivaloni e giaccone di pelle nera, frustini e catene, come ha raccontato proprio uno di questi giovani nel libro che porta un titolo tragico: *All'amico che non*

---

[15] Scene illuminanti in questo senso nell'ultimo film: *Salò o le 120 giornate di Sodoma*, in cui Pasolini copre con motivazioni «politiche» il tentativo estremo di capire dove porti l'esperienza estrema del sesso omosessuale, tanto vicino, per molti suoi aspetti, alla bulimia e all'umiliazione fecale.

mi ha salvato la vita.[16] Il riferimento è all'Aids trasmessogli da Foucault.

In genere gli omosessuali costruiscono la loro esistenza intorno a una sessualità sfrenata e compulsiva in cui l'esperienza del funzionamento del pene è in un certo senso fine a se stessa e ha bisogno di rinnovarsi in continuazione nel tentativo mai soddisfatto di conoscersi attraverso tutte le sue possibili forme. Le coppie «stabili» (in ogni caso «temporaneamente» stabili), come molte di quelle che oggi aspirano al matrimonio, non hanno nessun problema di gelosia in questo campo: ognuno dei partner è libero di andare quotidianamente in cerca di incontri e piace loro anche andarci insieme, sperimentare insieme, moltiplicare le esperienze tramite la conoscenza di quelle dell'altro.

Funzionamento del pene e giovinezza sono la stessa cosa. L'omosessuale non dovrebbe, non vorrebbe invecchiare mai; anzi, sembra quasi voler rappresentare per tutti, nella società in cui vive, questa passione di giovinezza, questa volontà assoluta e disperata di non invecchiare; anche il nome «gay» che hanno scelto per se stessi sembra dimostrarlo. Nella «necessaria» differenza di età fra i partner di cui abbiamo parlato, si presenta a un certo punto una specie di limite, anch'esso in qualche modo inevitabile: quello dell'anziano che diventa vecchio; quello del giovane che diventa adulto. Si trova a questo proposito una riflessione molto triste e commovente nel diario di Roland Barthes, pubblicato postumo,[17] in cui, accorgendosi che il suo giovane compagno si sottrae ad un suo gesto affettuoso, Barthes dice a se stesso: «Adesso non potrò più avere altri che gigolò».

---

[16] Hervé Guilbert, *All'amico che non mi ha salvato la vita*, Guanda, Parma 1991.

[17] Roland Barthes, *Incidents*, Seuil, Paris 1987.

L'omosessualità di frati e monaci ha una lunghissima e ben nota storia dietro di sé, anche se in passato non è arrivata allo scoperto in modo così violento e massivo come adesso. Il motivo della segretezza era, però, diverso da quello odierno: la colpa principale era costituita dal peccato contro il voto di castità, peccato che, contrariamente ad oggi, appariva più grave se commesso con una donna piuttosto che con un maschio per l'evidente motivo che nessuna donna era libera: «apparteneva» sempre o al padre o al marito, o a Dio. La società attuale invece è colpita dalla presenza preponderante, anche a livello ideologico, dell'omosessualità e nulla potrebbe ormai togliere nell'opinione pubblica la convinzione che i maschi cerchino, nelle comunità monastiche, di vivere finalmente tranquilli insieme ad altri maschi. Il dubbio, quasi certezza, di un possibile pericolo di adescamento omosessuale accompagna ormai la presenza dei preti in tutte le loro attività a contatto con i ragazzi quali quelle assistenziali, parrocchiali e scolastiche, e per le famiglie non è più possibile accantonarlo o dimenticarsene.

La Chiesa insomma è stata ferita a morte, come si è visto bene anche al momento delle dimissioni di Ratzinger, quando è venuta alla ribalta la questione di una «potente lobby gay» in Vaticano che vorrebbe cambiare la dottrina teologica e morale sull'omosessualità. La lettura di tante testimonianze, raccolte nei libri-inchiesta usciti negli ultimi anni su questo argomento dà un quadro desolante della situazione. Desolante soprattutto sotto due aspetti. Il primo è la rivelazione del silenzio che tutti hanno tenuto per secoli e continuano a tenere all'interno del mondo ecclesiastico sul tema della loro sessualità, da quella etero di lunga durata con una compagna segreta e a volte con figli, a quella occasionale con prostitute e donne di passaggio, a quella omosessuale in ognuna delle sue tipiche varianti, anche più irrefrenabili e patologiche. Il secondo è l'immaturità, il distacco dalla realtà, dei preti che traspare da ciò che hanno raccontato in alcune di queste inchieste e che giunge a limiti davvero impensabili almeno per coloro che svolgono (che fingono di svolgere) la funzione di guidare gli altri nel comportamento morale oltre che religioso. Si percepisce l'apatia data dalla consuetudine con il Sacro che, nell'abitudine, non viene più percepito come «sacro»; gli appuntamenti sessuali fissati in chiesa con il distacco professionale dell'«aspettami dopo la messa»; il senso della non colpevolezza nell'omosessuale: se Dio mi ha fatto così, significa che mi vuole così. Soprattutto fare il prete come un mestiere e tuttavia un mestiere che permette di non avere responsabilità di nessun genere: né di fronte alla società, né di fronte ai partner, occasionali o meno, né di fronte ai propri confratelli, o superiori, o vescovi, né di fronte a Dio. Infine, per quanto riguarda l'omosessualità anche l'aspetto della commistione fra l'attrattiva erotica dell'abito e degli accessori liturgici e la patologia del farlo in chiesa o con il calice...[18]

Insomma, il clero istituzionalizzato è sicuramente oggi il gruppo sociale più inadeguato al suo compito; ma forse non soltanto al suo compito: a qualsiasi compito. Di fronte al quadro descritto nelle varie inchieste si percepisce nettamente la mancanza di senso della realtà nella quale vive il clero. La sicurezza che l'istituzione provvederà ad ogni bisogno, nelle malattie, nella vecchiaia; il rispetto automatico con il quale in genere tutti trattano un sacerdote il quale quindi non deve fare nessuno sforzo per ottenerlo; l'immagine protettiva data dalla presenza storica e sociale del nome oltre che del gruppo di una Comunità di appartenenza (essere un francescano o un gesuita agli occhi del mondo prima e al di là dell'essere il prete tale o tal altro) costituisce una forza di cui han-

---

[18] Carmelo Abbate, *Sex and the Vatican. Viaggio segreto nel regno dei casti*, Piemme, Milano 2011, pp. 341 ss.

no goduto fino ad oggi soltanto i preti, visto che, attraverso il socialismo ugualitarista e le operazioni messe in atto dal Laboratorio per la Distruzione proprio per raggiungere questo scopo, l'individuo è ormai assolutamente solo davanti al Potere e davanti al gruppo, non più coperto in pratica né dalla Nazione, né dalla classe, né dalla famiglia. È stato questo insieme di fattori a «reggere» il prete nell'ultimo mezzo secolo, riempiendo il vuoto della sua persona ai suoi stessi occhi tanto quanto a quelli dei suoi superiori e della società.

Bianchi merletti e tuniche rosse

Lo spettacolo offerto dal Vaticano nei due giorni del conclave impegnato nell'elezione del successore di Ratzinger è stato così volutamente esibito appunto come «spettacolo», da far comprendere anche al più ottimista degli osservatori che la Chiesa, fingendo di essersi ripresa dallo shock delle dimissioni papali, aveva deciso di continuare nella sua tradizione di «finzione», senza cedere neanche di un passo all'attesa spasmodica da parte dei fedeli cattolici e in generale di tutto il mondo, al bisogno di una parola vera, di un segnale. Il segnale che era stato preso atto del terribile trauma subito, della realtà drammatica della situazione. Nulla di tutto questo, anzi. Lo spettacolo è stato «montato» appositamente, nella sua più fastosa e regale magnificenza, per negare qualsiasi trauma, per minimizzare dimissioni papali, pedofilia di preti e di vescovi, scandali sessuali di ogni genere all'interno dei conventi, giochi di borsa spericolati e inchieste della magistratura sugli altrettanto spericolati affari della banca vaticana, scomparse misteriose, assassinii e «gialli» irrisolti e irrisolvibili entro le mura della minuscola e sorvegliatissima Città Leonina.

Se si pensa che nel perimetro dello Stato del Vaticano

vivono poche migliaia di persone,[19] la densità e la gravità dei fatti criminosi è senza dubbio la più alta al mondo. Sarà sufficiente elencare soltanto i più importanti di questi fatti verificatisi negli ultimi cinquant'anni: la «strana» morte nel 1978 di Papa Luciani (Giovanni Paolo I, l'ultimo di nazionalità italiana) sulla quale il Vaticano non ha permesso nessun accertamento. Sarebbe bastata infatti un'autopsia (cosa che si fa sempre di fronte alle morti improvvise) per togliere qualsiasi dubbio. La morte nel 1998 di una giovanissima guardia svizzera, Cédric Tornay, contemporaneamente a quella del suo capo e della moglie di cui il Vaticano non ha permesso alla polizia italiana di occuparsi, ma che quasi certamente è dovuta ad un legame omosessuale. La soluzione ufficiale data dal Vaticano non è credibile, ma tutti hanno fatto finta di crederci, salvo la madre del ragazzo che giustamente vorrebbe che fosse fatta giustizia. Tornay è stato infatti accusato di aver ucciso il suo comandante con la moglie e di essersi suicidato in base a una motivazione del tutto ridicola: una promozione non avuta. La scomparsa di una ragazza, cittadina vaticana, Emanuela Orlandi, la scomparsa di un'altra ragazza, Mirella Gregori, il ritrovamento nella basilica di Sant'Apollinare del corpo di Renatino De Pedis, appartenente alla famosa Banda della Magliana. Il coinvolgimento mai chiarito di Roberto Calvi con gli affari dello Ior. A tutti questi avvenimenti si può aggiungere il ferimento di Wojtyła, rimasto sempre oscuro al di là delle dichiarazioni di Ali Ağca e le dimissioni di Ratzinger.

Coadiuvati dai giornalisti della stampa e della televisione italiana, diventati all'improvviso nei loro untuosi commenti i più devoti dei cattolici, ancora una volta cardinali e vescovi hanno messo in atto tutto l'armamenta-

[19] Ufficialmente non arrivano a mille, ma il via vai di persone, anche non stabili, è molto superiore.

rio del Sacro per trascinare la gente alla commozione e al di là della commozione fino a un vero e proprio stato onirico.

Non è mancato nulla per rappresentare la fiaba del regno papale come mondo della trascendenza: «diverso», paradisiaco, trionfale. Il lungo e lentissimo corteo dei cardinali ha proceduto verso la cappella Sistina, sotto gli occhi di Michelangelo e delle telecamere, con il massimo della compunzione, nel grottesco fasto dei bianchi merletti e del rosso delle tuniche, delle lunghe collane e dei turbanti anch'essi rossi con nappine pendenti, talmente fuori da qualsiasi odierna realtà da far venire in mente certi stregoni-sciamani, africani o altaici, di cui Lévi-Strauss si domanda come mai non si mettano a ridere l'uno dell'altro quando si trovano faccia a faccia. L'illuminazione fortissima e sapiente del colonnato e della basilica ha fornito il massimo della suggestione fiabesca, tanto da suggerire a un giornalista che commentava la cerimonia per una rete televisiva italiana l'idea che l'enorme massa di pietra si fosse trasformata in cristallo. Innumerevoli stazioni televisive hanno trasmesso, instancabili, per ore e ore la stessa immagine: i cardinali che, uno per uno, pronunciavano con la mano sulla Bibbia la formula del giuramento. Un giuramento anch'esso fuori dal tempo quello con il quale i conclavisti si impegnano a mantenere il segreto su tutto ciò che avviene all'interno delle sale dove si svolge il conclave, una volta chiusa la porta con la formula rituale del «*extra omnes*».

Nessun commento da parte del mondo contemporaneo, che considera unica garanzia di legittimità e di giustizia l'assoluta trasparenza delle operazioni del Potere, davanti alla sfrontata esibizione di uno dei peggiori costumi dei Dogi, dell'Inquisizione e di ogni altra istituzione del passato: l'assoluta segretezza. Ciò non toglie che, con altrettanta naturalezza e senza che nessuno si meravigli dello spergiuro, i cardinali facciano sempre sapere subito all'esterno ciò che è avvenuto di più importante e significativo durante le votazioni. Infatti, siamo a conoscenza del fatto che Bergoglio era stato molto votato già durante il precedente conclave, quello con la vittoria di Ratzinger, così come abbiamo saputo subito che c'è stata battaglia fra i voti al cardinale Scola e quelli a Bergoglio e che a un certo punto è stato lo stesso Scola a chiedere di far convergere i voti su Bergoglio. Vero? Non vero? Aneddoti per abbellire le biografie dell'uno o dell'altro? Impossibile esserne certi visto che, se dei giuramenti dei cardinali non ci si può fidare, non ci si può fidare neanche dei loro spergiuri.

Con l'abbigliamento da antico giudaismo egittizzante, con l'imprigionamento dei votanti e il giuramento medievale sulla segretezza, ci si mantiene sul filo della finta fedeltà alla Tradizione a scopo di puro spettacolo, uno spettacolo che però si traduce, agli occhi di coloro che lo guardano nell'anno 2013, in distanza trascendente e solenne ritualità. Sempre fingendo di assicurare così la fedeltà alla Tradizione, si persevera nella tecnica della comunicazione attraverso il fumo del comignolo, anch'esso soltanto puro spettacolo, tanto più che tutti si divertono oggi a guardarlo come una replica delle segnalazioni degli indiani cui ci ha abituato la cinematografia western. Naturalmente si snatura così anche il concetto di «Tradizione», almeno nel senso in cui lo adopera la Chiesa che fonda sulla Tradizione le leggi e i precetti più importanti cui attenersi (è motivata soltanto dalla Tradizione, per esempio, una cosa così importante come l'esclusione delle donne dall'ordine del sacerdozio di cui oggi tanto si discute). È chiaro che attenersi alle tecniche usate quando non se ne possedevano altre non ha nulla a che fare con la Tradizione. E che, semmai, somiglia allo spirito magico con il quale si ritiene che ripetere sempre allo stesso modo i gesti dell'*inizio* porti all'esito felice dell'azione.

Dopo la lunghissima attesa, il balcone papale si è

aperto e la formula famosa è stata pronunciata: «*Habemus Papam*». Mentre si spargeva la voce in tutta Roma e la gente si radunava giungendo a frotte da ogni parte, è apparso chiaro all'improvviso, tanto ai telespettatori quanto agli osservatori che sostavano nella piazza da lunghe ore guardando senza scopo attorno a sé in attesa degli avvenimenti, perché si percepisse uno «stridore», un'estraneità, un fastidio, dal quale, pur volendolo, non si riusciva a liberarsi. Da che cosa proveniva? Che cos'era a produrlo? All'improvviso tutti hanno capito: era l'obelisco. Certo, certo, era l'obelisco, l'assoluta contraddizione fra il significato della basilica con il suo stuolo di morbide colonne e l'obelisco piantato nel centro. È scattata negli spettatori, allora, una silenziosa ma fortissima reazione d'impazienza, il desiderio di toglierlo da lì, di gridare a tutti che era stato compiuto un errore fatale, una specie di eresia nel piantarlo nel mezzo di una piazza che non può, non deve avere un centro perché pensata, creata come uno straordinario, immenso abbraccio: quello della Chiesa, la Madre, che accoglie e avvolge i suoi figli nel dolce susseguirsi delle file di colonne. L'obelisco che si erge alto, duro, solo, è «maschio», simbolo per eccellenza della mascolinità vittoriosa, del Potere assoluto, quindi «terreno» anche quando implica il «divino», come per esempio nei faraoni, ai quali si sono spesso ispirati i Papi, accecati dalla fame del Potere, compiendo appunto un errore fondamentale. Il Potere della Chiesa, infatti, non è assoluto perché sempre relativo a Dio: per questo la Chiesa è mediatrice e sposa di Dio, e a sua volta il Papa è rappresentante della Chiesa e Sposa (al femminile) di Dio. Questo significano il suo vestito bianco, la sua castità. Nel periodo del massimo trionfo terreno del Papato, gli uomini-maschi-Papi se ne sono dimenticati e hanno celebrato se stessi facendo trasportare a Roma gli obelischi più alti, oppure spostando quelli che già c'erano perché fatti portare dagli imperatori romani, come appunto quello eretto in piazza San Pietro. È stato il Papa Sisto V, con la collaborazione dell'architetto Domenico Fontana, ad avere l'idea di «dare un centro alla Fabbrica», ma si è trattato, oltre che di un errore teologico fatale, dettato appunto dalla volontà di «accentrare» il potere, anche e soprattutto della prova di quanto giochi nelle azioni dei potenti la banalità dell'ovvio. Nulla di più ovvio, infatti, della ricerca visiva del «centro» come analogico del potere.

Un marine *al potere*

Il comportamento di Bergoglio subito dopo la fine della cerimonia ha dato un'idea abbastanza chiara del suo modo d'intendere un rapporto di «familiarità» da finto buon parroco di campagna con i suoi fedeli. Nella solennità del momento sentire la sua voce che incominciava il «Padre nostro», invitando la massa di persone della piazza a dirlo insieme a lui, è stato un errore incredibile. Dunque le ricchezze della liturgia, la suggestività dei cori, il latino parlato fino a un momento prima, non appartenevano al popolo. Era stata una funzione tutta loro, dei cardinali, dei vescovi, cui il popolo aveva assistito in veste di spettatore, perché adesso, da quelle altezze bellissime, al popolo toccava la povertà ripetuta miliardi di volte del «Padre nostro». Non per nulla c'è stato infatti un momento di gelo; la gente ha esitato: non sapeva che farsene del «Padre nostro». Di quelli che erano nella piazza, molti certamente neanche lo sapevano, almeno i maschi: è notorio che le chiese in Italia durante la settimana sono vuote. Soltanto la domenica c'è un po' di gente per assistere alla Messa, ma appunto «assiste»: quasi nessuno prega e sa pregare da solo con le preghiere precostituite. Fortunatamente chi ha bisogno di Dio gli si rivolge direttamente, senza formule. Alla fine, con la recita di un altro «Padre nostro» dedicato in maniera più imbarazzata che mai al secondo Papa (ancora non era stato deciso di chiamarlo burocraticamente «emerito»), che se ne stava (illegittimamente?) nella residenza papale di Castel Gandolfo, la riunione è finita.

Il trauma era stato superato? Probabilmente sì, ma nella direzione di senso voluta dal Laboratorio per la Distruzione: un Papato pesante ma fintamente «leggero», adatto alla globalizzazione, che si troverà d'accordo con qualsiasi sacerdote di qualsiasi religione. I due dati più importanti sono il fatto che è un gesuita e il nome che si è dato: Francesco. Con l'elezione di un gesuita al soglio pontificio è stato compiuto il più grave colpo di Stato che si sia mai verificato nella pur lunga e travagliata storia del Papato. Ma si è trattato, di fatto, di una decisione disperata, quella che in genere gli Stati prendono quando tutte le vie normali di governo sono fallite e i politici consegnano ai militari, ossia alla forza delle armi, tutto il potere affinché siano essi a combattere la battaglia suprema, quella della salvezza o della sconfitta totale. I gesuiti sono nati come una milizia (la «Compagnia» di Gesù) allo scopo di sostenere e difendere il Papato, obbedendo ai suoi ordini *perinde ac cadaver*; è questo il loro compito per il quale pronunciano un voto particolare, in aggiunta ai voti di castità, povertà e obbedienza consueti in tutti gli Ordini religiosi. Per questo nessun gesuita è stato mai eletto Papa, ed anzi in origine non venivano neanche nominati cardinali proprio perché non partecipavano alla sfera diretta del potere papale. Precauzioni normali in ogni sistema di governo, le stesse per le quali nelle Costituzioni moderne, compresa quella italiana, si tengono separati i poteri della magistratura e delle forze armate da quelli dei politici.

Se fosse stato quello che vuole apparire, un fedele alla parola di Cristo, Bergoglio non avrebbe dovuto accettare di diventare Papa, ben sapendo che i gesuiti compivano così il massimo tradimento al loro giuramento di fedeltà al Papato.

Ben convinto, invece, dello spirito strategico che anima il suo Ordine, Bergoglio ha instaurato, fin dalle prime parole che ha pronunciato dopo l'elezione, uno stile dimesso e di apparente bonarietà con la folla che lo applaudiva, e soprattutto ne ha dichiarato con violenza una volontà di missione specificando quale nome aveva scelto per il suo pontificato: Francesco.

Nessun Papa fino ad oggi ha osato chiamarsi Francesco. Assumere un nuovo nome significa identificarsi in qualche modo con la persona che portava quel nome, prenderla a propria guida. Nella Chiesa l'attribuzione di un nuovo nome come rito di nuova nascita è stato importantissimo fin dall'inizio, quando erano i convertiti dal paganesimo o dall'ebraismo ad assumere con il battesimo un nome significativo della propria volontà nel testimoniare il cristianesimo. Sono indicativi e commoventi soprattutto quelli assunti dalle donne, forse perché il «femminile» connota con maggiore frequenza certi sostantivi come, per esempio: quelli di Fede e Speranza. Il cambiamento di nome è continuato poi e ha preso maggiore forza con il monachesimo, a significare la nuova nascita, la nascita alla vera vita dei monaci, di coloro che lasciavano il «mondo» entrando in un Ordine monastico o in una Congregazione religiosa. Contemporaneamente, però, il nome scelto dall'elenco dei santi segnala la volontà di affidarsi a quel determinato santo e di imitarne le virtù da parte di colui che in qualche modo attraverso il nome vi si identifica. Nessun Papa, dicevamo, ha osato, durante i lunghi secoli trascorsi dalla morte di Francesco d'Assisi, assumerne il nome, dichiarare di volerlo imitare, di prenderlo ad esempio e guida. E i motivi per cui non è stato fatto non sono soltanto quelli, pur significativi, di rispetto per la grandezza della sua santità, di riconoscimento dell'incapacità di imitarlo da parte di chiunque, ma anche quelli non dicibili ad alta voce ma che, a dispetto di quel che sostiene la Tradizione, gli ecclesiastici e la gerarchia della Chiesa conoscono bene: lo scontro assoluto tra Francesco e l'Istituzione-Chiesa, il suo rifiuto del sacerdozio, del rituale, del Potere insito nel sacerdozio e nel rituale. Che un Papa possa portare il nome di Francesco è veramente un'eresia, una bestemmia, la più grande offesa che si possa fare all'unico vero seguace di Gesù, l'unico che ha tentato di dire al mondo che Gesù non ha stabilito nessuna istituzione, nessun precetto. Soltanto un gesuita poteva esserne capace, in base allo stesso spirito di tradimento e d'inganno che caratterizza fin dalle origini dell'Ordine l'azione dei gesuiti e con il quale è diventato Papa.

San Francesco sarebbe fuggito inorridito davanti allo spettacolo in cui si è esibito il Vaticano per l'elezione del nuovo Papa e del quale abbiamo già dato qualche cenno. Si sarebbe spogliato, messo nudo davanti a tutti, come ha fatto ad Assisi iniziando la sua vita da «poverello», nel vedere l'abbigliamento sfoggiato dai cardinali, attori in lenta fila compunta sul palcoscenico dell'intero mondo. Non sappiamo neanche immaginare quanto costino tessuti, damaschi, fili d'oro, merletti, mitrie, gioielli, fabbricati appositamente per loro, ma è certo che Francesco avrebbe pianto di orrore e di vergogna davanti ai seguaci di Gesù vestiti come gli antichi faraoni, delle cui magnificenze gli ebrei si erano innamorati.

Doppio, tragico tradimento che si perpetua da duemila anni: identificarsi con gli ebrei e copiarli in ciò che Gesù ha condannato come il peggiore dei mali: le ricchezze del tempio e la maniacalità rituale. «Non ripetete parole!» Questo grido di Gesù risuonava tristemente nella mente e nel cuore di coloro che guardavano lo svolgersi puntiglioso di una ritualità che è negazione del Vangelo, ma che afferma così il proprio potere. I riti, infatti, servono a questo, sono nati per questo: porre la separazione fra il Sacro e il Profano, segnare la potenza di chi, gestendo il Sacro, sta sopra al popolo, lo comanda e lo giudica. È il motivo per il quale i sacerdoti, sempre e ovunque, a qualsiasi religione appartengano, indossano abiti particolari, con significati simbolici, funzionali all'accadimento magico, potente, senza quasi nessuna differenza fra i cardinali in conclave e gli stregoni sciamani, di quelli altaici in particolare, dei quali balzano facilmente all'occhio analoghi ornamenti soltanto di poco modernizzati.

Dialogo e accomodamento

Esaltato con entusiasmo da tutti, il finto parroco di campagna Bergoglio fa discorsi banali e che ovviamente proprio per questo piacciono subito e vengono ripetuti con una sorta di nuova allegria da tutti i mezzi d'informazione, visto che non pongono problemi d'interpretazione come è sempre successo con l'inevitabile impianto teologico dei discorsi dei Papi. Grida, dunque, accompagnato da immediati applausi, rivolgendosi ai giovani nella Domenica delle Palme del 24 marzo: «Non fatevi rubare la speranza!». Cosa di più truffaldino, di più vigliacco, nella terribile crisi attuale in cui non si vede un futuro per nessuno ma soprattutto per i giovani, che rivolgersi ai sudditi invece che ai potenti? Non sono forse i potenti, governanti, banchieri, economisti, che hanno rubato e rubano la speranza ai giovani? È lo spirito di un gesuita che già si rivela: il principio dell'«accomodamento» se lo sono inventato i figli di Ignazio, uomo che lo usava già in vista degli scopi di propaganda evangelica che si proponeva. È «santo», Ignazio di Loyola, ma la sua vita è poco conosciuta in Italia ed è difficile trovare qualche cattolico che gli sia devoto o che si rivolga a lui per chiedere qualche grazia, il dono di una guarigione o qualcosa di simile. Fra la devozione ad Ignazio e quella a Padre Pio c'è un abisso. Bergoglio si è guardato bene dal darsi, come Papa, il nome di Ignazio o quello di qualche altro santo gesuita, sebbene siano numerosissimi. Chiamarsi «Francesco» è stata una mossa abilissima, questa sì degna di un figlio di Ignazio.

Per poter valutare il significato della nomina papale di un gesuita e cosa potrà comportare per la Chiesa e per il cristianesimo in gravissima crisi, bisogna soffermarsi ad analizzare la personalità e certi particolari della biografia di Ignazio, anche perché l'Ordine che ha fondato si basa per prima cosa sull'obbedienza assoluta allo spirito del Fondatore. Dopo aver trascorso gli anni della prima gioventù al servizio di famiglie nobili, diventandone anche un difensore armato, molto apprezzato per le sue capacità militari, rimane ferito a una gamba nella guerra di Castiglia per la conquista di Pamplona (1521), mentre i suoi protettori rinunciano alle proprie pretese e si rifugiano nella Navarra. Costretto all'immobilità di una lunga convalescenza, Ignazio diventa devotissimo della Madonna (quasi tutti i maggiori devoti della Madonna sono stati uomini autoritari e amanti delle Crociate) e, non essendo più in grado di combattere, fa il progetto di una nuova vita. Andrà a laurearsi nell'Università di Parigi e poi si stabilirà a Roma, sede del Papa, per fondare un proprio istituto religioso che si dedichi alla difesa del Papato. In realtà Ignazio darà vita a una Compagnia con forti caratteristiche militari in vista del compito difficilissimo che l'attende: rafforzare il potere del Papato proprio nel momento in cui, con la crisi della Riforma, con l'Umanesimo, con il Rinascimento, le migliori intelligenze e gli uomini migliori, in Italia come in Europa, si sottraggono ai dogmi e ai precetti imposti dalla Chiesa. Una severissima disciplina e un altrettanto severissimo spirito d'obbedienza saranno dunque, come nelle più efficienti milizie, ma anche perché sono congeniali allo spirito di

Ignazio, gli strumenti principali cui sarà affidata la vita del gruppo. Bellissimo progetto, senza dubbio, ma come realizzarlo? Dove trovare i soldi per abbandonare tutto quello che ha fatto fino a quel momento e cominciare da zero una vita del tutto diversa?

Ignazio e le donne

Ignazio, come tutti i combattenti, ha lasciato a casa molte «amiche del cuore» che lo amano a dismisura proprio perché è un ideale di maschio che non teme nulla e nessuno, che combatte per Gesù e difende tutti i deboli, donne e bambini soprattutto, e che ancor più lo amano adesso che si sono invertiti i ruoli. Ignazio è ferito, costretto all'immobilità e le sue amiche possono finalmente coccolarlo, proteggerlo con le loro cure e con gli innumerevoli mezzi di conforto e di consolazione di cui dispongono le donne quando amano. Ignazio a sua volta, da scapolo e combattente, conosce le debolezze delle donne, e ci conta. Parla con entusiasmo della magnifica impresa cui ha intenzione di dedicarsi e, appena guarito, parte per l'Università di Parigi con in tasca l'iscrizione da loro amorosamente prepagata, ben provvisto di denaro e, insieme ai suoi dolcetti preferiti, di innumerevoli magliette confezionate dalle premurose mani femminili affinché non abbia a soffrire né freddo né caldo in terre lontane.

È l'anno 1528. Finiti con fatica gli studi universitari (rimane a Parigi per ben sette anni) e già in compagnia di qualche amico e compagno per il nuovo Ordine religioso che ha intenzione di fondare, parte per Roma dove, sempre mantenuto di tutto punto dalle sue care amiche, comincia a realizzare il suo sogno, stabilendo le prime regole di vita di quella che sarà la Compagnia di Gesù e soprattutto cominciando a organizzare l'attività principale cui si dedicheranno i gesuiti: l'istruzione dei giovani delle classi alte in appositi collegi, opera fondamentale per opporsi, con una educazione apposita, al diffondersi delle teorie protestanti.

In tutto questo periodo non manca mai, nello scrivere spesso alle sue donne, di raccontare tutti quei particolari, sia ideali sia di organizzazione concreta, che le fanno sentire partecipi della sua nobile vita e alimentano il loro desiderio di collaborarvi, continuando a inviare denaro, dolcetti e indumenti con i quali Ignazio dà da mangiare e veste se stesso e i suoi primi compagni, ma soprattutto compra terreni e astutamente edifica case vicino all'abitazione del Papa, il Quirinale, a testimonianza del suo servizio di «sentinella» all'Istituzione alla quale è dedicato il suo Ordine. In cambio ha fatto, come tutti i maschi quando si trovano lontano, la promessa cui le donne di qualsiasi tempo e di qualsiasi luogo hanno sempre creduto: le chiamerà, lo raggiungeranno a Roma e saranno finalmente riunite a lui, faranno la sua stessa vita nel ramo femminile del suo Ordine. Tutto falso. Ignazio non ha mai pensato di creare un ramo femminile. Il suo parere sulle donne, sulle loro capacità, sulla loro funzione sociale, è quello di tutti gli scapoli inveterati, lo stesso che si rispecchia nel rapporto con le devote amiche cui deve quasi tutto ciò che ha fatto nella sua vita: pregare per lui, mantenerlo con i propri beni e con i propri lavoretti, prendersi cura del suo corpo e di tutti i suoi bisogni. Questo è il loro compito e la loro ricompensa perché è soltanto di questo che sono capaci. D'altra parte l'Ordine che Ignazio ha in mente è davvero una milizia, una milizia d'élite. I gesuiti sono una specie di *marines*: allenati a una disciplina durissima per il corpo e per la mente perché Ignazio è un soldato nell'anima, convinto che gli strumenti che formano i militari siano gli unici adatti a formare i *marines* del Papa, che obbediscono ai comandi come automi sul campo di battaglia, sia questo il rapporto con Dio come pure il rapporto con la società. Le gesuitesse, dunque, non ci saranno mai.[20]

Lo spietato cinismo con il quale ha per tanti anni ingannato le sue «pie donne» pur di realizzare il proprio scopo è pari a quello che dimostra nei confronti di tutti coloro che si raccolgono intorno a lui. Nel giro di pochissimo tempo riesce ad ammazzare con le sue mani, ossia ad uccidere con le armi della sua regola, tre dolcissimi innamorati di Gesù, i primi tre «santi» gesuiti, volontari nella battaglia per la restaurazione di una Chiesa ferita dal protestantesimo e dalle tragiche colpe dei suoi ministri. Giungono a Roma, uno dietro l'altro, Stanislao, Giovanni e Luigi, che hanno abbandonato ancora adolescenti la famiglia e gli agi cui sono abituati per piombare, ignari di tutto, nello schiacciasassi ignaziano che li stritola subito. Stanislao Kostka, nato in Polonia nel 1550, quando arriva a Roma ha poco più di sedici anni e resiste appena tredici mesi: muore nel 1568, a nemmeno diciotto anni. Giovanni Berchmans, nato in Belgio nel 1599, giunge a Roma nel 1619 e resiste due anni: muore nel 1621, a ventidue anni. Luigi Gonzaga, splendido, raffinatissimo erede di una delle più aristocratiche famiglie italiane, nato nel 1568, quando arriva a Roma non ha ancora compiuto sedici anni e resiste incredibilmente per sei anni: muore nel 1591 a ventitré anni. Che cosa li ha ammazzati? La regola di Ignazio dell'obbedienza *ac cadaver* che, osservata alla lettera tanto dai novizi quanto dagli anziani, impedisce quello che, con l'intelligenza o anche con il

[20] A un certo punto le amiche del cuore, stanche di aspettare, pensarono di fargli una bella improvvisata e, vendute le proprie case e tutti i propri beni, partirono per Roma. Qui, naturalmente, scoprirono la verità. Il resto è, più o meno, la storia di tutte le donne ingannate dagli uomini: gli fecero causa e, nella loro ingenuità, ricorsero perfino al Papa per avere giustizia, ma non avevano tenuto conto della solidarietà maschile: il Papa dette loro solennemente torto. Cfr. Ugo Rahner, *Ignazio di Loyola e le donne del suo tempo*, Paoline, Roma 1968.

semplice buon senso, avrebbe potuto salvare la loro vita. Le penitenze-tortura, per esempio, quali il dover studiare in piedi, rimanendo immobili per molte ore davanti al leggio, d'inverno e d'estate; la scarsità di cibo e di sonno; l'intensità di attenzione richiesta dal metodo di Ignazio, i suoi famosi Esercizi, altra penitenza-tortura in quanto si tratta di un metodo che non affida nulla all'intelletto, allo spirito critico, alla creatività, ma che anzi li annulla, imponendo la fissazione su immagini mentali e associazioni mnemoniche. Un metodo che avrebbe fatto orrore a Gesù per il fatto stesso di essere un «metodo»; ma che ha fatto orrore, forse senza che se ne accorgessero, anche alla sensibilità e all'intelligenza dei giovani ignaziani, innamorati della poesia del Vangelo anche perché nati nell'atmosfera dell'Umanesimo, del Rinascimento, che ha liberato dal carcere teologico l'aspirazione alla creatività, alla libertà del pensiero. Proprio quello che Ignazio non vuole: la libertà, in nessun campo, ma prima di tutto nel pensiero. La Riforma è nata proprio dalla ricerca della libertà nell'interpretazione della Sacra Scrittura; Ignazio le oppone una finta libertà, quella di un «sapere» fine a se stesso che in definitiva è un non-sapere. Quello che li ha ammazzati è stato però prima di tutto il perverso spirito sacrificale con il quale Ignazio interpreta il cristianesimo (certo non il Vangelo) in base al quale le «penitenze» incidono tragicamente sulla salute; l'assoluta mancanza di buon senso e perfino di carità nel non tenere conto della giovane età, della debolezza fisica dei figli di nobili e ricchi, non abituati alla minima fatica e curati ancora dalla tenerezza materna; il cambiamento di clima per chi è abituato all'aria limpida delle grandi tenute di campagna in confronto alla mefitica aria della Roma cinquecentesca, ornata di trionfali opere d'arte, ma che il governo dei Papi ha tenuto sempre priva di acqua, di fognature, di servizi igienici, di un minimo sistema pubblico di eliminazione del liquame e della spazzatura; priva insomma della più piccola struttura di servizio per la salute dei suoi cittadini. Ignazio condivide questa mentalità e l'inculca ai suoi successori: la gara per un'architettura che superi in maestosità e in ricchezza quella di ogni altro Ordine religioso diventa uno dei massimi impegni dei gesuiti, ma in casa non c'è acqua né servizi igienici. Fa parte dell'agiografia del Santo Giovanni Berchmans il suo spirito di sacrificio nell'andare «alle due del pomeriggio» nel centro della città a fare il rifornimento dell'acqua per tutti i confratelli... Del resto non c'è viaggiatore che non abbia raccontato con orrore le sofferenze patite a Roma per la situazione di assoluto degrado in cui è tenuta la città e il timore che angoscia tutti per la malaria e il tifo allo stato endemico.[21] I romani scappano, appena ne hanno la possibilità, andandosene lontano a passare l'estate: è nata da qui l'abitudine della «villeggiatura» a Ostia o sui Colli. Guardiamo allora le date della morte dei nostri piccoli santi: Stanislao muore il 14 agosto, Giovanni il 13 agosto, Luigi il 21 giugno. Tutti chiaramente nel periodo di maggiore caldo e di maggiore possibilità di infezioni. Di questo sono morti.

Come può, dunque, un uomo di oggi diventare gesuita, ossia abbracciare la regola ignaziana, senza metterne in dubbio i tanti aspetti negativi, senza ripensare anche ai motivi, non soltanto politici, per i quali la storia dei gesuiti è stata così controversa? E se, come sembrerebbe dalle sue prime mosse, non l'ha fatto, è difficile sperare che capisca quale sia il male profondo della Chiesa. La cerimonia d'insediamento del nuovo vescovo di Roma, celebrata con una lunghissima, fastosa liturgia nella basilica di San Giovanni in Laterano, ha dimostrato infatti che, per quante innovazioni faccia o abbia intenzione di fare, questo Papa non ha capito che è per prima cosa la

[21] Johann Wolfgang Goethe, *Viaggio in Italia*, Rizzoli, Milano 2000; Émile Zola, *Roma*, op. cit.

prigionia del rito che bisognerebbe togliere al Vangelo per tentare, ammesso che sia possibile, di dare una speranza di nuova vita al cristianesimo. «Dio vi ama come un papà» ha affermato, con orrido «possesso» del Dio di cui parla. Un'affermazione che fa venire i brividi. Di quale «papà» sta parlando? L'infantilismo del linguaggio certamente non si addice al Dio dei cristiani e avrebbe suscitato l'immediata reazione negativa di Gesù che non sopportava la parola «ovvia», facile, che suscita consenso, perché lascia il tempo che trova. Da duemila anni la Chiesa predica: se duemila anni sono pochi...

Ma è il principio del «dialogo» che i gesuiti si sono inventati per primi, il cosiddetto «accomodamento», e che di per sé si configura come il massimo tradimento che si possa compiere nei confronti della forza di verità immessa da Gesù nella comunicazione tanto con Dio quanto fra gli uomini e che, dagli anni del Concilio Vaticano II ad oggi, ha portato all'evanescenza di ogni valore. «Le vostre parole siano: sì sì, no no» mettono al primo posto l'affermazione di verità di ciò che si dice ed escludono l'«accomodamento», quel principio che come abbiamo visto è stato inaugurato dai gesuiti per farsi accettare ovunque e che ha finito col creargli una tale fama di ipocrisia da rendere interscambiabili i due termini: gesuita o ipocrita. Del resto Gesù condannava i farisei proprio per la loro abilità nel trovare sempre nuove soluzioni alle norme rendendole così più facilmente aggirabili. Dialogo e gesuitismo sono la stessa cosa. Nelle vesti di un Papa sono il segnale della fine di qualsiasi speranza di verità.

La visita che Napolitano, presidente della Repubblica italiana, ha compiuto ufficialmente il giorno 8 giugno 2013 al nuovo Papa ha testimoniato che il gesuitismo era al potere. Napolitano era accompagnato, evidentemente per un esplicito accordo con il Vaticano, dal nuovo ministro degli Esteri, Emma Bonino, figlia prediletta di Pannella e massima realizzatrice delle sue battaglie per il divorzio, per l'aborto, per il libero consumo delle droghe, ossia per tutto quello che la Chiesa cattolica condanna come massima colpa verso Dio. Bergoglio le ha offerto la mano con un sorriso, significativamente ripreso dai fotografi a ratificare il definitivo superamento, in Italia e in Europa, delle lunghe campagne della Chiesa in difesa dell'etica cattolica.

Parte seconda
Il crollo del Parlamento

Il brigantino Bounty

I politici sono tutti così lontani dal capire che il sistema dei partiti, l'assolutizzazione del potere nelle loro mani, è ormai esaurito per sempre, che continuano, camminando sulle proprie macerie, a cercare soluzione ai gravissimi problemi che incombono in tutti i campi seguendo le vecchie strade, quelle in cui in realtà il potere veniva gestito dal capo del partito, con il sottinteso che le centinaia di migliaia di iscritti e i milioni di cittadini che l'avevano votato fossero d'accordo. La presenza del MoVimento 5 Stelle, ciò che Grillo ha inteso dire quando ha affermato che non darà la fiducia a nessun partito, non turba né Bersani, capo del Pd e incaricato dal giorno 22 marzo 2013 di cercare di formare un governo, né Berlusconi, capo del Pdl e che, avendo ottenuto soltanto pochi voti meno di Bersani alle ultime elezioni, insiste nel ripetere che il governo lo devono fare insieme. Dunque sembrerebbe che il panorama sia sempre lo stesso: tanti sforzi, tanto rumore, tante parole, tanti soldi spesi per le elezioni e soltanto due persone a decidere il da farsi. S'inventano «nomi» (governo del presidente, governo di scopo, governo di programma, di larghe intese...) che giustifichino la violenza con la quale si vuole a tutti i costi passare sopra alla mancanza di una vera maggioranza da parte dell'uno o dell'altro, ma soprattutto nessuna consapevolezza del fatto che il sistema bipolare maggioranza/opposizione non ha più senso.

I parlamentari grillini, come abbiamo visto, definiscono se stessi «portavoce dei cittadini», il che significa aver già tolto ogni sacralità al Parlamento ed essere sulla strada giusta per eliminare, con la rappresentanza, il Parlamento stesso. La prova più evidente di come i politici siano invece ancora chiusi nel bunker del proprio potere e piegati su se stessi esclusivamente allo scopo di mantenerlo, l'ha data Napolitano con la grottesca e sopraffattoria invenzione dei «saggi». Questi signori del potere antico, che è soltanto lui, Napolitano, con l'implicita assolutezza del suo giudizio che nessuno può mettere in dubbio, a ritenere e definire «saggi», appaiono viceversa come vecchi vestiti stinti, tirati fuori dal baule riposto in soffitta da chissà quante generazioni, e che dovrebbero coprire con la loro presenza il vuoto di azioni politiche creato da Napolitano stesso.

Da quando ha chiamato al governo Mario Monti, facendo saltare le regole della democrazia, Napolitano recita a soggetto incappando, con l'assolutezza del suo giudizio, in un errore dopo l'altro. La terribile crisi economica che imperversa dal novembre del 2011, è diventata sempre più grave con i provvedimenti montiani perché privilegiano la salvezza della moneta unica, ossia del dio Euro e dell'Ue, sugli interessi degli italiani, e costringe perciò il presidente della Repubblica a non vedere e a non sentire nulla di quello accade intorno a lui per difendere le proprie scelte ai suoi stessi occhi. L'Italia sembra diventata così una specie di brigantino *Bounty*, pilotato verso l'abisso da un comandante ormai furioso e che fa mettere ai ferri chiunque lo inviti a guardare la bussola. Non affidando a nessuno il compito di formare un governo perché non fornito in partenza della maggioranza, Napolitano dimostra fino a che punto i politici siano piegati ciecamente sul mantenimento del proprio potere: si è inventato delle regole e adesso nessuno le può cambiare.

Nessuno è sacro

A più di cinquanta giorni dalle elezioni e ancora senza un governo, è arrivato inesorabilmente a scadenza il mandato del presidente della Repubblica. Molti esponenti di vari partiti avevano provato più volte in precedenza a chiedere a Napolitano di accettare un nuovo mandato prima che giungesse il momento in cui, non potendo più sciogliere le Camere, diventasse impossibile risolvere con nuove elezioni il nodo diventato inestricabile della formazione di un governo. Ma Napolitano aveva sempre risposto con un no irrevocabile ed esortato i partiti a trovare un accordo per proporre qualche nome accettabile da tutti. Questi «tutti», però, erano in realtà il solo Partito democratico, l'unico accreditato, da quando è apparso Berlusconi sulla scena politica, a fornire un presidente. Del partito berlusconiano non poteva essere proposto nessuno data l'implicita convenzione che esclude chiunque sia stato contaminato in qualsiasi modo dal contatto con Berlusconi. Il meccanismo della tabuizzazione (di questo, infatti, si tratta, anche se nei quasi vent'anni di guerra a Berlusconi, nessuno ne ha parlato) si instaura oggi con straordinaria facilità, sebbene manchi quasi del tutto nella nostra cultura il substrato magico del Sacro, sia per la forza e la ripetitività della comunicazione di massa che raggiunge anche le persone più disinteressate a determinati argomenti, sia per l'abitudine dell'opinione pubblica all'adesione passiva e acritica a ciò che circola nell'aria con l'etichetta positiva. C'è però un secondo motivo che ha pesato sempre moltissimo nel far escludere gli uomini di Berlusconi da cariche di rilievo, e al quale abbiamo accennato in precedenza: la mancanza anche di una sola persona nell'entourage berlusconiano che possieda quel minimo di prestigio culturale che la renda presentabile agli occhi del mondo. Non che quelle di sinistra ce l'abbiano. Da molto tempo ormai anche a sinistra il personale è poverissimo di intelligenza e di cultura. Ma alle sinistre è rimasta l'aura del prestigio precedente, cosa che invece l'ambito berlusconiano toglie anche a coloro che eventualmente potrebbero goderne per virtù propria.

Tornando quindi alla frenetica ricerca da parte di tutti i politici di un possibile presidente della Repubblica, il problema era fermo sempre allo stesso punto: come non riusciva a concretizzare un governo, così Bersani – e il Partito democratico con lui – non riusciva a trovare un qualche personaggio abbastanza gradito a tutti da poter essere eletto alla presidenza della Repubblica come «presidente di tutti», ossia con una vasta maggioranza. I motivi di questa incapacità diventeranno chiari, come vedremo, nei tre giorni drammatici delle cosiddette Quirinalizie.

Sono giorni illuminati dallo splendido sole dell'aprile romano, tanto caldo da far già sospirare il refrigerio di qualche spiaggia, quando gli oltre mille «Grandi Elettori» (per quanto repubblicani e laici, i potenti non rinunciano mai per quello che li riguarda alla retorica della magnificenza anche nei nomi) vengono convocati per eleggere il nuovo presidente della Repubblica. Le norme che regolano lo svolgimento del rito sono di tipo medioevale: gli elettori non possono, come sarebbe logico, preparare e discutere in precedenza le proprie preferenze e le proprie scelte in una normale seduta del Parlamento. Sono tenuti inoltre a tener fede alla decisione presa dal proprio partito e tuttavia, contravvenendo a questo assunto, è previsto che possano venirne meno visto che il voto è segreto. A che servirebbe, infatti, la segretezza del voto se non a permettere di votare diversamente dagli accordi stabiliti senza incorrere nelle ire dei Capi? Naturalmente è stata proprio questa norma a provocare in modo determinante gli equivoci, gli inganni, le pugnalate, i tradimenti che si sono succeduti con ritmo forsennato e scioccante sul palcoscenico di Montecitorio. I milioni di cittadini che seguivano lo spettacolo attraverso le trasmissioni televisive, non si sono resi conto però, di assistere alle convulsioni finali, all'agonia e alla morte delle Istituzioni, o almeno di quelle «rappresentative».

Mancano a tutti i partiti, come abbiamo visto, i numeri sufficienti per poter eleggere il presidente. È affidata a Bersani, tuttavia, nella sua qualità di segretario del Partito democratico, la responsabilità di escogitare un sistema per far raggiungere al proprio candidato il quorum richiesto. Si mette d'accordo, perciò, con il nemico numero uno – Berlusconi – al fine di eleggere un esponente della sinistra che tuttavia fornisca, per la sua storia passata, anche al Pdl sufficienti garanzie d'imparzialità da poter essere votato. Nella rosa di nomi presentata da Bersani a Berlusconi c'è una *rara avis*: Franco Marini, vecchio esponente del socialismo sindacale, uomo grigio dal quale nessuno si attende alzate d'ingegno e tanto meno rivoluzioni. Detto-fatto, Berlusconi accetta e comincia la conta. Ma, mentre il Pdl e i suoi alleati, Lega compresa, votano compatti il candidato concordato, nel Pd appare subito chiaro che i franchi tiratori abbondano. È un messaggio di guerra: nascosti nel segreto dell'urna, in teoria contestano a Bersani il delitto di essersi accordato con l'orrido nemico, ma in realtà ne approfittano per trafiggerlo. A questo punto, che sembra già a tutti una catastrofe, siamo invece soltanto all'inizio: nessuno riesce neanche a immaginare quali saranno i prossimi colpi di scena. In base a un ragionamento «normale», infatti, sarebbe bastato, per far eleggere Marini, tener fede all'accordo, aspettando il momento in cui, dopo le prime votazioni, il quorum richiesto si abbassa. Ma i tempi dei ragionamenti «normali» sono ormai passati per sempre. Trascorrono poche ore e si assiste a un plateale tradimento: Bersani manda all'aria il patto stabilito e sorprende tutti presentando un nuovo candidato. Un nuovo candidato? Impossibile! Eppure è vero, ed è per giunta anche il nemico di Berlusconi per eccellenza: Romano Prodi. Come si giustifica un simile voltafaccia? Bersani dà una sola spiegazione, ma una spiegazione che mette tutta la Sinistra a tacere: sul nome di Prodi i parlamentari del Pd hanno assicurato la propria compattezza. In effetti chi più di Romano Prodi, rifondatore del partito con il suo famoso «Ulivo» e trionfale paladino dell'ingresso dell'Italia nella moneta unica, meritava gli onori della Sinistra? Eppure qualcosa non va. Si sente nell'aria una strana agitazione; non c'è nessuno che non preveda e che non si aspetti qualche improvviso infortunio.

Il Pdl, offesissimo dal tradimento, ha deciso di non partecipare alle votazioni e sull'arena perciò si ritrovano a duellare soltanto tra fratelli. La prima coltellata la infligge il fratello dei fratelli, il fedele compagno di merende in Europa. Mario Monti annuncia la candidatura di Anna Maria Cancellieri: «mirabile ministro dell'Interno nel suo governo, fedelissimo servitore dello Stato e – alza appena gli occhi a guardare i presenti, astuto e viscido, mentre sottolinea la propria impareggiabile «trovata» – è donna! Tutte le donne di Montecitorio, dunque, tutte le parlamentari di ogni partito la votino». La sua insensibilità a qualsiasi valore che non sia il «calcolo» è tale che neanche si accorge di quanto sia offensiva per tutti, e prima di tutto per la signora Cancellieri e per le donne, una proposta fatta in base a questo motivo: il sesso del candidato.

La coltellata di Monti dà però a tutti la misura di quale sia ormai la realtà. È l'ora del tradimento finale. È il «liberi tutti»! I ricatti, le gelosie, gli odi, le vendette, che covavano da anni in un partito costretto dalla sua immagine vetero-comunista ad apparire un granitico monolite, assolutamente obbediente e fedele agli ordini dei capi, scoppiano uno dopo l'altro con un susseguirsi che toglie il respiro per la logica che ne guida l'imprevedibilità. È una feroce purga staliniana, anche se non si vede scorrere il sangue e che, come tale, non può fermarsi e non si ferma se non quando non è rimasto vivo più nessuno. La conta dei voti per Romano Prodi, il salvatore, colui che avrebbe dovuto raggiungere il quorum al primo giro, si ferma perciò prestissimo: i traditori sono cento e uno! Non si può neanche parlare di traditori: il concetto di «tradimento» esclude la massa. È una catastrofe, una rovina. Una rovina non soltanto per il partito che ormai sembra non esserci più, ma anche per l'insigne candidato, molto stimato nel mondo delle Istituzioni euromondiali per aver trionfalmente condotto l'Italia nella moneta unica e pertanto ricompensato dall'Onu, in base a tacite convenzioni, con un «pensionato onorifico» (la delega ai bisogni del povero Sahel), vuoto di contenuti ma ricco di prebende.

«Meno male che Prodi se n'è rimasto in Africa ad attendere gli avvenimenti!», pensano e mormorano tutti, più o meno maliziosamente... Bersani però barcolla. Non è più in grado di assicurare l'elezione di nessuno visto che nel «Partito del dovere» per eccellenza non conta più neanche quello di mantenere la parola data. Amato, D'Alema? I nomi rigorosamente mondialisti e bilderberghiani che erano stati ventilati fino allora fra i più sicuri, spariscono in fretta. La conclusione è inevitabile: se non ce l'ha fatta Prodi, non ce la può fare nessun altro. Comincia la processione dei capi dei partiti al Quirinale: chiedono a Napolitano di accettare un nuovo mandato. È l'unico che può vincere.

Sette paia di scarpe ho consumato

Un nuovo mandato? Non c'è mai stato un secondo mandato per la presidenza della Repubblica nella storia d'Italia. I sette anni della sua durata, di per sé con tutta evidenza troppo lunghi, sono stati fissati, anche se nessuno l'ha mai detto, in base alla sacralità del numero «sette». Il «sette», infatti, è un numero «perfetto», non in senso matematico ma in quello magico, e tale è stato sempre ritenuto. Lo era nell'antichità egizia, in quella greca, in quella romana, lo è nella Bibbia e ce lo siamo portato dietro fino ad oggi con la periodizzazione del tempo in «settimane» e la celebrazione del festivo al settimo giorno. È un numero né razionale né neutro, ed è proprio per questo che è concluso in se stesso, comincia e finisce nel cerchio autonomo della sua sacralità e pertanto non può essere ripetuto. Ci ritroviamo così di fronte, con il secondo mandato del presidente della Repubblica, a quel crollo della sacralità rappresentativa di cui abbiamo già visto i connotati. Napolitano sottoscrive senza saperlo, nel momento in cui accetta la rielezione, lo svuotamento della potenza trascendente impersonata dal Capo di una Nazione.

Sul piano della realtà, invece, al di fuori dei significati simbolici, sembra grottesco che si chieda ad un uomo di ottantotto anni di continuare a fare danni per altri sette anni quando ha già rivelato, con la decisione improvvisa di chiamare al governo Mario Monti, di non tenere più conto delle regole, cosa che quasi certamente è stata influenzata, oltre che dalla base comunista della sua ideologia, dal dispotismo della volontà che spesso caratterizza, con l'avanzare della vecchiaia, la convinzione che le proprie idee siano, e debbano essere ritenute, giuste da tutti. Ridotta però un'Italia di circa sessanta milioni di persone alle decisioni dei soli tre o quattro politici ancora presenti sulla scena, la vertigine del vuoto spinge tutti a rifugiarsi nell'unico rappresentante ancora ritenuto «rappresentante», una specie di Grande Padre sciamanico che, proprio per le certezze assolute dimostrate nelle ultime vicende, viene percepito come il solo baluardo alla rovina incombente. In fondo possiede le caratteristiche che hanno creato, nel passato più antico così come nelle società primitive, di livello etnologico, la figura del Capo: è l'Anziano, l'Esperto, al potere da sempre, è sicuro di sé e di quello che fa, dà ordini senza recedere mai dalla propria volontà. Insomma, la tribù italiana è regredita agli stati primordiali del vissuto di un gruppo e Napolitano appare, quasi in forma allucinatoria, come il Capo carismatico cui bisogna affidarsi per non perire: è lo Stregone cui è sufficiente agitare il bastone verso il cielo per far scendere la pioggia, è lo Sciamano che interroga con successo le anime degli Antenati perché conosce la strada che conduce fino a loro... Insomma: Napolitano e nessun altro.

Napolitano però resiste: non può, non vuole. In fondo è spaventato pure lui dalla eccezionalità di un secondo mandato presidenziale.

La magia del numero sette è, come tutte le cose cariche di potere magico, ambivalente: può essere buona ma può essere anche pericolosa e bisogna stare attenti a non provocarne la carica negativa. «Ripeterlo» sarebbe appunto una provocazione. Per questo il «ritornello» è stato inventato come atto magico: se cominci a ripeterlo, non riesci più a togliertelo dalla mente, sei costretto a ripeterlo all'infinito. Chi ha detto, in fondo, che il numero «sette» significa davvero «sette»? Sappiamo benissimo che non è così. «Sette paia di scarpe ho consumato» significa che non so quante altre «sette» ne dovrò ancora consumare... È un ritornello che all'improvviso torna in mente al vecchio sciamano ma anche, con un po' di superstizioso timore, nella mente di tutti coloro che lo circondano e che cercano di convincerlo. Adesso che glielo hanno chiesto, sentono che non possono più tornare indietro, non possono più cambiare: la magia «incanta», ti blocca, non ammette ripensamenti.

Ad un tratto però Napolitano acconsente. Ha capito che la chiave del sistema magico di un secondo «sette» gli è congeniale: tutto il potere nelle sue mani, altrimenti si dimette. Comincia così l'era di uno stranissimo secondo «settennato», quella in cui Napolitano realizza tutti i suoi sogni. Niente deve cambiare. Nuove elezioni? Mai.

Governi non scelti da me? Mai. Qualche «saggio» un po' ottuso, elevato da lui alla dignità di saggio, che lo asseconda pensando solo quello che pensa lui, servirà a far finta che non è solo a decidere. Questo è tutto. Il Paese, la Nazione è nelle sue mani.

Le tempestose vicende politiche che hanno accompagnato i giorni della rielezione in extremis di Giorgio Napolitano alla presidenza della Repubblica, sono servite, però, a confermare molte cose che già sapevamo sui detentori del potere politico, anche se forse non avevamo sospettato fino a che punto giungesse l'odio e lo spirito di vendetta che li animano. Hanno confermato soprattutto il fatto più grave di cui abbiamo già parlato: che esiste un sopra-potere che guida tutto e tutti nascostamente verso mete preordinate. Avendo studiato per diversi anni gli scopi e le tecniche di questo sopra-potere, che ho chiamato «Laboratorio» (non sapendo in realtà di che cosa si tratti effettivamente), sono giunta alla conclusione, come abbiamo già visto, che un ristrettissimo gruppo di persone si è accordato per organizzare una struttura molto intelligente e pluriforme che persegue in prima istanza, in vista di scopi apparentemente mondialisti, la distruzione degli Stati nazionali e della civiltà europea, ed è quindi, non soltanto un «laboratorio», ma quel «Laboratorio per la Distruzione» che abbiamo imparato a conoscere attraverso gli avvenimenti che provoca o che detta.[1] Non si identifica, dunque, né con il Bilderberg, né con la Trilateral Commission, né con l'Aspen Institute, né con nessun altro dei Club di cui si fa ormai da tempo il nome sottovoce ma che hanno perso tutta la loro aura di mistero. Si deduce abbastanza agevolmente, dall'abbandono della segretezza che fino a pochi anni fa contraddistingueva queste associazioni, che il gruppo di

[1] Ida Magli, *La dittatura europea*, Rizzoli, Milano 2010; Ida Magli, *Dopo l'Occidente*, Rizzoli, Milano 2012.

comando non si trova più lì. Né può essere il «governo mondiale» *tout court* lo scopo finale, anche se è proprio questa la meta indicata da tutti gli osservatori delle società segrete.[2] Probabilmente il governo mondiale è lo «strumento» di cui ci si vuole servire, ma rimane «strumento» per qualcosa che non conosciamo. L'unica cosa certa, per ora, è che, sotto le vesti del Bilderberg e degli altri Club dell'area occidentale, il «Laboratorio per la Distruzione» ha preso il comando dei governi e dei politici d'Europa ai quali è delegato soltanto il compito di realizzare, in totale asservimento, l'omogeneizzazione e l'unificazione dei popoli e degli Stati, distruggendoli nell'unificazione europea. Vittime ignare e indifese nelle mani di governanti traditori etero diretti, che sanno e che non sanno, ma che in ogni caso sono talmente accecati dalla passione esclusiva del proprio potere da non riservare neanche un pensiero al popolo di cui sono responsabili, gli italiani non hanno vie d'uscita.

Il quadro è davvero terribile. Nella giornata di sabato 20 aprile 2013, tutta occupata dalle operazioni per l'elezione del presidente della Repubblica, i politici hanno votato, parlato, discusso ininterrottamente, seguiti minuto per minuto, passo per passo, dai loro sacerdoti – i giornalisti – ma non una sola volta è stato evocato da alcuno il suicidio avvenuto poche ore prima di un imprenditore del Nord-Est, Fermo Santarossa, a capo di un'importante azienda di costruzione di mobili, che ha preferito uccidersi piuttosto che licenziare, costretto dalla crisi, cento dei suoi operai. Si è ulteriormente allungata così l'impressionante serie di suicidi avvenuti da quando, con il governo Monti, salvare la moneta «euro» è diventato per gli italiani il dovere supremo cui bisogna sacrificare ogni bene, compresa la vita. Rimanere nell'euro, infatti, è come la conquista del Santo Sepolcro per i crocia-

[2] Epiphanius, *Massoneria e Sette segrete*, Contro Corrente, Napoli 2002.

ti: impossibile rinunciarvi. Nel nuovo secolo, dunque, quel Duemila che era stato atteso con tanta speranza di assolute novità, quello che era stato inaugurato e benedetto da un solenne Giubileo, voluto con tutte le sue forze dallo stesso Romano Prodi che adesso ne esce sconfitto, si ripresentano, sia pure in brandelli, le vecchie categorie del Sacro. La fenomenologia sacrificale, che ne rappresenta il carattere centrale, si manifesta, come abbiamo visto nelle pagine precedenti, attraverso la formazione di una nuova, impensabile categoria di «martiri»: quelli che offrono la propria morte al dio Euro.

Quali orribili analogie, però, suscitano i chierici della moneta! Siamo arrivati al punto di coltivare il sacro demonico senza più neanche credere al demonio. Il demonico è questo: essere costretti a testimoniare con la vita il valore assoluto del denaro, «sterco del Diavolo», secondo un vecchio detto. Eppure, visto che non ci ribelliamo all'adorazione dell'euro, che non gridiamo con tutte le nostre forze che nulla è più immorale, più infame, che erigere un altare ad una moneta e offrirgli il sacrificio di tante vite costrette ad immolarsi per lui, saremo noi ad essere condannati. Nessuno ci potrà assolvere.

Siamo abituati, ormai, all'indifferente silenzio di Mario Monti e di Giorgio Napolitano davanti a questi suicidi; ma non abbiamo potuto fare a meno di notare che, nelle accaloratissime discussioni sulla scelta dell'uno o dell'altro candidato alla presidenza, protrattesi per tanti giorni, politici e giornalisti non hanno mai neanche accennato all'Europa e al dio Euro, come se non fossero queste le cause fondamentali della crisi.

Oltre la democrazia

La democrazia, ossia il potere del popolo, di tutti, è di per sé falsità, allucinazione, inganno. Infatti si è cercato di trovare una soluzione inserendovi la «rappresentanza», che non è, come abbiamo visto e come molti credono, una delega. Rappresentanza significa che il politico, nella sua qualità di rappresentante, *è me*, è tutti coloro che l'hanno votato. Per questo si tratta di un'allucinazione. Forse si è pensato ad una fase di passaggio che in qualche modo fosse di preparazione a quel «potere di tutti» che si voleva realizzare. Probabilmente aver tagliato la testa al Re è stato un trauma troppo forte anche per i rivoluzionari francesi, un «sacrilegio», perché nella regalità c'era il Sacro, il potere proveniente da Dio, riconosciuto e benedetto dai Papi. L'idea della rappresentanza ha permesso una specie di transizione morbida, prima di giungere alla piena laicità, perché la rappresentanza appartiene ancora all'ambito del Sacro, al simbolismo trascendente del Potere.

C'è però, nella democrazia rappresentativa, un altro fattore forte e debole allo stesso tempo: la validità della parola dei cittadini. I politici diventano i «rappresentanti» dei cittadini in quanto i cittadini li hanno «votati», ossia hanno pronunciato una parola «potente», una parola-Atto che ha creato il potere del politico chiamato a questo ruolo. In un sistema di potere democratico, quindi, il patto fra governanti e cittadini si fonda esclusivamente sulla fiducia reciproca della «parola». La reciprocità di questo patto però, non è simultanea: la parola dei governanti, che crea le leggi, dipende dalla validità della parola dei cittadini che li hanno votati. Da lungo tempo i nostri politici hanno posto la scure alla base della democrazia, forzando, travalicando, misinterpretando, esautorando la «parola» iniziale che dà origine al loro potere. Il modo con il quale è stata realizzata l'unificazione europea, servendosi in modo truffaldino dell'articolo 11 della Costituzione che impedisce l'intervento dei cittadini in quanto politica estera, ne è la prova più schiacciante. Ma lo svuotamento della validità della parola dei cittadini è avvenuto anche con il sospetto, il dubbio, la sottintesa diffidenza, diventata poi sempre più manifesta da parte delle Autorità, che qualcosa di truffaldino sia presente in tutto ciò che i cittadini dicono e fanno nei loro rapporti con lo Stato. Un esempio di questo tipo di svalutazione della parola dei cittadini lo possiamo vedere nel sistema delle impronte digitali, che è stato inaugurato prendendo come giustificazione il pericolo del terrorismo. Ma è stato vuotato così quasi completamente il valore del passaporto e della carta d'identità fondati sulle affermazioni del cittadino: si è tornati al «corpo». Affermare la propria identità dicendo il proprio nome è un valore assoluto della persona *compos sui*, conquistato soltanto di recente dalle donne (per le quali occorreva la parola del padre o del marito, per esempio, per firmare un contratto), e dagli schiavi quando è stata abolita la schiavitù. Con il ricorso al timbro del corpo, questo valore è diventato nullo: siamo diventati tutti schiavi. Un altro esempio, purtroppo molto significativo, lo possiamo individuare facilmente nell'abitudine dei politici e degli amministratori di dare per scontato che le dichiarazioni dei redditi, pur firmate dai singoli contribuenti, non siano veritiere. La ricerca della falsità delle dichiarazioni è diventata negli ultimi anni talmente persecutoria da far diventare evidente a tutti che il «patto» fra la parola dei cittadini e quella dello Stato, non è più valido. Lo Stato si comporta come se possedesse pregiudizialmente la verità della parola. Da questo punto di vista nessuna dimostrazione è più convincente del fatto che in un'ingiunzione fiscale di pagamento il contribuente è tenuto a pagare *prima* di poter contestare quanto affermato dallo Stato. Con l'avvento del governo Monti, infine, governo politicamente illegittimo e che si è comportato come tale, è saltato l'ultimo residuo del patto. Con la decisione presa il 2 settembre 2011 di «mettere in rete» le dichiarazioni dei redditi di tutti i cittadini in modo che sia la «piazza» (internet è la moderna piazza) a garantirne la veridicità, la firma che essi vi appongono non vale più. Questo significa che la loro parola non vale più e che, di conseguenza, anche la democrazia non è più valida. Non esiste più. È stato silenziosamente proclamato il vuoto delle istituzioni di potere, mentre il governo di economisti e banchieri prosegue nel suo sistema di controlli fiscali sempre più assillanti e minuziosi che non hanno bisogno di essere approvati da nessuno: la Costituzione ha escluso il parere dei cittadini nell'ambito fiscale. Di fatto dunque la democrazia non c'è più.

Consumato adesso ogni brandello di sacralità (anche a causa dello sconcio comportamento dei politici che ha tolto ai sudditi qualsiasi possibilità di illusione), è arrivato il momento di andare oltre la democrazia, ossia di proseguire sulla strada della liberazione dal Potere nell'unico modo possibile: cercare di ridurlo, di togliergli ogni spazio. Il potere residuale che risulterà ineliminabile va chiamato con il suo nome: Potere. Tutti potranno così guardarlo in faccia, sapere sempre quando ci si trovano di fronte e valutarlo. Ci si accorgerà così che la «politica» è ancora un'invenzione, un'invenzione che copre il Potere e che, come tale, fa parte del sistema della falsità. È diventata una rete vastissima, con le facoltà universitarie che sfornano laureati in Scienze politiche, predestinati quindi a gestire il Potere, quando in realtà il «sapere» cui hanno dato il nome di scienze politiche di per sé non esiste. O è costituito dall'insieme di tanti saperi, quali il diritto, l'antropologia, la psicologia, la sociologia, l'economia, la geografia, le religioni, riuniti nella Storia, oppure si fonda esclusivamente sull'intuizione e le capacità di colui che governa.

Un Controlaboratorio

Quando avremo eliminato il concetto di «politica» nella gestione della cosa pubblica, ognuno potrà coltivare liberamente l'ideologia che preferisce senza pretendere che diventi la base della vita della Nazione, anche perché siamo tutti consapevoli ormai di quanto il tempo trasformi in fretta oggi la realtà e faccia apparire logore o addirittura errate le idee che sembravano giuste in assoluto anche pochissimi anni fa. È questo il motivo fondamentale per il quale bisogna studiare e sperimentare sempre, come si fa in tutti i campi più difficili della scienza, per conoscere e mettere in atto il modo migliore di governare un popolo. Dobbiamo organizzare anche noi, come fanno i nemici delle Nazioni, una specie di «laboratorio», un «Controlaboratorio», un sistema di ricerca e di sperimentazione per tutti i campi della vita sociale, con filoni sempre aperti in cui inserire continuamente i dati ottenuti e quelli che si vogliono ottenere, proposte, dubbi, esperimenti da riesaminare a scadenze brevi e prefissate. Siamo soliti farlo, ed anzi lo facciamo obbligatoriamente per tutti i prodotti che usiamo nella vita quotidiana, quelli dei quali ci fidiamo che siano stati sperimentati dai tecnici fino ad una quasi totale sicurezza prima di essere messi in commercio, come per esempio i farmaci e i vaccini o i freni delle nostre automobili e i motori dei nostri aerei, è assolutamente doveroso farlo quindi per la cosa più importante di tutte: la vita del gruppo. Naturalmente anche nei laboratori si sbaglia, ma non è neanche immaginabile quello che succederebbe se gli strumenti di cui ci gioviamo in ogni momento della giornata non fossero stati sperimentati in laboratorio dai fisici, dagli ingegneri, dai chimici, dai tecnici di ogni settore prima di giungere nelle nostre mani. Nel nostro Controlaboratorio quindi dovranno lavorare i migliori scienziati in ogni campo del sapere ed essere regolarmente retribuiti per un tempo determinato e licenziati in caso di errore, senza nessuna remora sacrale. Sarebbe «divertente» vedere come se la caverebbero, nella loro profondissima ignoranza, le centinaia di parlamentari che abbiamo attualmente in carico sulle nostre spalle, quelli europei e le migliaia e migliaia cui paghiamo ricchissime pensioni per tutta la vita, se dovessero mettere un piede in un laboratorio di ricerca e soltanto tentare di capire cosa vi si stia facendo.

Si devono studiare ed elaborare delle regole, indispensabili per la convivenza del gruppo, cercando le migliori; ma anche queste non dovranno mai essere concepite come assolute e intangibili, in modo da non dare adito al riprodursi della classe sacrale che le mette in atto. Si continuerà infatti a cercarne sempre di nuove e di più efficienti come succede in ogni campo di ricerca. Non stiamo affatto pensando con questo ad un governo «tecnico», così come è stato spesso realizzato in Italia. L'esperienza del governo tecnico è stata disastrosa per tre motivi principali. Il primo e fondamentale è stato quello di aver nascosto, sotto il termine generico di «tecnico», esclusivamente un economista o un banchiere, persone che, come vedremo meglio in seguito a proposito dell'unificazione europea, sono prive delle doti indispensabili per comprendere e guidare i bisogni di un popolo. Un governo di tecnici deve essere formato da competenti in ognuna delle principali discipline indispensabili per la conduzione di una società, senza assolutizzarne nessuna, tanto meno quella economica. Il secondo motivo è talmente ovvio che non dovrebbe neanche essere necessario metterlo in luce. In nessun campo è sufficiente un «titolo», un certificato scolastico, a garantire la competenza di chi lo possiede. Nel caso del «tecnico» Mario Monti sarebbe stato sufficiente leggere il suo curriculum, come avrebbe fatto una qualsiasi azienda prima di assumerlo, per giudicare le sue scarse capacità.

Anche volendo prescindere dalle fortissime appartenenze ideologico-politiche dello stesso Monti e dei ministri da lui nominati, chi perché ciecamente devoto alla supremazia europea, chi perché esponente della Comunità di Sant'Egidio e personaggio di casa in Vaticano, la massima responsabilità della catastrofe provocata da questo governo appartiene ai parlamentari che ne hanno approvato in massa, uno per uno, tutti i decreti. Nel degrado della democrazia di cui stavamo parlando, bisogna inserire infatti anche la «barzelletta» dei parlamentari che, invece di dimettersi, fingono di essere ancora in carica e vanno in aula a dire «sì» ai decreti del governo Monti.

Dall'assolutizzazione dell'economia nella gestione politica dei popoli d'Europa è conseguito inevitabilmente il passaggio ad un secondo posto, lontanissimo e quasi del tutto ignorato dai governanti, del modo di vita del gruppo, dei suoi costumi, dei suoi valori, dei suoi bisogni. Anzi, l'abbandono al «fai da te», alla libertà da qualsiasi norma, viene addirittura incoraggiato da quella specie di governo ombra che tutti intravediamo dietro le decisioni delle opache figure dei politici. La disintegrazione dei legami di gruppo è lo strumento più efficace per superare ogni barriera all'omologazione dei popoli in vista del governo che viene di solito etichettato come «mondiale». Di fatto, però, non si tratta del governo mondiale quanto del progetto della grande finanza che fa capo agli Stati Uniti d'America e che include necessariamente, dalla fine della Seconda guerra mondiale, le Nazioni europee. È da escludere, infatti, che Russia, Cina, India, Giappone vogliano o credano possibile un'unificazione mondiale. Tanto meno essere subordinati all'America per raggiungere questo scopo.

Cominciamo dall'Africa

Potevano non essere i governanti italiani a tradire l'Italia e tutti i cittadini d'Europa portando per primi al potere gli africani? Interrogativo inutile: la storia è documento inoppugnabile della loro capacità di tradimento. L'Europa mondialista certamente non aveva dubbi in proposito: era sufficiente sostenere a capo del governo italiano la candidatura di un «proprio» politico, uno di quelli allevati per anni nelle retrovie delle istituzioni europee, pronti al tradimento verso la Patria nell'ideologia eurocomunista e devoti al primato dei banchieri. L'apripista era stato Mario Monti e aveva lavorato benissimo, riducendo sul lastrico e al suicidio industriali, commercianti, piccoli proprietari e mettendo completamente nelle mani dei banchieri ogni singolo cittadino attraverso la limitazione del denaro contante e il controllo quotidiano dei conti correnti. Adesso era giunto il momento della presa diretta del potere politico, collocando al governo uno dei loro, senza più camuffamenti di nessun genere: l'Italia avrebbe finalmente rivelato a tutti quale fosse la meta prefissata dal Laboratorio per la Distruzione. Questa meta può essere riassunta in tre punti principali: la distruzione dei popoli in quanto «popoli» in Europa cominciando dal mettere in luce come positivo e lodato da tutti il mescolamento di africani e orientali fra gli italiani; eliminare dichiaratamente il primato dello «Stato» attraverso la sottomissione del bilancio alla Banca centrale europea, quindi di tutte le banche centrali.

Tutti questi «passaggi» erano in gestazione già da molti anni: il governo Letta, come abbiamo detto, è servito esclusivamente a gridare in faccia al mondo che la meta era stata raggiunta e raggiunta in Italia, ossia nella Nazione fondamento imprescindibile dell'Unione e che rappresenta e riassume agli occhi di tutti la bellezza, l'arte, la civiltà, la storia europea.

La presenza di una grande massa di africani e orientali negli Stati d'Europa, dalla Francia alla Germania, dall'Inghilterra alla Spagna, al Belgio, alla Danimarca, alla Svezia, è una realtà di cui i governanti parlano poco e malvolentieri proprio per non spaventare i sudditi, con la complicità dei giornalisti che anch'essi ne parlano poco, ma si tratta di masse ormai prevalenti nei quartieri e nelle periferie delle grandi città ovunque. Sarebbe sufficiente fare un solo percorso nelle metropolitane di Parigi, di Roma, di Londra per vedere quasi soltanto persone di colore. Dei tribunali islamici che gestiscono le cause della giustizia per i musulmani in Germania si è lamentata più volte Angela Merkel, senza riuscire a fermarli, ma si sa che sono presenti ovunque c'è un numero sufficiente di musulmani e che l'America ne riconosce la legittimità. Lo stesso vale per la poligamia e per tanti altri aspetti del costume coranico che la civiltà romana e cristiana aveva messo al bando. Sul pericolo che comporta per la civiltà europea la presenza di questa massa enorme di stranieri, ha messo in guardia il presidente Putin in un discorso tenuto al Convegno sui destini dell'Europa e dell'Unione doganale euroasiatica tenutosi a Valdaj, l'unico politico che riesca a guardare oggettivamente e con giusta preoccupazione al degrado europeo. D'altra parte che sarebbe toccato alla Russia conservare qualche residuo della civiltà europea, soprattutto dell'identità cristiana dell'Europa, era facilmente prevedibile.[3] Ciò di cui però neanche Putin riesce a convincersi è che questo degrado è voluto, sollecitato, spinto verso la meta finale con tutta la violenza del loro potere dai politici stessi dell'Europa. Una cosa è credere che siano stati compiuti e che si compiano degli errori, ben altra cosa è sapere che sono i governanti ad uccidere consapevolmente i propri popoli e a distruggere le proprie Nazioni.

Del primato dei banchieri è inutile parlare dato che in questi ultimi anni sono stati i protagonisti, con i loro folli giochi di borsa e i loro vizi sessuali, della storia d'America e d'Europa. Si può aggiungere soltanto una cosa. I governanti greci hanno chiamato pochi giorni fa come «perito»

---

[3] Ida Magli, *Dopo l'Occidente*, op. cit., pp. 175ss.

al proprio ministero dell'Economia il signor Dominique Strauss-Kahn, proprio quel signor Strauss-Kahn che, a capo del Fondo Monetario Internazionale, ha riempito per diversi giorni le cronache del mondo con le sue avventure sessuali e le sue disavventure professionali. In un certo senso il «prototipo» di quei banchieri, sessualmente compulsivi e privi di razionalità che abbiamo descritto in questo libro e ai quali sarebbe assegnato il compito di guidare, tanto oggi quanto nel prossimo domani, gli Stati e i popoli nei sistemi del governo mondiale. C'è bisogno di una prova in più dell'insipienza e dell'indegnità dei governanti della Grecia, così come di tutti i governanti che hanno consegnato nelle mani degli eurobanchieri l'indipendenza e la libertà dei propri Stati?

Il traumatico passaggio al governo di Enrico Letta, tanto innovativo da aver comportato la dissoluzione della democrazia parlamentare (tutti i partiti governano insieme senza distinzione fra maggioranza e opposizione, mentre l'unico rimasto fuori, quello di Grillo, appare in qualche modo inutile e si sta perdendo in diatribe su se stesso e in rivoluzioni di cartapesta), è stato quindi, in realtà, l'inizio di forza del governo euromondialista, un vero e proprio «salto» ad una nuova condizione degli Stati europei e di tutta l'area dell'Africa e del Vicino Oriente che più o meno esplicitamente ne fa parte. Per questo il governo Letta è omaggiato da tutti: finalmente non è più necessario fingere la sussistenza di governi nazionali pur con la creazione del Superstato europeo. L'arma del «debito» ha raggiunto il suo scopo: gli Stati sono definitivamente domati.

Avendo ormai convinto i cittadini della loro condizione di «mendicanti» davanti ai banchieri della Bce e della finanza internazionale, avendoli privati di ogni residua dignità come «popoli» in quanto ridotti a somma di singoli individui omologati dall'etichetta di «debitori», i governanti nazionali non hanno più bisogno di maschera:

sono delegati a mettere in atto le decisioni del potere europeo. Possiamo dunque guardare a questi pseudo-governi come a una cellula di quel «governo» (non sappiamo se sarà ancora questo il suo nome) che padroneggerà la rete finanziaria mondiale attraverso il controllo delle banche centrali sui politici e in particolare della Bce sui politici d'Europa.

Se diamo un'occhiata alla composizione del governo Letta, ci rendiamo subito conto che i ministri sono tutti «delegati» agli ordini dell'Ue e dei «valori» che intende imporre senza più remore e ritardi anche in quell'Italia che si è dimostrata fino adesso un pochino (poco a dire il vero) resistente davanti a certe normative. Sono persone che non hanno nulla a che fare con la società italiana, le cui competenze sono state volutamente escluse. Sono uno schiaffo anzi a ogni sapere della società italiana; uno schiaffo alle migliaia di scienziati, di professori universitari titolari di tutte le discipline che formano oggi il quadro totale delle conoscenze raggiunte dal pensiero e dalla ricerca in tutto il mondo. Escono annullati, dalle scelte compiute dal governo, tutti i professionisti, i tecnici, gli insegnanti, gli artisti, i musicisti; tutti i lavoratori, insomma, che formano la sostanza della società italiana e che ogni giorno la mandano avanti presentandosi puntualmente al proprio posto. Coloro che governano, che dirigono, che comandano, non hanno bisogno di competenze: sono, debbono essere, persone prive di carattere, di vocazione, di un qualsiasi sapere che possa intralciare l'assoluta obbedienza. Sono nominati dall'Europa e dai partiti sottomessi all'Europa: è questa la loro unica etichetta. Il presidente della Repubblica che ne ha accettato il giuramento di fedeltà alla Repubblica italiana e ne ha firmato le nomine, è del tutto d'accordo: sappiamo già in quale strano modo sia giunto ad occupare questo posto. Sfilano davanti a lui dunque Emma Bonino, con la nomina più sorprendente ed incredibile nella storia dei governi italiani, quella di ministro degli Esteri. Una nomina che però non è più definibile come sorprendente e incredibile se pensiamo quale debba diventare al più presto l'Italia agli occhi del Laboratorio per la Distruzione e quindi del governo euromondialista: campionessa dell'aborto, campionessa della libertà di droga, compagna prediletta di Pannella nella propaganda dell'omosessualità e dell'omogeneizzazione mondialista, fidato Commissario europeo insieme a Mario Monti e come lui incapace di tenere i conti in ordine tanto da doversi dimettere con due anni di anticipo dall'incarico, chi meglio di Emma Bonino può rappresentare la sicura fine della Nazione Italia? C'è poi il ministro Cécile Kyenge, che presiede un ministero nuovo di zecca, mai esistito in precedenza, il ministero per l'Integrazione degli immigrati, e che giustamente è stato creato per un'africana del Congo, che rivendica con orgoglio il suo essere negra (è stata lei a precisare che non vuole essere definita «di colore»), in quanto il suo compito è quello di lavorare contro gli italiani per inserire, «integrare» il maggior numero di stranieri in terra italiana. Avrà giurato anche lei, al momento della nomina,come richiesto dalla Costituzione, «fedeltà alla Repubblica italiana» nelle mani del presidente? Certamente. Ma non si vede come si possa giurare fedeltà all'Italia e proporsi di far diventare «italiani» tutti quelli che italiani non sono, senza avere di fronte a sé lo scopo finale del Laboratorio per la Distruzione e la convinzione che il proprio dovere sia quello di eliminare gli italiani e l'italianità dalla scena del mondo. Del presidente della Repubblica che ha approvato controfirmandole queste nomine e accettandone i giuramenti, non sappiamo cosa si possa dire, oltre a quanto abbiamo già più volte detto: chi è schierato con l'Europa, fa parte del Laboratorio per la Distruzione e di conseguenza odia le Nazioni, odia lo Stato cui presiede. Certo la massima astuzia del Laboratorio è stata quella di attrarre dalla propria parte i politici dei singoli Stati: nessuno meglio di loro, infatti, è in grado di assecondarne gli strumenti distruttivi con le proprie decisioni. Un segnale in questa direzione, piccolo ma molto significativo, vista l'importanza che i politici italiani hanno sempre dato alla figura del presidente della Camera dei deputati, è stato il ritrovare in questo posto una persona, Laura Boldrini, politicamente sconosciuta ma appunto molto nota nelle organizzazioni sovranazionali. Infatti è stata Portavoce dell'Alto Commissariato per i Rifugiati dell'Onu, ha lavorato per qualche tempo alla Fao ed è molto interessata ai problemi dei popoli più poveri e sfortunati: quelli emigrati. Chi ce l'ha portata? Non lo sappiamo. Ma è sicuro che ormai l'Italia è la Nazione più attrezzata politicamente per conformarsi alle mete del Laboratorio per la Distruzione (come suo primo intervento alla Camera la signora Boldrini ha chiesto che venga approvata al più presto la legge per il matrimonio degli omosessuali e contro l'omofobia).

È facile comprendere che la preponderanza del sesso femminile nei più importanti posti politici dell'Era euromondialista garantisce la difesa dei particolari valori perseguiti dal mondialismo, come appunto la «pace», l'accoglienza degli immigrati, l'ugualitarismo sovranazionale, la protezione dei più deboli, tutti comportamenti nei quali le donne eccellono. Nessuno lo sa meglio della Chiesa, visto che l'esercito delle sue opere di carità è stato sempre, fin dai primi passi del cristianesimo e lungo il passare dei secoli, quello formato dalle donne. È vero che la fama per le grandi opere di carità ha accompagnato più alcuni «maschi» innalzati ai massimi onori degli altari dalla Chiesa, come Filippo Neri o don Bosco, ma, come abbiamo già rilevato, questi caritatevolissimi maschi, se non avrebbero potuto fare nulla senza l'aiuto di monache e suore. Sono gli innumerevoli istituti di religiose «Ancelle della Carità» e tutti gli altri simili, quelli che hanno fatto e fanno il vero lavoro dell'assistenza: ai bambini, ai poveri, ai vecchi, anche se sembra che non se ne accorga nessuno. Nell'intento di far sì che la società ne prendesse coscienza, proposi qualche tempo fa ad un Convegno delle Madri Superiore di molti istituti dediti alla carità, che le suore «scioperassero» tutte insieme. Naturalmente non hanno acconsentito, ma mi avrebbe fatto molto piacere vedere che cosa sarebbe successo: sono certa che si sarebbe fermata mezza Italia. Anche l'ideale della «pace» ovviamente riscuote la massima adesione nel cuore delle donne, per cui l'attuale preponderante presenza delle donne nei posti politici risulta funzionale alle mete del mondialismo. Insomma, l'abbiamo già più volte potuto riscontrare lungo l'itinerario che abbiamo fatto attraverso la nuova forma assunta dalle istituzioni di governo con la nomina di Enrico Letta: siamo comandati direttamente dal Centro mondialista e la scelta del personale di sesso femminile, consapevolmente oppure no, viene appunto da lì.

Il tradimento verso la Nazione Italia da parte dei politici e dei loro partiti è totale. Il Pdl in primis visto che ha favorito l'insediamento del governo Monti e successivamente quello del governo Letta. Il governo Monti ha provveduto alla prima fase, indispensabile al passaggio dell'Italia sotto la direzione dei banchieri in vista del governo mondiale, quella della «bancalizzazione» dello Stato. Il territorio italiano si è coperto di innumerevoli agenzie bancarie; i cittadini sono stati obbligati ad aprire ognuno un conto corrente, alimentando quindi le banche e mettendosi sotto il controllo del governo per ogni movimento di denaro. Per la seconda fase, quella direttamente alle dipendenze dell'Ue, il partito di Berlusconi ha organizzato il governo delle cosiddette «larghe intese», insediando finalmente i comunisti al governo. È un governo che fa vergogna ad una Nazione che presume di essere democratica e civile visto che vi si trovano ministri privi di specifiche qualifiche ed esclusivamente amici dei partiti. È, infatti, ministro dei Beni culturali una persona che ha, come titolo di benemerenza, la protezione di Massimo D'Alema. I Beni Culturali significano «l'Italia», il suo patrimonio unico al mondo, quello che fa dell'Italia in realtà il testimone e il custode della storia e delle opere dell'Occidente. Come è possibile offendere in tal modo gli italiani? Le migliaia di studiosi di tutte le discipline, dall'archeologia alla storia, dalle lingue classiche antiche alla filologia, alla critica d'arte, alla musica, che hanno dedicato la propria vita, la propria intelligenza a queste conoscenze? E il ministro della Salute? La signora Beatrice Lorenzin non possiede neanche il minimo titolo richiesto dallo Stato per esercitare una professione. Ci si rende conto di che cosa significhi essere a capo dell'organismo più specializzato e più importante per la vita di sessanta milioni di persone? Essere a capo di migliaia di professionisti: medici, ricercatori, biologi, chimici, clinici, professori universitari, infermieri, che in termini di competenze specifiche si trovano al massimo livello del sapere, della responsabilità etica, delle scelte e delle decisioni più difficili perché comportano la vita e la morte? Il titolo di questo ministro, quello che espone nel suo sito personale, è di essere un «politico». Per valutare la coscienza intellettuale ed etica della persona che ha accettato tale nomina non si trovano le parole. Ma per quanto riguarda i partiti che le hanno proposte, il Capo del governo che ha fatto queste scelte e il Capo dello Stato che le ha approvate, non si può fare altro che ripetere che i nostri governanti disprezzano e odiano l'Italia e gli italiani.

Parte terza
Il crollo della virilità

Pietre erette e simboli fallici: la disperazione del sesso

Soggetto e simbolo della forza, della potenza, della definizione stessa dell'uomo come essere culturale, il pene è segno significante in assoluto, misura di tutte le cose, codice esplicativo di tutti gli altri «segni» che soltanto in esso trovano la loro convalida. Segno e simbolo che si trova sotto gli occhi di tutti e che proclama il proprio potere nel silenzio di ciò che non ha bisogno di essere espresso. Il pene *è*.[1]

Se ci si guarda intorno, in qualsiasi epoca, in qualsiasi società, il segnale della potenza mascolina si trova dappertutto. Costruito, scolpito, graffito, dipinto, si erige, anche soltanto con una pietra di enormi dimensioni scavata e posizionata con la punta all'in su,[2] senza che nulla lo qualifichi: è potenza e al tempo stesso la simbolizza. Essenza, segno e simbolo coincidono.

Gli studiosi, così come del resto l'opinione pubblica in generale, hanno sempre interpretato la presenza di oggetti «fallici», come segnale propiziatorio e benefico della forza sessuale fecondatrice. Il termine greco è stato usato

---

[1] Ida Magli, *La sessualità maschile*, Mondadori, Milano 1989.

[2] Archeologi, fisici, ingegneri non sono ancora riusciti a capire con quali sistemi tecnici gli uomini del Paleolitico riuscissero in queste imprese. Per una dettagliata analisi di questo problema cfr. Giulio Magli, *Moving large stone blocks in Ancient Times*, in «Mysteries and Discoveries of Archeoastronomy», Copernicus Books, New York (NY) 2013, pp. 413-419.

dagli studiosi, archeologi, etnologi, antropologi, storici come termine di «evitazione» nei confronti del più potente membro del corpo maschile. È un modo per non attirarsi chissà quali reazioni negative, anche se viene giustificato dalla pruderie degli studiosi con il timore di incorrere in un linguaggio osceno. Sarà meglio vincere i tabù e chiamarli «penici». Gli scrittori latini di solito rinviano al culto di Priapo e alle feste agricole quando accennano ai simboli penici: bonaccioni protettori dei raccolti, è sottintesa l'analogia fra la fecondità della potenza sessuale e quella degli orti ben coltivati. Ma si tratta di una specie di corto circuito mentale che fa «evitare», tiene lontani dal «pene» in sé, dalla sua potenza. La sua funzione sessuale, infatti, ne è soltanto la conseguenza in quanto la potenza risiede nella sua capacità di erigersi, nell'azione propulsiva che lo caratterizza come l'Atto per eccellenza.

Il ritrovamento più recente è di per sé impressionante. Nella zona di Göbekli, al confine della Turchia con la Siria, è stato trovato, durante scavi condotti già da parecchio tempo, un insieme di enormi massi che gli archeologi ritengono appartenessero a un «tempio» del Neolitico e che presenta una particolarità assoluta: non ci sono tracce abitate intorno. Luogo quindi esclusivamente dedicato a cerimonie, assemblee, di cui non sappiamo nulla salvo che è stato eretto in modo da essere orientato alla stella Sirio che a quel tempo era molto più visibile, molto più luminosa di adesso. Su qualcuno di questi massi sono stati anche identificati pochi graffiti riproducenti animali, piante, qualche disegno vagamente geometrico con puntini rotondi e – è questo che ci interessa commentare – un disegno «fallico», ossia un pene eretto. Lo sappiamo, sono stati ritrovati ovunque, in qualsiasi luogo in cui esistono tracce di vissuto da parte degli uomini, e gli archeologi hanno dato per scontato, come abbiamo visto, che fossero simboli beneauguranti, senza mai stupirsi del fatto che in ogni epoca, in ogni luogo, il simbolo beneaugurante fosse sempre lo stesso. Adesso, però, non è più possibile tacere sull'assoluta volontà di «banalizzare» questa presenza da parte degli archeologi, degli storici, degli etnologi. Si percepisce che c'è un grande imbarazzo e una specie di fastidio che induce gli studiosi (fino ad oggi quasi tutti di sesso maschile) nel ritrovare ovunque questo segno, compuntamente indicato con la lingua dell'evitazione. È un segno importantissimo, invece, proprio perché si trova ovunque e in ogni tempo, e si tratta della cosa «normale» che facciamo tutti: è la «firma». Proprio questo, la firma: tutto quanto quello che qui vedete lo abbiamo fatto noi, uomini. Quale firma più potente di questa? Il pene eretto è l'uomo ed è una firma uguale ovunque, in ogni tempo, perché per il maschio, per ogni maschio, di qualsiasi società, di qualsiasi cultura, il pene è «Lui», la sua essenza, il suo Io, l'unica forza che riconosce come «forza». Non quella delle braccia, o delle gambe, o della mente, ma il pene, la *vis*.

Nel linguaggio comune è riscontrabile, anche se non viene messa in rilievo, questa ben precisa distinzione quando si parla della *vis*: è la «potenza del pene», non la sessualità o la capacità fecondatrice che viene invocata. La radice «vi» è alla base di tutti i vocaboli che si riferiscono alla mascolinità, a cominciare da quel fortissimo «vir» che è il maschio dotato di *vis* e da cui discende la *virtus*. La *virtus* copre tutte le «virtù», tutte le altre potenze, tutti i poteri che sono tali in quanto ad essa analoghi.

La viola e il pene (primi passi verso un Dizionario Penico)

È impossibile elencare anche soltanto sommariamente quali e quanti vocaboli dipendano in modo diretto o indiretto, esplicito o implicito, in forma concreta o in forma simbolica, dalla realtà potente del pene eretto e della sua forza. Io mi sono avventurata una volta in questo tipo di ricerca e mi sono trovata a camminare su una strada talmente lunga e piena di incroci da non riuscire a vederne la fine. A un certo punto perciò mi sono vista costretta a fermarmi, convinta che si tratti di una strada in-terminabile.

Era stata l'innocente domanda di un amico regista a spingermi su questo terreno così pericoloso. Una mattina all'alba mi telefona e mi chiede con l'aria più disinvolta del mondo di spiegargli perché gli attori abbiano paura del colore «viola» e temano che in teatro il viola «porti male». Rispondo che non lo so, ma che ci avrei pensato un momento e gli avrei ritelefonato per dargli la risposta. Non avevo esitato un momento visto che i tabù sono la mia specialità (come di tutti gli antropologi) ma soprattutto sono la mia specialità presso «noi selvaggi» e mi divertiva l'idea di trovarne una conferma proprio intorno a me. In una ricerca che, avendo il suo punto di partenza nella radice «*vi*» di *vis*, si è rivelata, mano a mano che m'inoltravo nei meandri delle incredibili associazioni di pensiero che l'umanità ha escogitato intorno alla misteriosa attività del pene, praticamente interminabile.[3] Sarebbe necessario il lavoro di molti specialisti per costruire un Dizionario Penico, almeno nelle lingue che discendono dal latino, ma la documentazione sarebbe altrettanto convincente per qualsiasi lingua in quanto il pene, il suo funzionamento e il suo significato concreto e simbolico, è a fondamento di ogni creazione culturale. Non mi sembra (almeno non ne ho mai avuta notizia) che finora un'opera del genere sia mai stata messa a punto, ma sarebbe di fondamentale importanza in quanto costituirebbe una specie di mappa archeologica delle catene associative del pensiero maschile indotte dalla presenza e dall'azione del pene.

[3] Ida Magli, «Primi indizi sul perché "il viola porta male"», in *Viaggio intorno all'uomo bianco*, Rizzoli, Milano 1986, pp. 163-174.

Fra le immagini e i gesti più significativi, compresi immediatamente da tutti i maschi in qualsiasi luogo e in qualsiasi tempo, c'è il fatidico «pollice alzato» in segno di vittoria, un gesto diventato così naturale che l'adoperano, senza rendersi conto di quanto siano ridicole, anche le donne e perfino, novità del 2 luglio 2013, il Papa.[4] Possibile che Bergoglio non sappia quale sia il significato del pollice eretto? Papa Francesco è di sesso maschile e non ci sarebbe quindi nulla di strano se segnalasse una sua vittoria con questo gesto, ma non sembra che i Papi l'abbiano mai adoperato, sia per la sua valenza oscena, bassa, volgare, sia e soprattutto perché il personaggio «Papa» è carico di significati simbolici asessuati – bisessuali, più forti in queste loro caratteristiche apparentemente negative, di qualsiasi dichiarata virilità. Il Papa, infatti, è *vir* in assoluto e vergine in quanto rappresentante di Dio (Dio è Potenza di per sé, non esplica la sessualità), simultaneamente «maschio-Cristo» come Sposo della Chiesa e «femmina-Chiesa» come Sposa di Cristo. È il motivo, come abbiamo già visto, per il quale veste di bianco, abito nuziale di cui non si spoglia mai in quanto eternamente vergine-sposa, mai posseduta e non possedibile (il fatto che Ratzinger abbia voluto continuare a vestirsi di bianco, dopo le dimissioni, è la prova assolutamente certa che ritiene, e lo afferma davanti al mondo, di essere ancora «Papa»). Possiede quindi la pienezza potente della *vis*, della mascolinità, insieme a quella della femmina vergine. Soltanto quando è vergine, infatti, la donna possiede una potenza sessuale, che perde irrimediabilmente quando è stata posseduta. È inutile sottolineare il fatto che ogni Dio creatore, e naturalmente il Dio biblico, è sempre maschio.[5] Non potrebbe non esserlo dato che le donne non hanno mai creato nulla e

---

[4] Foto di prima pagina sul quotidiano «Libero».

[5] Ida Magli, *Il mulino di Ofelia*, op. cit.

pertanto non hanno mai contato nulla. Nessuno avrebbe potuto immaginare una divinità, una potenza creatrice assoluta, che crea, dirige il mondo e può anche annientarlo, in vesti femminili.

Nella religione ebraico-cristiana Dio comunque è «Padre», quindi necessariamente maschio. Qualche patetico tentativo da parte delle femministe di trovare qualche traccia femminea nel volto di questo Dio, è finito inesorabilmente nel vuoto. È vero che anche qualcuno degli ultimi Papi, Papa Luciani in particolare, mosso forse da compassione verso le donne, ha intravisto la possibile tenerezza di una «madre» nell'amore di Dio verso gli uomini. Ma questo significa confondere il Dio ebraico con il Dio del Vangelo, il Dio di quel Gesù che si commoveva guardando con quanta cura, con quanto amore una chioccia radunava i suoi pulcini. Aver unificato nella figura di un medesimo Dio, il Dio Padre degli ebrei con il Padre invocato da Gesù, è stato e continua ad essere l'errore fondamentale dei suoi discepoli, i creatori del cristianesimo. Di fatto questo Dio-Madre non ha mai trovato spazio in nessun tempo, in nessuna società. La famosa Grande Madre non ha creato il mondo. Non c'è stata ricerca sul «matriarcato», primordiale o primitivo, come abbiamo già accennato, che sia riuscita a dimostrarlo.[6] Nessuno ha mai creduto né crede davvero nella femminilità della «creazione». Il bisogno di una «madre», dell'amore di una madre, ha spinto gli uomini a caricare sulla Madonna tutte le virtù, tutte le capacità, tutta la fiducia e la speranza possibili, ma la Madonna è pur sempre strumento di «mediazione», è «la Mediatrice», ma la sua onnipotenza dipende sempre dal Padre e dal Figlio, ahimè ambedue «maschi».

Del resto la figura della «Madonna» nel cristianesimo, in particolar modo in quello cattolico, riassume co-

---

[6] Ida Magli, *Matriarcato e potere delle donne*, Feltrinelli, Milano 1978.

me meglio non si potrebbe tutta la potenza concessa dai maschi a una donna: è *sempre vergine* (lo sottolinea in modo ossessivo il rituale liturgico che le è dedicato); è «madre» ma ha partorito senza perdere la verginità, né prima, né durante, né dopo il parto; e naturalmente ha partorito un solo figlio, e «maschio». Per lo stesso motivo i più devoti innamorati della Madonna sono, come abbiamo visto a proposito della stregoneria, i maschi «più maschi e più femminei», ossia gli omosessuali, e i preti con il loro voto di castità, mantenuto o meno. La loro passione per la Madonna è arrivata spesso a punte di patologia idolatrica non soltanto nel passato, quando gli innamorati pazzi della Vergine Maria erano i cavalieri pronti per ogni battaglia, gli ardenti predicatori delle Crociate come Bernardo di Chiaravalle la cui passione mariana viene ricompensata con il latte uscito dal seno della Madonna. Sono innamorati pazzi di Maria anche i predicatori contro i sodomiti e contro le streghe come Bernardino da Siena, e i più crudeli degli Inquisitori come Jacob Sprenger, l'estensore del codice, il *Malleus maleficarum*, sul quale si baseranno le torture e i roghi per le streghe e al quale la Madonna concede in una visione la sua benevolenza. È un innamorato pazzo della Madonna anche il durissimo militare di Cristo Ignazio di Loyola, il quale si è inventato, in omaggio alla Madonna, riti particolari dal sapore infantile come la «guardia nobile» davanti alla sua immagine in determinati giorni e ore. Non ci si deve dimenticare, infine, che nella lunghissima lista dei pazzi per la Madonna si trova un nostro famoso contemporaneo, Karol Wojtyła, la cui passione per Maria era così evidentemente fuori da ogni limite da imbarazzare gli stessi teologi e gli ambienti vaticani. Se non fosse stato «Papa», questa passione sarebbe apparsa a tutti con le caratteristiche tipiche della patologia possessiva maniacale di un «maschio» che, come abbiamo già visto per Bernardino, nega la propria omosessualità e il suo odio per le donne esaltando l'unica donna che ha diritto ad esistere: quella fantasmatica creata da lui.[7]

Né, d'altra parte, il personaggio «Madonna» proiettato dall'inconscio della loro fantasia è meno crudele. L'abbiamo già incontrato sulla nostra strada. È la Madre di Dio, la Madre di Gesù che conosciamo, di cui parliamo, l'hanno creata loro, i «maschi». Soltanto loro sono i teologi, soltanto loro sono i costruttori dei dogmi che hanno definito il personaggio di Maria; soltanto loro hanno inventato le preghiere e costretto i fedeli (le donne soprattutto, più facili da plagiare) a invocare, nel vuoto della non-comunicazione costituito dal rosario, questa Donna che è la donna come la vorrebbero. I laici non si accorgono di queste storture perché non frequentano le chiese nel pomeriggio, all'ora del rosario, la squallida ora della chiesa al femminile, della non-creatività, della passività. Non se ne accorgono perché non leggono i libri di teologia, tanto meno la bibliografia mariana, che è enorme e che sembra non dire nulla perché dice queste cose, quelle che ho sintetizzato qui, e che nessuno vuole sapere, vuole capire. Ma soprattutto non se ne accorgono perché la Madonna che vedono i laici è quella dell'arte, la «Donna Ideale» dei poeti, dei pittori, dei musicisti, una bellissima fanciulla circondata di fiori come la «Primavera», una giovane, dolcissima madre con il bambino in braccio o con il figlio morto sulle braccia così come l'hanno vista Tiziano, Luca della Robbia, Michelangelo.

La potenza sessuale della donna vergine (quindi anche della Madonna: per riuscire a fecondarla è stata necessaria la forza dello Spirito Santo) è tanto forte da incutere timore al maschio anche quando, nella qualità di sposo, è destinato a possederla. In diverse società e in diversi periodi storici si è trovata una soluzione al pericolo che correrebbe lo sposo, delegando l'impresa al ma-

---

[7] Ida Magli, *Sulla dignità della donna*, Guanda, Parma 1993.

schio più «potente» del gruppo. Sappiamo già che il Re, il Capo della tribù, lo Stregone, lo Sciamano, o in qualche caso anche il Padre dello sposo, ossia tutti i maschi forniti del massimo dell'autorità e del potere, sono necessariamente forniti anche del massimo della *vis*, della potenza sessuale e sarebbe impensabile che non lo fossero. In molte società antiche così come in quelle di livello etnologico il Re veniva messo a morte non appena invecchiava e sostituito da uno giovane per non correre il rischio di essere governati da un maschio non abbastanza «potente». Era costume ebraico, trasferito poi in Occidente dai cristiani, mostrare al pubblico dopo la prima notte di nozze, il lenzuolo macchiato di sangue a testimonianza della verginità della sposa, ma in realtà (anche se di questo non si parlava essendo sottinteso) a testimonianza della potenza dello sposo che era riuscito in un'impresa terribilmente ardua.

Un circolo chiuso

La forza vittoriosa del proprio pene è stata spesso segnalata fino ad oggi dal maschio in competizione per un qualsiasi motivo con un altro maschio con un gesto tipico volgare ma pieno di soddisfazione, dell'avambraccio alzato e tagliato dall'altro braccio a significare la sodomizzazione come dominio finale e assoluto sul nemico. Esistono poi numerosi modi di dire correlati o sostitutivi di questo gesto quali: «te l'ho messo nel c.», «ti faccio un c. così». Modi di dire e gesti che adesso dovranno essere ripensati, anche se non sembra per ora che nessuno se ne sia accorto. Grillo, infatti, ha cominciato la sua battaglia proprio con il grido del «vaffa!» e sembra che non si sia ancora reso conto che tutta la sua violenta terminologia sessuata oggi non è più valida. Anzi, presto qualche omosessuale se ne sentirà offeso e gli farà causa. La «femminilità» nell'atto sessuale, l'essere posseduti, invece di possedere, sembra sia diventata la massima aspirazione dei maschi. Nel mondo omosessuale sono diventati talmente rari gli «attivi» che i preziosissimi maschi che possiedono vengono cercati e pagati profumatamente.

È probabile, anche se purtroppo i maschi non l'hanno mai fatto in passato e continuano anche oggi a non parlare mai del pene nella sua funzione di «utensile», che si comprenda meglio, percependone l'azione sulla materia-oggetto del suo lavoro di punteruolo nella condizione appunto di materia-oggetto, che cosa sia, che cosa faccia, quali siano le reali possibilità del pene nella condizione di «penetrato» piuttosto che di «penetrante».

In ogni caso tutto questo non sarebbe stato possibile se l'omosessualità non fosse diventata «positiva» come tale, per cui nessun omosessuale oggi si vergogna, attivo o passivo che sia, ma al contrario vanta la sua straordinaria condizione di rifiuto della «normalità».

Capitolo 3

Nuovo Risorgimento

Breve itinerario di un sogno ad occhi aperti

Parte prima
L'identità italiana nella cultura

Una Patria: modello italiano contro modello ugualitario

È indispensabile lavorare su tutti i fronti, come abbiamo detto, sapendo che, contro la ricostruzione dell'Italia come Stato nazionale e degli italiani come «popolo» – un popolo cosciente della propria identità, della propria storia, delle proprie capacità creative –, è stata eretta una barriera fortissima, visibile e non visibile, costituita all'esterno da tutte le forze dell'omologazione e dell'uguaglianza universale e, all'interno, dai nostri stessi governanti, dai leader dell'informazione e dalle gerarchie della Chiesa. Ma costituita anche dal nostro stesso modello culturale, fondato ormai in ogni settore su valori e su strutture ugualitarie e che, per la logica intrinseca che lo sostanzia, fa scattare, anche senza che nessuno lo provochi, il dispositivo dell'uguaglianza in ogni campo, tutte le volte che se ne presenta l'occasione.

Bisognerà, quindi, puntare sulla trasformazione di queste strutture sapendo che è necessario un continuo e intelligente lavoro critico con il quale non smettere mai di individuare e di tener conto delle ricadute di questa trasformazione anche nei settori apparentemente più lontani e diversi fra loro, perché un modello culturale è formato appunto da un insieme interrelato e interdipendente di costumi, di comportamenti, di *tratti*, la cui forza è data dalla loro sistematicità logica. Un lavoro, però, che per dare risultati concreti richiede molta volontà, molto tempo e la collaborazione, o almeno il consenso, dei politici, dei giornalisti, degli opinionisti, di coloro che si trovano alla guida della società. Come ottenerlo? Convincendo di queste tesi qualche politico abbastanza potente per incidere sulle istituzioni? Formando un movimento politico o un partito in grado di giungere al governo? Con una rivoluzione violenta? Impossibile dare una risposta. Quello che però si può provare a fare subito è la creazione di un movimento politico-culturale che cominci a far conoscere queste idee e contemporaneamente aggreghi un ristrettissimo gruppo di leader che programmi e guidi a mano a mano tutti i settori della vita sociale e culturale della Nazione verso questa meta.

Bisogna togliersi l'illusione, oggi molto diffusa, che la cosa più importante sia l'informazione. L'informazione è indispensabile, ma di per sé non crea alcun movimento concreto. Anzi, più è estesa, come succede oggi, e meno «agisce». I miliardi di lettori, informatissimi, del web non servono a nulla. È l'errore più grave in cui è caduto Grillo, il quale avrebbe dovuto dedurre proprio da quanto lui ha fatto che, senza di lui, ossia senza un leader molto conosciuto, potente e aggregatore, milioni di persone informatissime non sono in grado di fare nulla. Del resto ne possiamo essere certi basandoci sul fatto che in apparenza i nostri politici non desiderano altro che tenerci informati e farci «partecipare». Ad ogni passo c'è qualcuno che incita: «dite la vostra». In ogni sito intestato a un giornale, si trovano in fondo agli articoli centinaia di «commenti», ovverosia di risposte al «dite la vostra». Si può essere sicuri che, se i politici le desiderano, significa che non rappresentano per loro nessun pericolo e nessun intralcio. Non servono a niente, salvo che come contentino a coloro che si sfogano scrivendo. E che però scrivono convinti anche loro che non serva a niente: scrivono come parlano, senza metodo, senza riflessione. Chiacchiere inutili. D'altra parte la logica che guida i meccanismi politici euromondialisti, ossia, tanto per essere chiari, la vera, unica «troika» – Banca centrale europea, Fondo Monetario Internazionale e Laboratorio per la Distruzione –, è ferrea: non c'è blog al mondo che possa farla deviare dal percorso intrapreso e che è fatto a perfetti «incastri». L'esempio di quello che è successo al movimento di Grillo, cui accennavo, costituisce una prova (una prova scoraggiante per il nostro sogno ad occhi aperti) di come il modello forgi gli individui e ne faccia dei replicanti passivi e ubbidientissimi. I parlamentari grillini hanno presentato, al loro ingresso in Parlamento, come prima proposta di legge, il matrimonio gay. Ebbene, i grillini sono giovani, al di sotto dei quarant'anni, sono stati educati nelle nostre scuole, quelle di cui stiamo trattando in queste pagine, e rispecchiano quindi l'incapacità di pensiero critico, di riflessione profonda, la superficialità del «buonismo» femmineo, il conformismo agli argomenti dei giornali e dei mezzi di comunicazione di massa che le nostre scuole, con l'85 per cento di insegnanti donne, inculca anche senza volerlo negli studenti. Non sappiamo se i grillini siano in grande maggioranza anch'essi omosessuali, forse no, ma nell'omogeneizzazione universale la differenza individuale non conta, anzi. Probabilmente sono più generosi verso coloro che ritengono svantaggiati i cittadini «normali», così come lo sono le donne che, infatti, non si sono nemmeno accorte che il predominio degli omosessuali le esclude dalla società, le esclude dal loro ruolo materno, e inneggiano anch'esse al matrimonio gay, ai diritti degli omosessuali. Certo, sul primo momento, siamo stati tutti entusiasti dell'idea di Grillo: portare in Parlamento gente non legata ai partiti, desiderosa di buttar giù il Palazzo con i suoi intricatissimi interessi, ma credevamo che Grillo li avesse selezionati uno per uno, che li avesse preparati alla grande impresa di governare 60 milioni di persone, una società e una Nazione con una grande storia, con la civiltà più preziosa che sia mai esistita. Invece è evidente che anche Grillo non ha tenuto conto che i titoli di studio oggi sono vuoti, che, salvo chi si è laureato in ingegneria o in fisica in un Politecnico, tutti gli altri non sanno quasi nulla e soprattutto non sanno cosa significhi «sapere», cosa significhi «pensare», cosa significhi avere la responsabilità delle proprie azioni, del proprio lavoro. Quale delusione è stata, tuttavia, non poter contare neanche su questa novità! Come abbiamo potuto credere che il Laboratorio per la Distruzione avesse lasciato aperta una fessura, uno spiraglio?

È necessario tendere ad un Nuovo Risorgimento, per prima cosa convincendoci che si tratta di una battaglia all'ultimo sangue, molto più difficile di quella dell'Ottocento. Prima di tutto perché non conosciamo coloro contro i quali vogliamo combattere. In secondo luogo perché, come abbiamo potuto vedere dalle analisi fatte nelle pagine precedenti, bisogna combattere contro opinioni e tendenze mondiali profondamente introiettate dagli individui e dai popoli. L'Italia, come sappiamo, ne rappresenta un esemplare perfetto: il comunismo è al governo perché l'ugualitarismo e il mondialismo sono la realizzazione dell'ideologia comunista.

Tendere a un Nuovo Risorgimento significa perciò recuperare una Patria, una Nazione, un'identità precisa, diversa da tutte le altre, quella italiana.

Identità e identità italiana

Bisogna avere il coraggio di affrontare il discorso tabù: l'identità. L'identità non è data e non può essere stabilita dallo Stato. Non è lo Stato che crea un popolo, ma un Popolo che crea lo Stato. Le discussioni sulla questione della cittadinanza da concedere o non concedere agli immigrati e che attualmente sono diventate molto accese a causa della istituzione nel governo Letta di un ministero per l'Integrazione degli immigrati sono del tutto fuor di senso. L'identità non si acquista, e nessun potere la può né vendere né regalare, tanto meno «imporre». L'identità è strettamente connessa, fa parte della «cultura» di un popolo e della «personalità di base» di ogni individuo che appartiene a quella cultura. Identità e cultura sono quindi un patrimonio che l'individuo possiede geneticamente allo stato potenziale alla nascita, così come possiede la capacità di parlare, capacità che si attiva, come la lingua, attraverso il gruppo che vive, parla, gestisce intorno. La lingua è anch'essa frutto di una lunga costruzione culturale, ne riflette i significati, i modi con i quali quel determinato popolo percepisce il suo ambiente e vi reagisce, la sua sensibilità ai suoni, ai colori, agli odori, al paesaggio che conosce fin dalla prima volta che ha aperto gli occhi. Se tutti i viaggiatori, gli scrittori, i poeti, i linguisti, i filosofi hanno rilevato, con ammirazione, la «musicalità» della lingua italiana, è perché l'armonia fa parte del modello culturale italiano, è perché nessun popolo ha creato tanta musica quanto il popolo italiano, è perché la percezione dei suoni è intrinseca al modo di sentire i ritmi, le altezze, le gradazioni dei sentimenti e delle emozioni degli italiani.

Insomma, la personalità di base di un popolo è ciò che costituisce la struttura della personalità di ogni individuo che appartiene a quel popolo.

Come si spiegherebbe altrimenti la ricchissima produzione musicale degli italiani, dei tedeschi e la quasi nulla produzione musicale degli inglesi che pure appartengono alla civiltà europea, alla sua storia, alla sua religione, alla sua tecnica? È evidente che i popoli del nord-ovest europeo producono meno musica di quelli del nord-est (non solo Germania e Austria, ma anche Ungheria, Polonia). L'Italia, in ogni caso, per quanto riguarda la produzione musicale costituisce un fatto eccezionale. D'altra parte la capacità genetica musicale è l'unica della quale (almeno ad oggi, visto che è praticamente vietato fare ricerca sull'eredità genetica della cultura) abbiamo prove troppo evidenti per essere smentite. L'«idea» musicale non la si può apprendere con lo studio.

I volontari equivoci sul «razzismo» e sui comportamenti immediatamente definiti razzisti, come, per esempio, le grida dei tifosi contro i calciatori di pelle nera durante le partite, rappresentano soltanto una fra le innumerevoli accuse ingiuste nei confronti degli italiani. Non capire che si tratta esclusivamente della ribellione alla presenza nella squadra del cuore di stranieri, immediatamente identificabili dal colore della pelle, che viene rifiutata, cosa che non ha nulla a che fare con il razzismo, è infatti profondamente ingiusto. Se uno di quei bravi calciatori, fischiato con rabbia nella squadra del Milan o dell'Inter, giocasse per la squadra del suo Paese di origine, Congo, Siria o altro, gli spettatori italiani sicuramente lo applaudirebbero, farebbero il tifo per la sua vittoria e ne riconoscerebbero con foga i meriti e la bravura. Questa presenza viene rifiutata perché non ci si può «identificare» con uno straniero, quindi istintivamente «nemico», mentre il meccanismo psicologico dell'identificazione è importantissimo e interviene sempre nella dinamica affettiva che sostiene il tifo sportivo. D'altra parte è chiaro, tanto per fare un solo esempio comprensibile a tutti, che bisogna avere le allucinazioni per credere, guardandolo, che il calciatore Balotelli sia italiano, ovunque sia nato, a Bari o a Torino. La passione per il calcio, inoltre, è molto di più che la passione per un gioco o per uno sport, cosa che tutti sanno e alla quale è stata dedicata lungo il passare del tempo una foltissima raccolta di studi da parte di psicologi e sociologi, dei quali sarà sufficiente citare il famoso saggio di Morris *La tribù del calcio*.[1]

---

[1] Desmond Morris, *La tribù del calcio*, Mondadori, Milano 1982.

Italialand remixata

Il titoletto che i miei lettori vedono qui non è una mia bislacca invenzione: è semplicemente uno dei tanti titoli volgarmente anglicizzati della programmazione radiofonica e televisiva. Scorrere i titoli di questa programmazione è l'esercizio più doloroso cui possa sottoporsi un povero, comune cittadino italiano. Se l'uso del volgare nella predicazione popolare ha contribuito in modo determinante, dal 1200 in poi, a rendere consapevole la maggior parte della popolazione italiana della propria forza e della propria identità, questo è successo soprattutto perché è stato diffuso dai predicatori popolari l'uso del «volgare», ossia dell'italiano, mentre la predicazione ufficiale avveniva nella lingua latina che il popolo non comprendeva più da diversi secoli.

Basti pensare a questo proposito a quella che era stata per il Medioevo l'immagine dell'angoscia più grave: la diversità delle lingue, simbolizzata dalla torre di Babele. Il latino era sembrato l'unico mezzo per superare quest'angoscia: esso avrebbe dovuto fare l'unità della civiltà medioevale e, per suo mezzo, l'unità della civiltà europea. Oggi nessuno dei governanti si pone con serietà e con impegno il problema della lingua italiana e del suo imbarbarirsi con l'inserimento di sbracati anglo-americanismi, mentre addirittura nessuno parla mai della questione delle lingue per quanto riguarda l'unificazione europea. Come si può immaginare l'unità di popoli che sono così diversi da parlare in 27 lingue diverse? Inutile dire che la mancanza della lingua «europea» avrebbe dovuto avvertire i politici, fin dalla primissima idea dell'unificazione, che si trattava di un progetto sbagliato nel quale non potevano aver posto i popoli. L'identità di un popolo, infatti, si forma con lo svolgersi della sua storia, ossia dopo che si è strutturata una lingua.

Chissà cosa avrebbe detto e scritto Carlo Emilio Gadda se si fosse trovato sulla scrivania i copioni delle trasmissioni radiofoniche o televisive che vanno in onda attualmente con titoli che sembrano il residuato tecnico di mostruosi brandelli italo-anglo-americani. Durante il periodo in cui si è guadagnato da vivere come revisore redazionale al Terzo programma radiofonico della Rai, Gadda ha con estrema attenzione curato la lingua dei testi che dovevano essere letti o recitati alla radio e, soffrendo orribilmente per tutti i difetti di termini, di ritmi, di cacofonie che vi rilevava continuamente, a un certo punto si è deciso a scrivere, con l'acuta ironia stilistica che lo contraddistingueva, un libricino rimasto poi famoso: *Norme per la redazione di un testo radiofonico.* Le sue sofferenze, però, non erano finite. Arrivò, infatti, sul suo tavolo il copione di una commedia latina tradotta da un famoso cattedratico dell'Università di Roma, il professor Ettore Paratore, e Gadda s'impegnò da par suo a rivedere e postillare questa traduzione in modo che fosse recitabile alla radio senza troppe angosce per gli attori e per gli ascoltatori. La suscettibilità del cattedratico, però, quando la commedia andò in onda, fu incontenibile e le proteste arrivarono fino al malcapitato direttore generale, diviso fra il dovere di scusarsi con il latinista professor Paratore e quello di contestare l'uso improprio della lingua italiana allo scrittore Carlo Emilio Gadda.

Bei tempi, però! Oggi evidentemente ci sono nelle redazioni esperti addetti alla manomissione delle lingue, con il compito di renderle prive di appartenenza, ossia non-lingue. Che questo succeda in Italia, ad una Nazione che deve il suo essere diventata Nazione ai suoi poeti, ai suoi scrittori, a tutti quei suoi figli che hanno coltivato la lingua, nascondendo dentro la passione per la lingua tutte le loro passioni di italiani che non potevano essere espresse alla luce del sole, è veramente il peggiore dei delitti. Il Nuovo Risorgimento combatterà contro questo sadico strumento del Laboratorio per la Distruzione assicurandosi la supervisione di ogni produzione linguistica: nella pubblicità, nelle trasmissioni radiofoniche e televisive, e naturalmente nella scuola. Il lavoro sarà soprattutto di carattere «ambientale», diffuso senza autoritarismi o censure, ma abituando l'orecchio e l'encefalo a conoscere e ri-conoscere nella lingua, prima di tutto «parlata», la prima formazione musicale, il ritmo, la chiarezza e distinzione dei suoni, ed esortando quindi gli insegnanti a far leggere ad alta voce gli studenti, curando la dizione come hanno sempre fatto nell'antichità i romani e i greci e durante tutta la storia d'Occidente gli italiani, i tedeschi, i francesi, fino ai primi anni del Novecento. I ragazzi si sono abituati a un linguaggio proprio, comprensibile soltanto fra di loro, che appunto è quasi privo di pronuncia, fatto di suoni mugugnati e cadenze al posto delle parole. È sufficiente questo costume linguistico a far prevedere che non creeranno nulla, perché corrisponde all'uso implacabile delle sigle, dei termini anglotecnici dei loro aggeggi elettronici, alla loro inerzia mentale, alla loro abitudine a non fare sforzi di attenzione, di concentrazione, di vigilanza. A quella che appare, suscitando un senso di vera e propria angoscia, una specie di «assenza» dalla realtà che li circonda. Un'assenza che probabilmente è la loro forma di «difesa» dal vuoto del mondo che abbiamo preparato per loro.

L'Uomo non va in pensione

Come per tutte le altre strutture fondamentali dello Stato, l'assistenza sanitaria dovrà essere profondamente ripensata, studiando gli aspetti positivi e negativi di quella attuata negli ultimi anni e in pratica estesa a tutti gli abitanti in modo da trarne tutti gli insegnamenti utili per organizzarla in modo migliore. Il costo enorme della gestione attuale non è accettabile anche perché ha permesso e permette sprechi, corruzioni, inefficienze che non sono eliminabili se non riducendo l'estensione del suo campo d'azione.

Il primo punto da mettere al centro dell'attenzione e che è mancato fino ad oggi è un dato di fatto essenziale: l'allungamento della durata della vita.

Questo significa che il primo compito della Sanità di Stato (almeno per quella parte che rimarrà in funzione) sarà lo studio e la ricerca sulla natura dell'invecchiamento, sulle malattie più frequenti, fra le quali ovviamente il cancro, le possibilità della prevenzione, in modo da assicurare il mantenimento dell'efficienza per la popolazione nella fascia d'età dai sessant'anni in poi. Naturalmente bisogna creare una mentalità nuova a livello psicologico e sociale eliminando il concetto di «vecchiaia» e il connesso stereotipo, indotto dal pensionamento, che pone le persone fuori dalla società, ormai inutili. Deve scomparire la definizione di «pensionato» come status sociale, che oggi accompagna la carta d'identità in modo offensivo della dignità della persona. Naturalmente queste categorie sociali discendono dalla concezione marxista del «lavoro», una concezione che fa dell'uomo l'«oggetto» della divinità lavoro e non il soggetto, tanto che appunto chi non lavora, come il pensionato, è definito da questo non lavorare come fuori dalla società. Ma c'è nell'ideologia marxista l'imprinting biblico del lavoro non come attività connaturata all'uomo, il quale lavora sempre anche quando «non lavora», ma come condanna, pronunciata da Dio con la cacciata di Adamo ed Eva dal Paradiso, per cui in ogni caso percepita come qualcosa di negativo.

Sarà istituito presso una facoltà di Medicina un centro di studio e di ricerca sull'invecchiamento e sulle patologie più frequentemente connesse (come il cancro, l'Alzheimer, il Parkinson) all'invecchiamento, presieduto e diretto dai migliori scienziati in questo campo, e che curerà per prima cosa la prevenzione e la diffusione presso il pubblico delle conoscenze riguardanti la prevenzione, soprattutto per quanto riguarda l'attività mentale. A questo centro dovranno giungere tutte le informazioni utili dagli altri settori sanitari in modo da metterlo in grado in breve tempo di cambiare gli stereotipi che circolano nell'informazione di massa, negli spettacoli televisivi, nella pubblicità sul «pensionato» o «pensionata», tutt'uno con un annoiato e noioso personaggio inutile a se stesso e agli altri e l'atteggiamento attuale dei sindacati e delle aziende nei confronti dell'età dei lavoratori. Potrebbe essere utile la riflessione sull'età dei politici più importanti oggi in Italia, che sono in grande maggioranza in età di pensionamento o di quasi pensionamento: da Berlusconi, settantasette anni, a Epifani, sessantatré anni, da Napolitano, ottantotto anni, a Bersani, sessantadue anni, da Rodotà, ottanta, a D'Alema, sessantaquattro anni, per non parlare della vicenda, molto istruttiva proprio per quanto riguarda il concetto di vecchiaia degli uomini importanti, di papa Bergoglio che ha sostituito Ratzinger, dimessosi a causa dell'età avanzata (*ingravescentem aetatem*), in quanto più giovane: ha *soltanto* settantasei anni.

La trasformazione del ruolo delle donne

Gran parte delle spese statali (che dovranno ovviamente diminuire il più possibile ma che, in realtà, è impossibile far diminuire mantenendo il sistema attuale) sono assorbite dal servizio scolastico e da quello sanitario. Per quanto riguarda la scuola il problema concreto consiste per prima cosa nel rendersi conto dei fondamentali cambiamenti nei modi di vita della società italiana avvenuti negli ultimi trent'anni con una rapidità e una forza impressionanti. Il secondo problema, quello più difficile, è decidere se e in quale modo affidare ancora la scuola allo Stato.

Il modo di vita attuale è del tutto diverso da quello in cui si cominciava ad andare a scuola a sei anni, si stava in aula la mattina per poche ore (quattro o cinque) dedicate soltanto ad imparare determinate nozioni di carattere generale. Non c'erano gli strumenti di comunicazione di massa, o almeno non erano penetranti e onnipresenti come accade oggi, e gli insegnanti, insieme ai genitori, rappresentavano effettivamente lo strumento principale, quasi unico, del primo apprendimento, cosa che ovviamente contribuiva a rafforzare il loro prestigio e la loro autorità. La situazione odierna è molto differente per una serie di motivi che tutti conosciamo ma che non sono stati affrontati in modo sistematico e approfondito forse proprio a causa dell'enormità dell'impresa. Non ci sono stati perciò né studi né dibattiti espliciti a livello teorico da parte delle istituzioni (mentre sono stati e sono ancora abbondantissimi i convegni, le tavole rotonde, le pubblicazioni dovute ai privati: psicologi, sociologi, pedagogisti), tanto meno soluzioni concrete che tengano conto nei programmi scolastici dell'informazione e degli insegnamenti «diffusi nell'aria». Gli insegnanti sanno bene, naturalmente, anche perché ci si scontrano ogni giorno, che questo tipo d'informazione e di «formazione» implicita gli studenti la portano con sé entrando in aula con la stessa naturalezza con la quale portano l'abitudine alla pastasciutta, ma, appunto come la pastasciutta è assimilata dall'organismo senza vera e propria consapevolezza, senza analisi oggettivanti e critiche. Non ci sono state perciò neanche soluzioni concrete, se non quelle provvisorie e indispensabili per affrontare i problemi più urgenti e che, come accade quasi sempre, sono diventate definitive così che adesso è praticamente impossibile eliminarne gli errori.

La prima causa del cambiamento del ruolo della scuola è stata ovviamente la concomitante trasformazione del ruolo delle donne: da casalinghe a lavoratrici. Una trasformazione che per quanto riguarda l'Italia è avvenuta in modo esplicito e definitivo soltanto dagli anni Ottanta in poi, ossia dopo la rivoluzione del '68, perché, senza che fosse stato decretato da nessuno, la società ha preso atto che la «casalinghità», il ruolo femminile della casalinghità, non esisteva più. Non esisteva più la donna di casa, la «madre di famiglia», perché non esisteva più come ideale, come «valore» che si era tramandato dall'antichità attraverso le trasformazioni della classe dominante, da quella dei nobili a quella borghese, praticamente annientata con l'avvento del marxismo. Erano infatti le donne che non avevano bisogno di lavorare, nel senso tecnico del termine, ossia di uscire dalla propria casa per andare nelle fabbriche, quelle assegnate alla casalinghità. Le operaie erano presenti in quasi tutte le Nazioni europee fin da quando si era sviluppata l'industrializzazione, anche se con maggiore o minore numerosità in base ai costumi tradizionali diversi da un Paese all'altro e per la diversa incidenza del lavoro agricolo che ha sempre impegnato le donne. In Inghilterra, per esempio, il ruolo e l'immagine delle donne erano lontanissimi da quelli francesi, italiani o tedeschi e l'omologazione è avvenuta soltanto in tempi recenti. Sull'«ideale» della donna casalinga e madre di famiglia ha sempre influito la maggiore o minore rapidità dell'urbanizzazione, la diversità del costume religioso nei Paesi cattolici, con l'esaltazione sempre crescente della devozione maschile alla Madonna, oltre alla tradizione prevalentemente contadina e chiusa alla modernità nei Paesi del Sud. Nell'agricoltura l'aiuto delle donne è stato sempre importantissimo, ma per il fatto stesso che non era retribuito, in quanto lo facevano quasi esclusivamente nei terreni di proprietà familiare, portando con sé i figli piccoli a raccogliere la frutta e a custodire polli e mucche, si è trattato di un lavoro che non era ritenuto «lavoro». È stato il Novecento il secolo fondamentale per la liberazione delle donne in tutta l'Europa. L'influenza fortissima delle teorie socialiste a livello ideologico ha comportato, in base al presupposto dell'uguaglianza e del valore del lavoro, il costituirsi ovunque, anche in Italia, dei primi movimenti femministi che hanno spinto le donne a rifiutare la «casalinghità» e a possedere del denaro veramente proprio, guadagnato con il proprio lavoro, senza più dipendere dal padre o dal marito. Il sopraggiungere delle due grandi guerre ha in qualche modo completato il quadro della trasformazione che da ideologia è diventata necessità assoluta, in quanto le donne hanno dovuto sostituire i maschi, partiti per i molteplici fronti di guerra, nelle fabbriche, nelle industrie e in ogni altro tipo di lavoro.

Lo Stato-madre

Nel momento stesso in cui dalla casa sono uscite le donne, così inevitabilmente ne sono usciti i figli e lo Stato ha cominciato a sostituire la casalinga-madre di famiglia nel provvedere ai loro bisogni con l'istituzione degli asili nido e di scuole sempre più attrezzate per la vita quotidiana oltre che per l'apprendimento del sapere. Meccanismo sociale che è diventato con il passare del tempo sempre più esteso contemporaneamente al logorarsi del «valore» della casalinghità, fino a diventare non soltanto ovvio ma del tutto «naturale» e indispensabile. In Italia è stata soprattutto la Chiesa cattolica ad opporvisi, ma questa stessa opposizione ha contribuito a far considerare negativamente le «casalinghe», ritenute prive di volontà e di libertà personale in quanto «mantenute» dal marito.

Oggi dunque le madri si recano ogni mattina al posto di lavoro come i padri e consegnano i bambini ai nidi, agli asili e ad ogni altro tipo di istituto scolastico per tutta la mattina e il più delle volte fino alla metà del pomeriggio. La «scuola» perciò è diventata un sostituto della casa e della famiglia. Qui si vive e s'impara a vivere, qui si emettono i primi vagiti, si piange, si sorride; qui si ascoltano e si pronunciano le prime parole, qui si mangia, si gioca, si litiga, si studia, si è controllati dal medico e aiutati dallo psicologo, o meglio dalla psicologa, visto che si tratta di una professione anch'essa ormai quasi del tutto in mani femminili. Non deve sorprendere la presenza della psicologa nelle scuole di ogni ordine e grado: i ragazzi italiani sono profondamente «malati», a causa di quello stesso «ambiente» omologante e privo di stimoli all'azione e alle passioni che stiamo cercando di descrivere.

La scuola è il luogo dove si trascorre la parte più importante della giornata. Gli adulti che assistono, curano, aiutano, sgridano, insegnano sono quasi tutti di sesso femminile. Questo dato, di fondamentale importanza, non viene però messo in rilievo da nessuno. La trasformazione dell'ambiente dove avviene l'«inculturazione» dei nuovi nati si è realizzata a poco a poco, in silenzio, così come sono state adattate un po' alla volta, sulla base del bisogno, le strutture di assistenza e di supporto al ruolo primario dell'insegnamento, mentre sempre in silenzio i maschi, che fino a una ventina d'anni fa erano presenti un po' ovunque e in grande maggioranza almeno nelle scuole secondarie superiori e nell'assistenza medica, se ne sono allontanati al punto quasi di sparire.

Sessualizzazione dello spazio

La separazione dei sessi è un dato costante in tutte le società; un dato che antropologi e storici hanno constatato ovunque: separazione nello spazio, separazione nelle funzioni, separazione nel lavoro. In alcuni casi si tratta di una norma prescritta nei testi religiosi, come nell'Antico Testamento e nel Corano, che l'ha assunta dall'Antico Testamento. In altri casi, viceversa, come nelle società «primitive», la separazione è considerata talmente «naturale» che non esiste nessuna traccia di una norma o di una prescrizione. In ogni raggruppamento, infatti, anche piccolissimo, gli antropologi hanno trovato la «Casa degli uomini», luogo assolutamente chiuso in se stesso, dove nessuna donna, così come nessun ragazzo non «iniziato», che quindi fa parte del mondo femminile, si azzarderebbe mai a entrare.

Bisogna aggiungere, però, a questa breve osservazione sugli spazi, che ai maschi non è bastata la separazione dello spazio. C'è una separazione in più: da quale parte deve stare lo spazio separato? A sinistra. L'osservanza della «sinistra» è (è stata) molto rigida, tanto che ha richiesto scale apposite, porte apposite, navate delle chiese e settori degli ospedali appositi. Inutile dire che la maledizione della «sinistra», ossia della parte sinistra del corpo, della mano sinistra in particolar modo, se la sono creata gli ebrei nel momento stesso in cui hanno affermato che i «giusti» siedono alla destra di Dio. Così, nella sinagoga, le donne entrano ed escono dall'ingresso di sinistra e all'interno sono collocate nello spazio di sinistra. Naturalmente l'influenza ebraica sui capi del cristianesimo ha portato in Occidente anche la valenza nefasta e pericolosa del lato sinistro, pertanto assegnato alle donne. Non è mai stato scritto in nessun regolamento edilizio, anzi; alle domande poste dall'antropologo in proposito, gli ingegneri si sono meravigliati: non se ne erano mai accorti, non lo «sapevano». Ma in pratica, fino a oggi, le donne si sono sempre trovate collocate a sinistra, anche quando non ne erano consapevoli. Il motivo è chiaro: dato che l'uomo è partito dal proprio corpo per conoscere il mondo intorno a sé, il braccio sinistro è di solito più debole, o almeno lo è diventato data la specializzazione assegnata al braccio destro e alla mano destra.[2] La sinistra è stata ed è perciò la parte negativa, nefasta, peggiore, più debole, demonica, pertanto analoga alla donna. La Notte è sinistra, la Peste è sinistra, la Morte è sinistra, la faccia dell'assassino è sinistra, gli incidenti sono «sinistri», trasformati quindi in sostantivo dalle agenzie di assicurazione automobilistica e dal linguaggio giornalistico. Questa assegnazione naturalmente non è prescritta da nessun regolamento, però si trova ovunque (l'ho verificato di persona, andando a colpo sicuro a sinistra nelle toilette di tutti gli aeroporti, di tutti gli alberghi, di tutti gli uffici pubblici in cui mi sono trovata). Erano collocate nella navata di sinistra le corsie femminili nei primi grandi ospedali, come l'Hôtel-Dieu di Parigi e la Ca' Granda di Milano, così come erano collocati a sinistra i banchi per le donne nelle chiese.

Alla pari con la separazione dello spazio, esiste ovunque un'assoluta divisione del lavoro in base alla quale gli uomini vanno a caccia o a pesca o al pascolo, mentre le donne, oltre al consueto lavoro domestico per la pulizia, per la preparazione dei cibi e per l'allevamento dei bambini, raccolgono le erbe e acchiappano gli insetti senza allontanarsi di molto dall'abitazione. Non si tratta di preferenze: anche quando, a causa della siccità o di qualche epidemia che colpisce gli animali, la quantità di cibo diventa talmente scarsa da mettere la tribù a rischio di morte, i maschi aspettano senza fare nulla che le donne vadano anche molto lontano dal villaggio per trovare poche sterpaglie, ma non si piegherebbero mai a raccogliere

[2] Non mi soffermo su questo aspetto della ricerca perché non è indispensabile all'argomento di cui sto trattando. Esistono molti studi in proposito e ricerche ancora senza risposta sulla causa della specializzazione della destra, così come non sappiamo se si sia stabilita un'eredità genetica di questo comportamento. Per un primo passo dell'antropologia in questo campo, vedi: Robert Hertz, *La prééminence de la main droite. Etude sur la polarité religieuse*, in «Sociologie religieuse et folklore», Paris 1970.

anch'essi delle erbe, ossia a fare un lavoro «da donna». È il caso degli indiani Nambikwara, descritti meticolosamente da Lévi-Strauss in questa loro pericolosissima abitudine,[3] ma la situazione è più o meno uguale ovunque.

Nella Roma antica non esisteva alcuna separazione dello spazio per le donne, le quali partecipavano a tutta la vita sociale insieme agli uomini: banchetti, giochi, dibattiti, decisioni pubbliche e consultazioni politiche nel Foro. Nulla era proibito alle donne, tranne ovviamente la vita militare e la bevanda virile per eccellenza, il vino (la padrona di casa non possedeva la chiave della cantina).[4] È stato con la caduta dell'Impero romano e con il diffondersi del cristianesimo, influenzato dalle prescrizioni dell'Antico Testamento e dai costumi orientali dei primi Padri della Chiesa, che è cominciata la separazione degli spazi e l'esclusione delle donne dalla vita politica e sociale anche in Occidente. Il segno più chiaro della loro subordinazione è stato l'obbligo di portare sempre la testa coperta e di rimanere in casa, provenienti dall'ebraismo, con l'inevitabile risultato della maggiore incidenza delle malattie dovute alla mancanza della luce e del sole (l'Italia non è la Palestina), quali l'anemia, la tubercolosi, il rachitismo, con aumentata mortalità nel parto della madre e del figlio, spesso dovuta appunto alle malformazioni ossee femminili, e di conseguenza l'aumentata mortalità dei neonati, quando sopravvissuti alla morte della madre, per la mancanza del latte materno.[5]

---

[3] Claude Lévi-Strauss, *La vita familiare e sociale degli indiani Nambikwara*, Einaudi, Torino 1971.

[4] Per quanto riguarda l'esclusione dal vino, abbiamo però un indizio molto convincente che si trattasse di un tabù del mestruo, e non del sesso, in quanto il divieto decadeva per le donne che avevano superato l'età della menopausa. Giulia Piccaluga, *Bona Dea*, in «Studi e materiali di storia delle religioni», XXXV (1964), p. 234.

[5] Edward Shorter, *Storia del corpo femminile*, Feltrinelli, Milano 1988. Nella Ca' Granda di Milano le partorienti avevano l'obbligo di rimanere

La chiusura in casa ha influenzato naturalmente anche le attività e il lavoro femminile. È aumentato molto, per esempio, il lavoro tessile, già tipico delle donne e come tale di minor valore e prestigio del lavoro dei maschi. Influiva su questa scarsa valutazione anche il fatto che si trattasse di un lavoro fatto quasi esclusivamente per i bisogni della famiglia, soprattutto per i «corredi» che hanno fatto parte obbligatoria, fino all'età moderna, della dote della sposa, e pertanto neanche percepito come «lavoro», anche se nelle famiglie ricche la preparazione del corredo era quasi sempre affidata a cucitrici e ricamatrici di professione e di conseguenza retribuite. Ma continuava ad essere un lavoro fatto in casa. Le cose sono andate avanti così in pratica fino al momento dell'industrializzazione perché, laddove sono sopraggiunte le macchine, immediatamente ogni tipo di lavoro è diventato «maschile». Da ciò una nuova separazione dello spazio: la fabbrica è stata per molto tempo luogo esclusivo dei maschi. È stata questa anzi una delle motivazioni principali del persistere di alcuni «lavori a casa» e retribuiti a cottimo: merlettaie, sarte, ricamatrici, bustaie, modiste hanno lavorato indefessamente per tutto l'Ottocento e fino ai primi del Novecento a casa propria, andando a prendere gli ordini e a riconsegnare il lavoro terminato senza mai pensare di potersi organizzare diversamente fino alla scomparsa totale del lavoro manuale fatto in casa dovuta allo sviluppo dei mercati e all'impossibilità di reggere la concorrenza con i prezzi industriali. La Prima guerra mondiale, come abbiamo detto, ha segnato la rivoluzione del ruolo delle donne.

La separazione degli spazi e delle attività avrebbe dovuto scomparire insieme all'uguaglianza delle donne e alla loro emancipazione dall'autorità maschile, ma di fat-

---

nell'ospedale per almeno tre mesi dopo il parto per allattare, oltre al proprio nato, anche uno dei neonati rimasti orfani.

to, per quanto meno visibile e soprattutto non più codificata da nessuno, questa separazione è rimasta. Succede in pratica sempre così: in silenzio i maschi cominciano ad andarsene non appena il numero delle donne in una qualsiasi professione o nel luogo di lavoro diventa preponderante. Oggi viene spontaneo perfino domandarsi dove gli uomini stiano nascosti, che cosa facciano, vedendo le donne presenti in grande maggioranza in ogni attività, anche in quelle più specializzate e di prestigio come la medicina, l'avvocatura, la magistratura, che fino a poco tempo fa erano quasi esclusivamente di competenza maschile. Contemporaneamente succede però che queste professioni perdono molto della loro autorevolezza, accelerando l'allontanamento dei maschi in una specie di circolo vizioso così che alla fine la separazione degli spazi e del lavoro assume forme abnormi: medici, militari, magistrati abbandonano il loro posto per passare nell'unico ruolo ancora in qualche modo separato dal resto della società, quello politico parlamentare. I parlamentari sono rimasti adesso gli unici «maschi», nel senso che la parola che diventa «atto», che crea la «legge», è la parola fornita della potenza della *vis*. Ma, come abbiamo visto, anche il Parlamento è sulla via del tramonto. Le rumorose proteste di Grillo, che rivendica la necessità del ritorno del potere politico in Parlamento sono del tutto inutili. Le istituzioni sono state create sulla base di valori che la società oggi non possiede più. Anche le «parolacce» di Grillo – l'abbiamo già notato – sono vuote.

Soltanto nell'ambito delle scienze dure e in quello artistico le donne sono ancora in forte minoranza, anche se negli ultimi anni il loro numero è andato aumentando. Ma certamente non potrà, neanche col passare del tempo, aumentare di molto, mentre la situazione è tale che, di fatto, l'Italia, l'Europa in questi campi non producono, non «creano» quasi più nulla di vero e grande valore. Con l'inerzia cui si sono abbandonati i maschi nella società a preminenza femminile, il livello della creatività si è abbassato in modo preoccupante, fatto che dovrebbe suscitare una riflessione profonda e una discussione il più possibile obiettiva, cose che viceversa oggi mancano totalmente. Né d'altra parte il «politicamente corretto» e il Laboratorio per la Distruzione lo permetterebbero. Come sappiamo ormai molto bene, qualsiasi forma di «valutazione» è proibita visto che valutare implica stabilire differenze. Il tabù dell'uguaglianza uccide le «differenze», ma contemporaneamente uccide le intelligenze.

Populismo di genere

Il «sintomo» più significativo e più grave del voluto allineamento in basso della società italiana credo che lo si possa individuare nel fatto che, all'improvviso e senza darne nessuna giustificazione, il ministero dell'Università e della ricerca scientifica è sparito. Il mastodontico ministero che si occupa della scuola l'ha inglobato, riducendo quindi le università, a livello istituzionale e di conseguenza anche a livello d'immagine e di realtà, a luoghi prevalentemente d'insegnamento invece che a luoghi di ricerca come sono stati concepiti al momento della loro creazione e quali debbono continuare ad essere. Contemporaneamente è cominciata l'abitudine dei Governi a mettervi a capo ministri di sesso femminile, quasi a sottolinearne la funzione pedagogico-materna e il minor valore scientifico e sociale. Risultato, questo, perseguito con assillante attenzione dalle istituzioni dell'Ue, in obbedienza alla meta finale prescritta dal Laboratorio per la Distruzione: l'eliminazione di ogni possibile «rischio» di pensiero critico. È stata stabilita una specie di equazione: più donne, meno pensiero critico.

L'iscrizione in massa alle facoltà universitarie degli allievi provenienti da ogni tipo di scuola secondaria ha dato il colpo di grazia alle università, facendo decadere, come succede sempre quando si persegue l'uguaglianza, anche il valore e il prestigio delle lauree. L'invenzione delle «lauree brevi» ha completato questa decadenza, manifestando chiaramente quale fosse l'intento che aveva guidato la trasformazione delle nuove strutture scolastiche. C'è stato chi ha tentato d'intervenire almeno sul nome, di per sé grottesco, di «lauree brevi», suggerendo la necessità di definire con un nome nuovo un'istituzione nuova, se non altro perché nessuno ovviamente avrebbe aggiunto l'aggettivo «breve» al proprio titolo di laureato; ma tutto questo è stato negato con decisione assoluta: tutti hanno diritto alla laurea, al prestigio della laurea.

Equiparare la «scuola», ossia la struttura che «insegna», a quella che «ricerca» è il segno più chiaro della rinuncia al pensiero, al futuro del pensiero, e quindi della morte della scienza. Ma non dovremmo meravigliarci di trovare segnali di morte in ogni istituzione d'Italia e d'Europa (gli ordini vengono sempre dalle istituzioni di governo dell'Ue): è l'interconnessione dei tratti che reggono un modello culturale che si rivela ovunque con la sua logica necessitante. Mettere a capo di una istituzione, quale che essa sia, una persona di sesso femminile conferma la volontà, consapevole o meno, di farla decadere, di collocarla a un livello più basso. Si tratta di significati impliciti, il cui «valore» non è quantificabile, ma che pure «parla» da sé, e parla fortemente all'opinione pubblica tanto quanto a coloro che vi lavorano.

Si è stabilita nell'aria, senza che nessuna legge l'abbia prescritta, una forma di «populismo di genere» in base al quale non si può esprimere (ma neanche pensare) alcun giudizio negativo né nei confronti delle donne in generale né di una donna in particolare. Contemporaneamente si è diffusa l'abitudine, da parte di chiunque detenga un potere, di collocare il maggior numero di donne in tutti i posti e gli incarichi possibili, raggiungendo così due nobili scopi in una volta: il corale elogio per aver scelto e promosso il sesso femminile e la sicurezza che qualsiasi cosa si faccia o si decida attraverso di loro, nessuno oserà criticarla. Ne abbiamo un esempio illuminante sotto gli occhi: nel governo Letta non soltanto le donne sono molto numerose, ma sono stati affidati a persone di genere femminile i settori più «difficili», ossia quelli da gestire esplicitamente *contro* gli italiani e nella direzione euromondialista per la quale il governo stesso è nato. Ministro degli Esteri, come abbiamo già notato, è una persona, la signora Emma Bonino, che è stata chiamata proprio per sottolineare con assoluta determinazione e con violenza la nuova faccia dell'Italia, una Nazione che propaganda nel mondo, attraverso l'immagine e il comportamento del suo ministro degli Esteri, l'abolizione della Nazione, l'aborto, le unioni libere, l'omosessualità, la droga, il mondialismo. C'è poi un ministero, quello per l'«Integrazione» degli immigrati, cui è preposta una persona, non soltanto di sesso femminile, ma, affinché fosse chiaro che si trattava di una integrazione *contro* gli italiani, un'africana, che si vanta della sua pelle nera e della sua origine congolese. Nessuno ha osato protestare di fronte a un simile affronto alla civiltà italiana e alla Nazione italiana tanto sono ormai passivi i cittadini davanti al potere dei governanti. È certo, però, che si è trattato di una scelta ben motivata da parte del governo in quanto serve da rompiflutto; in seguito, superato il primo impatto, agli italiani potrà essere imposto senza traumi anche un ministro africano di sesso maschile.

Inculturazione al femminile

Nella scuola sono rimaste praticamente quasi soltanto le donne. Le statistiche ufficiali la fissano all'85 per cento del ruolo degli insegnanti.

Cosa significa questo dato di fatto? I maschi non insegnano più? Non possiedono più nessun sapere da trasmettere ai figli? Non hanno più nessun interesse al futuro della Nazione, a lasciare la propria impronta, il proprio carattere, i propri valori nelle generazioni che li rappresenteranno nel domani? Non credono all'importanza dell'inculturazione attraverso la scuola? Non amano i figli? Nessuno si pone queste domande. L'abitudine al «non-pensiero» è diventata la nota dominante della società attuale. Ma una riflessione sull'allontanamento spontaneo dei maschi dall'insegnamento, dalla preparazione dei giovani alla prosecuzione della nostra società, quindi al futuro dell'Italia, permetterebbe di capire che fa parte di quello stesso allontanamento testimoniato dall'omosessualità maschile, dal coito sterile, dalla rinuncia ai figli. Una prova di questa quasi indispensabile rinuncia la possiamo intravedere nella disinvoltura con la quale i parlamentari hanno concesso a se stessi l'estensione dell'assistenza sanitaria ai propri conviventi dello stesso sesso. Non si sono fermati neanche un attimo di fronte alla responsabilità di decisioni che sono quelle dei «rappresentanti» degli italiani, del loro significato, concreto ma anche simbolico. I conviventi dello stesso sesso sono stati equiparati ai coniugi, ai familiari, al legame del sangue, anche se non ci sono ancora in Italia leggi sul matrimonio degli omosessuali.

Le conseguenze della femminilizzazione della scuola sono gravissime, tanto dal punto di vista della formazione della «persona», quanto dal punto di vista dell'insegnamento e dell'apprendimento del sapere: per tutti gli allievi naturalmente, ma soprattutto per gli allievi maschi. Quanto ha influito questa quasi totale dipendenza dalla figura femminile sullo svilupparsi dell'omosessualità nella società odierna? È uno degli interrogativi principali sui quali bisognerebbe riflettere quando ci si pone di fronte alla diffusione dell'omosessualità. Non indica forse in qualche modo la ribellione dei maschi, il rifiuto ad essere subordinati al potere femminile? (Ma sull'argomento dell'omosessualità ci siamo già intrattenuti abbastanza e lasciamo quindi i lettori riflettere su tutte le implicazioni che il problema comporta.)

Soffrono della riduzione al minimo del loro valore, stabilita dal Laboratorio per la Distruzione e trasmessa dall'Ue ai ministri dell'Istruzione in Europa, tutte le discipline, a cominciare da quelle umanistiche. Storia, geografia, filosofia, lingua italiana, letteratura italiana, lingua latina, letteratura latina, lingua greca, letteratura greca, che erano il vanto dei licei italiani e che hanno visto grandi studiosi passare dalle cattedre dei licei a quelle universitarie in base ai loro saggi critici e alle loro ricerche in questi campi, sono diventate a poco a poco sempre più povere e, come appare chiaramente dando un rapido sguardo ai libri di testo adottati per l'anno 2013, praticamente eliminate o ridotte a miseri brandelli. Bisogna aggiungere che tutto questo è stato deciso con il silenzio acquiescente delle insegnanti, un silenzio che fa parte di tutto l'insieme culturale odierno e al tempo stesso lo testimonia. La democrazia sembra portare con sé, invece della libertà, l'obbligo dell'obbedienza. I sindacati fanno le loro manifestazioni di protesta nel più garbato silenzio e non cambiano nulla: gli operai rimangono come prima quelli che lavorano di più e che guadagnano di meno. I pochissimi che protestano facendo rumore vengono immediatamente definiti «criminali» e, come è successo per la Tav in Val di Susa, non riescono a ottenere la minima attenzione alle ragioni della loro protesta neanche resistendo per anni all'esecuzione dell'opera, distruggendo inferriate di protezione e ribellandosi con la violenza ai militari posti a difesa. Se si chiede all'opinione pubblica italiana quali sono i motivi della protesta contro la Tav, rispondono quasi tutti di non saperlo. I giornalisti sono anch'essi convinti che democrazia significhi obbedienza: vanno a caccia di qualche rumoroso ribelle nella speranza di far leggere i propri articoli ai lettori che, in democrazia, sono anch'essi pigri e difficili da scuotere dalla sonnolenza.

L'Occidente femminilizzato rappresenta la migliore garanzia per il Laboratorio per la Distruzione: pace, uguaglianza, omogeneizzazione intellettuale al basso sono assicurate. Femminilizzazione significa dunque sicurezza che non ci saranno critiche? Che il Potere ha oggi nella maggioranza delle donne, così come li ha avuti in passato la Chiesa, i suoi migliori soldati? Non sembra che ci possano essere dubbi in proposito. Le donne si sono lamentate fin dagli inizi del femminismo di non poter cambiare nulla della situazione della società perché non avevano il potere. Bisogna constatare che adesso che ce l'hanno sono tanto passive quanto lo erano le casalinghe: non dicono una parola contro le istruzioni impartite dall'alto neppure nella scuola, che pure è totalmente nelle loro mani.

Se prendiamo ad esempio i due volumi *Dialogo con la storia e con l'attualità* di Antonio Brancati-Trebi Pagliarani e *LetterAutori* di Beatrice Panebianco, Mario Gineprini e Simona Seminara, uno edito da La Nuova Italia, l'altro da Zanichelli, adottati per l'anno 2013, ci rendiamo subito conto di quale sia il «metodo» prescelto. Volumi grossi e pesanti,[6] carta lucida e pagine piene di illustrazioni con accanto piccole didascalie. Notizie flash per cui in una pagina c'è praticamente un secolo, senza che il lettore faccia la minima fatica: non deve né pensare, né capire. Insomma: la storia *è*, la pittura *è*, il Papato *è*. Nient'altro. Un «metodo», se vogliamo dargli questa dignità, che risponde al metodo del questionario, imposto come forma d'esame dall'Ue in tutte le discipline. La

[6] Ne ho pesato qualcuno sulla bilancina di cucina: vanno da un minimo di 1,2 chili ad un massimo di 3,1 chili.

capacità di ragionare, di criticare, di approfondire è esclusa. Volutamente esclusa.[7]

Alcune discipline fondamentali perché l'uomo possa dirsi e riconoscersi «uomo», quali la geografia, come abbiamo visto sono state eliminate da ogni tipo di scuola per decisione dell'Ue, una decisione prontamente messa in atto nelle scuole italiane dai ministri dell'Istruzione dell'epoca. Non c'è stata la minima discussione pubblica, la minima incertezza: l'aveva deciso l'Europa e Maria Stella Gelmini, del governo Berlusconi, ha obbedito. Qualcuno si è forse chiesto il motivo di una tale assurdità? Ci sono forse, a Bruxelles, insigni scienziati a dirigere il «sapere», e il metodo del sapere, per i milioni di esseri umani che ne dipendono? Maria Stella Gelmini ha forse chiesto un parere, una spiegazione, ai titolari delle cattedre universitarie italiane dove la geografia è conoscenza fondante in se stessa e per decine e decine di altre discipline e ricerche scientifiche? Dall'alto della sua superba ignoranza, un politico non ha bisogno di conoscere nulla, lo sappiamo bene: la geografia non serve, punto e basta.

Non si creda, però, che dietro alle decisioni, apparentemente assurde, dei governanti d'Europa, non vi siano sempre delle motivazioni ben precise. L'abbiamo detto ormai molte volte, ma bisogna ripeterlo perché c'è una resistenza fortissima, anche da parte delle persone più attente e critiche a crederlo: tutto, assolutamente tutto quello che si decide nell'Ue è diretto alla distruzione della civiltà europea, allo svuotamento della capacità critica dei cittadini, e ovviamente l'ignoranza delle scienze fondamentali è uno dei migliori strumenti per raggiungere questo scopo.

Come abbiamo già accennato, sono ormai molti anni che i maschi sono allevati, inculturati, educati e sottoposti

---

[7] Penso che possano dipendere anche da questa imposta uccisione dell'attività intellettuale le frequenti e gravi patologie psichiatriche riscontrate nel personale insegnante. Cfr. Vittorio Lodola D'Oria, *Pazzi per la scuola*, Alpes Italia, Roma 2013.

all'autorità e al potere quasi esclusivo delle donne. Dall'età neonatale a tutta la prima infanzia vengono lasciati nei nidi e negli asili per la maggior parte del giorno dove il personale che li assiste è tutto femminile. E naturalmente, nell'assisterli, esercita una forte, assoluta autorità. Con il passaggio alla scuola primaria e poi a tutte le classi di quella secondaria persiste il predominio quasi totale del personale insegnante femminile con il risultato che il tempo che i ragazzi trascorrono con una figura maschile, ivi compresa quella del padre, è brevissimo. Si tratta inoltre di un tempo quasi tutto concentrato nelle ore del riposo e dello svago, nei fine settimana e nelle vacanze, cosa questa che comporta inevitabilmente un atteggiamento di minore severità da parte del padre, la tendenza allo scherzo e al cameratismo piuttosto che all'autorevolezza. In conclusione i maschi sono sottoposti quasi esclusivamente fino alla maggiore età all'autorità e al potere coercitivo delle donne e quasi per nulla a quelli maschili.

Non abbiamo ricerche specifiche sugli effetti psicologici e sociali di questo sistema d'inculturazione, né sulle femmine né sui maschi, ma possiamo tentare qualche deduzione sulla base della logica e della realtà sociale che oggi ci troviamo di fronte. Il risultato più evidente è l'emersione a livello di valore assoluto dell'omosessualità maschile, fenomeno che non si è mai verificato in nessuna società, né del passato né odierna, e che caratterizza oggi esclusivamente la società occidentale segnalandone la *libido moriendi*. L'altro risultato, anch'esso tanto evidente da non aver bisogno di particolari dimostrazioni, è la sicurezza delle donne di essere «migliori» dei maschi e la loro assunzione di un comportamento sessuo-aggressivo senza remore, senza freni, sia fisicamente che intellettualmente. Bisogna anche aggiungere che la società si è subito impadronita di questo nuovo «tema» culturale, con la fame di novità «a oggetto donna» che affligge sempre i mezzi d'informazione e di spettacolo, usandolo, sfruttandolo, caricandolo al massimo nella direzione del sesso e della violenza. Si è creato così quel circolo stimolo-risposta che finisce con l'accrescere di continuo l'intensità del fenomeno stesso, tanto nella rappresentazione quanto nella realtà. Non c'è film o telefilm, non c'è gioco o dibattito televisivo dove le donne non siano protagoniste quasi assolute, esibendosi sessualmente nella più ricercata erotizzazione dell'abbigliamento e al tempo stesso nella violenza dello sguardo e della pistola in pugno che ha cancellato con un colpo solo l'immagine della «donna ideale». Chi potrebbe ormai più cantare: «Tanto gentile e tanto onesta pare»?

Come potranno mai, dunque, gli alunni maschi trovare nelle insegnanti una personalità con la quale identificarsi, un punto di riferimento comportamentale, un esempio da imitare, un'autorità da rispettare, un'intelligenza e un sapere in cui credere? Tutto quello che le donne insegnano non è stato né creato né scoperto da loro. Omero era maschio, Virgilio era maschio, Socrate era maschio, Cesare era maschio, Pitagora era maschio, Galileo era maschio, Leonardo era maschio, Mozart era maschio, Einstein era maschio... Si afferma di solito (e le statistiche sui risultati agli esami lo provano) che le studentesse sono più brave degli studenti. Non ci potrebbe essere una dimostrazione migliore del fatto che viene fornito un insegnamento più adatto alle menti femminili che a quelle maschili in quanto è diverso il modo con il quale i maschi guardano ai problemi, li «penetrano» (termine significativo). Gli italiani risultano in genere nelle statistiche europee e mondiali fra gli studenti meno bravi in matematica. Sorge spontaneo il dubbio (per non dire la certezza) che possa dipendere anche dal fatto che sono di sesso femminile coloro che la insegnano. Non si può insegnare bene nulla di ciò che non si è in grado di «pensare», di «creare».

C'è poi anche un'altra osservazione da fare. È molto probabile che i maschi non apprendano e non si esprimano al meglio in presenza delle femmine visto che la dinamica della competizione sessuale maschile si svolge in una direzione opposta a quella intellettuale. Le classi miste, pertanto, debbono essere eliminate, tanto più che lo scopo che le aveva fatte nascere, quello di favorire l'incontro e la socializzazione fra i sessi, oggi non ha senso in quanto la società è del tutto cambiata e l'informazione, gli spettacoli, la vita quotidiana sono improntati alla mescolanza di tutti gli individui. Si potranno dunque sperimentare classi separate in base al sesso, ma anche formare classi d'insegnamento apposite per i ragazzi e le ragazze più dotati intellettualmente. C'è tanta attenzione a non isolare i portatori di handicap, ma non si pone la minima attenzione a salvaguardare ciò che è più prezioso perché è raro: l'intelligenza, e non ci si preoccupa di quanto soffrano coloro che sono costretti alla lentezza e alla superficialità nell'apprendere impressa dalla media degli allievi. Dato che abbiamo parlato di un «laboratorio» per il Potere, il Controlaboratorio potrà anche suggerire alternative all'assolutezza dell'uguaglianza nell'apprendimento che è del tutto disfunzionale. Vecchi e collaudati esperimenti di psicologia di gruppo hanno testificato che se un gruppo supera il numero di dieci membri, il quoziente intellettuale si allinea a quello più basso. In conclusione: nelle scuole di Stato non ci saranno classi miste. Anzi, non ci saranno «classi».

Si deve tendere il più possibile ad ottenere il ritorno dei maschi nel ruolo di insegnanti, cercando di far leva su uno stipendio più allettante di quello attuale, ma soprattutto mettendo gli uomini a insegnare nelle classi maschili. La speranza è che, una volta superata l'immagine femminea dell'insegnante, sia più facile per gli uomini vincere quella «necessità» di separarsi dalle donne, sia nello spazio che nel lavoro, di cui abbiamo già parlato, e di poter esercitare la professione d'insegnante senza perdere dignità e prestigio virili. D'altra parte il ruolo degli insegnanti sarà molto ridotto in confronto a quello attuale perché saranno seguite le lezioni televisive preparate da una società *ad hoc* con i maggiori specialisti del mondo nelle singole discipline. Non saranno più le stanche ripetizioni di insegnanti che tutti i giorni per trenta o quaranta anni parlano delle stesse cose, ma i più grandi storici, i più grandi matematici, i più grandi architetti, e così via, a parlare dell'argomento o del problema che essi hanno approfondito nella loro specialità. I cicli di lezioni, perciò, vedranno susseguirsi molte persone diverse, totalmente padrone del tema di cui parlano perché è il loro, quello cui hanno dedicato tutta la loro appassionata intelligenza. Ovviamente la società di edizione curerà la traduzione nella lingua italiana degli specialisti stranieri, seguirà le loro indicazioni nella preparazione con immagini, grafici, lettura o recitazione di brani, ogni lezione, sia quella su un castello della Loira, sia quella su un carme di Catullo. Queste lezioni potranno quindi fare il giro del mondo una volta assicurata la traduzione nelle varie lingue, ma la cosa più importante è che la programmazione dovrà essere specifica per gli allievi italiani, e mettere quindi l'accento su tutto quello che riguarda in particolar modo la storia italiana e gli interessi degli allievi italiani. Il ruolo degli insegnanti sarà quindi quello di assistere insieme agli studenti alle lezioni televisive e poi discuterle e, se necessario, spiegarle nelle ore a ciò predisposte. I professionisti della cultura, insomma, dovranno essere di casa nelle scuole italiane e lo Stato curerà al massimo gli inviti a tutti quelli, italiani e stranieri, che vorranno parlare del loro lavoro agli studenti.

Italianità e musica

Una legislazione a parte riguarderà le Scuole d'arte e i conservatori di musica, in quanto l'Italia deve, in base alla sua straordinaria storia musicale, alla genialità sempre dimostrata dagli italiani in questo campo, sostenere, proteggere, incrementarne al massimo la conoscenza e gli studi. La musica esiste soltanto se esistono gli esecutori: questa è la legge implacabile che tutti debbono tenere presente e non dimenticare mai. Vi saranno esami di ammissione per selezionare gli allievi che vi si iscrivono, una selezione indispensabile perché, salvo casi eccezionali, nessuna famiglia è in grado di sostenere un figlio che si avventuri nel lungo itinerario di apprendimento e di una professione di cui è difficile prevedere il risultato. Lo Stato deve quindi aiutare con borse di studio e premi particolari i musicisti prima che riescano ad affermarsi e a guadagnare in proprio. Chi non dimostra di avere attitudini sufficienti deve essere allontanato con decisione dai conservatori statali che sono tenuti a selezionare esclusivamente il meglio, lasciando che coloro che desiderano conoscere la musica senza aspirazioni al concertismo e alla sua particolare professione frequentino i conservatori privati. La direzione dei conservatori di Stato sarà affidata ai migliori musicisti italiani, lasciando loro totale libertà nell'organizzazione degli studi, nella selezione degli allievi e nell'assegnazione delle borse di studio e dei premi.

Lo Stato curerà allo stesso modo le Scuole di ballo, anche qui selezionando soltanto gli allievi migliori e assicurandone con particolari sussidi il lungo apprendistato, così come la sistemazione ottimale alla fine dell'attività, dato che questa avviene molto precocemente in analogia a quella dei cantanti. Lo Stato curerà, fornendo tutti i mezzi economici necessari, la formazione di orchestre italiane, con professori e direttori esclusivamente italiani. Pur eseguendo musica di qualsiasi autore, le orchestre italiane privilegeranno l'esecuzione della musica classica italiana cercando di farla conoscere ed apprezzare ovunque, ma prima di tutto in Italia, dopo i lunghi anni in cui questa è quasi scomparsa dal tessuto culturale comune.

Lo Stato istituirà presso il Teatro alla Scala una scuola di specializzazione mondiale per esecutori dell'Opera lirica italiana (eventualmente intestata al nome di Giuseppe Verdi)[8] in quanto questa richiede strumentisti e cantanti particolarmente educati a questo scopo, a cominciare dalla lingua, e ne sosterrà con abbondanza tutte le spese. Bisogna convincersi che l'opera lirica morirà se non si aiuteranno in tutti i modi gli strumentisti e i cantanti. Alla scuola di specializzazione, fornita di particolari borse di studio, potranno accedere allievi usciti dai conservatori di tutto il mondo, dietro selezione affidata ai direttori della scuola che saranno per legge sempre i migliori fra i musicisti italiani, assolutamente liberi nella gestione degli studi e delle borse di studio.

Il Teatro alla Scala di Milano sarà per legge diretto sempre da musicisti italiani. La serata di apertura sarà sempre dedicata a un musicista italiano e diretta da un maestro italiano. Non succederà quindi più ciò che è avvenuto nell'inaugurazione dell'anno 2012 in cui la serata di apertura è stata dedicata a Wagner e diretta da un maestro straniero, Daniel Barenboim (forse in omaggio alla leadership europea della Germania?). Lo Stato deve ovviamente essere il primo ad appoggiare e valorizzare le eccellenze italiane e quella musicale non ha bisogno di dimostrazioni. Il cosiddetto «provincialismo» dei politici italiani consiste nella loro servile sudditanza nei confronti di tutto ciò che è straniero, al contrario di quanto viene sempre affermato per dissuadere gli italiani dall'apprezzare se stessi e la propria storica identità. Abbiamo fra i

---

[8] Rimarrà a vergogna dell'attuale governo Letta non aver acquistato la casa dove Verdi ha abitato per tanti anni e dove ha scritto quasi tutte le sue opere, una casa che avrebbe dovuto diventare, oltre che un prezioso museo, un luogo dove risuonassero sempre le sue melodie, come hanno fatto governi degni di questo nome per Chopin, Mozart, Schubert.

grandi italiani un nome che quasi nessuno conosce, quello di Giacomo Costantino Beltrami, ingegno straordinario, uno fra i pochissimi esploratori che hanno scoperto zone del mondo in precedenza sconosciute (le sorgenti del fiume Mississippi) il quale si era proposto, non riuscendo però a completare l'opera, di dimostrare che quasi tutte le più importanti creazioni, in ogni campo, sono state fatte dagli italiani nelle scienze, nelle arti eccetera. Nella *Lettera di Beltrami ad un amico* pubblicata a Lugano nel 1834,[9] Beltrami lamenta l'indifferenza e lo sprezzo dell'Europa verso l'Italia e dice che è necessario ricordare ogni tanto la grandezza dell'Italia dato che «l'Europa deve rinvenire nella Italia e la origine di tutte le umane conoscenze per le quali su le altre parti del mondo sì eminentemente sovrasta, e la sorgente di ogni splendore... Conviene di tempo in tempo ricordare all'ingratitudine del mondo quel che l'Italia fu, dimostrare quel che l'Italia è... squarciando quel velo con cui la malvagità, la presunzione o la invidia vorrebbero celare all'ammirazione o alla gratitudine della posterità quella mater alma dello incivilito universo e quel popolo che fu, e che non ha ancora cessato di essere "maestro di color che sanno". Ma l'Europa... che ha ella fatto a pro dell'Italia?...».

Non si può fare a meno, giunti a questo punto, di mettere in rilievo il motivo fondamentale per il quale non si sarebbe dovuto neanche «pensare» di poter unificare le Nazioni d'Europa. Le grandezze dei popoli in Europa sono «uniche»: non si possono né sommare, né omogeneizzare, né subordinare fra loro. La musica tedesca è «tedesca», con la pienezza che il concetto di «tedeschità» ha sempre comportato in forma implicita e percepita da tutti senza che fosse necessario discuterne (lo è diventato soltanto dopo il nazismo); la musica italiana è «italiana»,

[9] Giacomo Costantino Beltrami, *L'Italia ossia scoperte fatte dagli italiani nelle scienze, nelle arti, ecc.: lettera di Beltrami ad un amico*, tip. di G. Ruggia e C., Lugano 1834, p. 7.

senza che sia mai stato necessario discuterne tanto questo primato della «italianità» è connaturato alla creazione stessa della musica in Europa. Nessuno l'ha saputo dire meglio di Giuseppe Verdi, uno dei più grandi geni universali della musica, quando ha affermato: «L'Arte è universale, nessuno più di me lo crede, ma sono gli individui che la esercitano, e siccome i Tedeschi hanno dei mezzi diversi dai nostri, c'è qualcosa di diverso anche di dentro. Noi non possiamo, dirò, anzi, non dovremmo scrivere come i tedeschi, né i tedeschi come noi... e gli artisti del Nord e del Sud hanno tendenze diverse, è bene siano *diverse*. Tutti dovrebbero mantenere i *caratteri propri della loro Nazione*, come disse benissimo Wagner.»[10]

L'Italia è una Venezia

Appositi geologi, gruppi del genio civile e di guardie forestali terranno sempre sotto controllo il territorio boschivo, sorvegliando che non si sviluppino incendi. Sarà perseguito nei limiti del possibile ogni danno apportato al territorio, con la condanna a forti pene detentive e in denaro per coloro che appiccano incendi. Il controllo nei confronti delle motivazioni dei volontari sarà molto accurato, sia per la presenza di interessi criminali in questo ambito, sia per un motivo meno noto ma che è abbastanza frequente. Vi sono persone affascinate patologicamente dagli incendi e spinte ad appiccarli anche quando si offrono come volontari nello spegnerli. Sarà eliminato dal linguaggio comune e giornalistico il termine «piromane», che si riferisce appunto esclusivamente ai casi psichiatrici, quindi molto rari. Chi appicca un incendio è un criminale, va ricercato, punito pesantemente e indica-

10 Giuseppe Verdi, *Autobiografia dalle Lettere*, Bur, Milano 2011, pp. 426-433.

to a tutti come criminale. Deve essere inculcato in tutti, fin da bambini, il senso di responsabilità nei confronti degli incendi, come di tutto quanto comporta pericoli per gli altri oltre che per se stessi e per l'ambiente (gas, elettricità, acqua), pericoli con i quali siamo abituati a convivere ma che non permettono trascuratezze e negligenze di nessun tipo.

L'Italia è una «Venezia». Va trattata sempre come tale. L'ambientalismo non deve essere considerato una virtù di pochi raffinati o il capriccio di chi ha tempo da perdere, ma deve diventare un tratto caratteristico del comportamento degli italiani. Proprio perché l'Italia è un Paese unico, dal punto di vista fisico e dal punto di vista della sua storia, non si potrà imitare pedissequamente quello che si fa nel resto d'Europa, anche quando presenti qualche vantaggio. Da questo punto di vista l'alta velocità, per esempio, non può essere adottata senza moltissime riserve di principio. La famosa battaglia contro la linea Torino-Lione è in un certo senso un esempio estremo per quanto riguarda il rispetto per l'eccezionalità del territorio italiano. Le Alpi sono un patrimonio della natura di cui l'Italia è responsabile e che deve amare come cosa preziosissima, unica al mondo. Dissacrarne la solennità e la bellezza non è assolutamente pensabile. Il governo italiano deve riconoscere che aver accettato con le istituzioni europee di compiere un'opera ingegneristicamente «mostruosa» è stato un errore di valutazione e rinunciarci. D'altra parte i governanti sono «amministratori» delle proprietà del popolo, non i proprietari, e quando si tratta di opere che impegnano il territorio al di là della norma, queste non possono essere decise senza sottoporne con un referendum la decisione al popolo. Nessun progetto che interessi il territorio italiano può essere valutato e approvato senza immettere nel concetto di «interesse economico» la particolare preziosità del territorio italiano, del suo paesaggio e della sua storia. La brutalità di un concetto di economia fondato sul valore finanziario non è ammessa da nessun vero economista, ed è in ogni caso da rifiutare dai governanti italiani visto che tocca a noi, eredi di chi ha creato la «bellezza» in ogni campo, difenderne e testimoniarne il valore davanti a tutti.

Le stesse considerazioni valgono ovviamente per la questione del ponte sullo Stretto di Messina, che per nostra fortuna è stata accantonata a causa della crisi,[11] ma che deve ispirare soltanto orrore in coloro che amano l'Italia, la sua immagine secolare, il paesaggio cantato da viaggiatori e poeti di tutto il mondo, così come amano la letteratura e la musica che il carattere isolano dei siciliani ha saputo donare al mondo. Sicilia e isola sono la stessa cosa: da qui è nato il silenzio dei personaggi di Verga, da qui è nato il grido appassionato del Turiddu di Mascagni, da qui sono nate le innumerevoli memorie del «viaggio in Sicilia» di tutti i poeti, di tutti gli amanti del bello che hanno descritto la Sicilia, da Goethe a Renan, da Gregorovius a de Maupassant, con un amore di cui forse neanche gli italiani sono stati capaci.[12]

Demografia, territorio e immigrazione

Per quanto riguarda una Nazione-Stato, il rapporto spazio-corpo si configura prima di tutto come rapporto fra il territorio e la popolazione (densità demografica), con

[11] Il governo Monti ha chiuso le pendenze economiche pagando le multe per l'inadempienza ai contratti, ossia sono state caricate sulle nostre spalle enormi cifre per un'opera per la quale non si è nemmeno chiesto un parere ai cittadini. Tutte cose che non potranno mai più succedere: i referendum per ogni opera che riguardi il territorio saranno obbligatori.

[12] Rina La Mesa (a cura di), *Viaggiatori stranieri in Sicilia*, Cappelli, Rocca San Casciano 1961. Antologia di testi di Wolfgang Goethe, Paul de Musset, Roger Peyrefitte, Ferdinando Gregorovius, Guy de Maupassant, Ernest Renan e altri.

tutto quello che questo rapporto comporta, dato che ogni individuo costruisce una casa o la occupa, facendo diminuire lo spazio utile e il verde, consuma elettricità, acqua, produce residui da smaltire e inquina, percorre le strade e aumenta il traffico, il rumore e così via per tutto quanto occorre alla quotidianità dei bisogni biologici.

Il rapporto fra la popolazione e il territorio italiano è attualmente al di fuori di qualsiasi norma anche soltanto mettendolo a confronto con la densità demografica degli Stati più estesi. È sufficiente dare un'occhiata alle cifre. Gli Stati Uniti d'America avevano al censimento del 1990 una densità di 27,3 abitanti per chilometro quadrato; il Canada, alla stima del 1994, 2,9 abitanti per chilometro quadrato; la Russia, sempre alla stima del 1994, 8,7 abitanti per chilometro quadrato; la Cina, stima del 1994, 124 abitanti per chilometro quadrato; l'Italia – ed è questo che deve farci paura – più di tutti questi enormi Paesi: 190 abitanti per chilometro quadrato. La popolazione, dunque, deve diminuire di molti milioni, cosa che sembrerebbe impossibile, ma in ogni caso non deve aumentare se non per la nascita di bambini italiani, ossia figli di almeno tre generazioni di italiani. Né si deve pensare all'aumento della durata della vita come a un fatto negativo, come avviene di solito quando si fa notare l'invecchiamento della popolazione come uno dei fattori che pesano di più sul futuro della Nazione. Combattere contro la morte e aver ottenuto una delle massime vittorie in questa battaglia con il raddoppio o quasi il triplo della durata della vita è il dato più importante.

Al momento dell'unità del Regno d'Italia la popolazione era di circa 22 milioni di abitanti. Oggi siamo secondo una stima del 2011 circa sessanta milioni. Una densità di 198 abitanti per chilometro quadrato; quella degli Stati Uniti, tanto per avere un termine di comparazione, è di 34.

Un confronto in ogni caso improponibile dato che il

territorio dell'Italia è lungo e stretto, circondato ovunque dal mare, con spiagge esposte a continua erosione, montagne e colline che la percorrono in tutti i sensi e le Alpi che la chiudono a nord. Non soltanto, quindi, il terreno abitabile è poco, ma la sua lunghissima storia l'ha lasciata ricca dei meravigliosi resti delle civiltà passate che ne fanno in realtà un unico museo che deve essere preservato dall'assalto delle nuove abitazioni, dalla creazione di orribili periferie, dalla distruzione del meraviglioso paesaggio verde esaltato attraverso i secoli dall'innumerevole schiera di coloro che avevano predisposto il «viaggio in Italia» come inderogabile sigillo alla loro formazione letteraria e civile.

Il territorio della Repubblica italiana appartiene al popolo italiano. Nessuno ha il diritto di venderne una qualsiasi parte, né lo Stato, né i Comuni, né la Chiesa né qualsiasi altro istituto, fondazione, ente pubblico o privato (i politici – lo ripetiamo – ne sono soltanto gli amministratori). Per quanto riguarda la Chiesa (argomento molto vasto e complesso che non è possibile affrontare qui in forma analitica), sarà sufficiente sapere che verrà stabilito un nuovo Concordato, cambiando in modo realistico le norme riguardanti il patrimonio edilizio che la Chiesa possiede in territorio italiano, ed eliminando il sistema dell'otto per mille che sottrae enormi somme alle tasse imposte ai cittadini. Ognuno darà, se vuole, un contributo per finanziare la propria religione, ma lo farà direttamente, in privato, senza renderne conto in nessun modo allo Stato. Il problema dell'enorme patrimonio artistico costituito dalle chiese, dalle abbazie, dalle opere d'arte che vi si trovano all'interno, sarà affrontato con spirito realistico insieme allo Stato Vaticano dato che molti di questi edifici non sono più attualmente luoghi di preghiera. Lo Stato italiano quindi li prenderà in carico come opere d'arte e memorie storiche, senza lasciarli all'abbandono, al degrado del tempo e alla predazione di ladri di passaggio. D'altra parte è evidente che, contrariamente a quanto è stato fatto fino ad ora, sarà cura primaria dello Stato prevedere il massimo stanziamento nel bilancio per l'arte e la cultura.

Il rapporto fra densità demografica e territorio incide sulla natalità. È la natura che provvede in linea di massima a far aumentare o diminuire la natalità in funzione della densità. Naturalmente per quanto riguarda la specie umana si aggiungono, ai meccanismi messi in atto dalla natura, molti altri fattori dipendenti dalle scelte volontarie che compiono gli uomini, ma queste scelte non possono prescindere dai dati naturali (quali appunto lo spazio nel quale un gruppo si trova a vivere) che vanno assunti a livello di ragione con tutto quello che il sistema logico razionale comporta. È evidente che, se la natalità diminuisce, come è drasticamente diminuita in Italia negli ultimi vent'anni, sotto la soglia del rischio di sopravvivenza, questo succede non soltanto per l'enorme divario fra la ristrettezza del territorio e la popolazione, ma anche perché, mentre i cittadini hanno provveduto a limitare le nascite (problema connesso anche, come accennato in altre parti del libro, al cambiamento dei significati e dei valori della procreazione, dei ruoli paterni e materni), la natura non sa che i governanti fanno volutamente arrivare dall'estero, così come permettono che sbarchino in Italia, milioni di stranieri. Si è creato in questo modo un circolo perverso a causa del quale più aumentano gli stranieri più gli italiani mettono al mondo pochi figli. Gli stranieri inoltre, in maggioranza musulmani, oltre ad avere come valore nella propria cultura la massima prolificità, tendono ad avere il maggior numero di figli proprio perché invadono e si impossessano di un nuovo territorio e vogliono così aumentare, come tutti i conquistatori hanno sempre fatto, con rapidità e profondità il proprio radicamento.

A questo punto interagiscono una serie di spinte fisiche, concrete, simultaneamente a spinte di significati culturali, psicologici, sociali. L'incitamento che proviene da tutti coloro che detengono il potere – governanti, politici, giornalisti, sacerdoti – ad «accogliere» gli stranieri induce negli italiani sentimenti confusi di disagio psicologico, un insieme di amarezza e di stanca rassegnazione che non può neanche essere espresso a causa dell'immediata accusa di razzismo, di xenofobia, di egoismo che scatta nei loro confronti e del rischio di repressione da parte dell'Ue che ha creato un Centro di osservazione apposito e codificato, in modo del tutto ideologico e privo dei connotati del diritto, i reati di razzismo e di xenofobia che comportano anche il mandato di arresto europeo. Un mandato temibile in quanto la persona incriminata potrà essere sottoposta a giudizio in un qualsiasi tribunale dell'Unione, lontano dal proprio ambiente, in una lingua che non conosce e costretta a sopportare anche notevolissime spese per un avvocato e un interprete e, nel caso di condanna, dover anche scontare la pena in una prigione in terra straniera. Naturalmente questo, come tutti gli altri accordi con l'Ue, verrà rivisto nell'ambito della rinuncia, o del ridimensionamento transitorio della partecipazione dell'Italia all'Unione europea.

Il termine «accoglienza» è diventato termine tecnico per i «doveri» nei confronti degli immigrati, ed è usato dai governanti, da ogni detentore del potere, in forma intimidatoria nei confronti degli italiani, non soltanto ad indicare i loro obblighi, ma anche come indice della positività o negatività dei loro sentimenti. Uno Stato, quindi, quello italiano, sottoposto alle Autorità europee, che è diventato una «Chiesa», una Chiesa totalitaria, che inculca la sua religione ai sudditi e pretende che ne vengano osservati i dogmi pena il disprezzo morale, multe finanziarie e il carcere. Insomma l'ideologia dell'«accoglienza» si è costituita come l'arma più efficace per depotenziare la vitalità, la fiducia in se stesso, la forza di un popolo e indurlo all'estinzione. Gli sbarchi a Lampedusa ne sono per certi aspetti lo strumento e il simbolo. Un Papa che grida, mentendo spudoratamente: «Vergogna!», mentre gli italiani, gli abitanti di Lampedusa, sono da anni succubi, prigionieri, costretti a soccorrere e a mantenere finanziariamente tutti coloro che vi giungono senza permesso, senza un lavoro, ma soprattutto senza un minimo di motivazione valida, offende la verità e si mette al servizio degli oppressori dei popoli. Degli africani e del loro comportamento parleremo in un altro paragrafo del libro, ma quello che non è sopportabile e che si deve denunciare senza timore di venir meno al rispetto dovuto ad un Papa è che nessuno, tanto meno un Papa, che afferma di rappresentare i credenti in Cristo, può allinearsi alle menzogne dei banchieri, dei governanti che perseguono il potere mondiale, senza che noi lo si denunci. Ha mentito Bergoglio, per far parte dei distruttori della civiltà europea e farsi applaudire dai loro seguaci, ma il Vaticano si trova in Italia e sarà bene che non se ne dimentichi. Non siamo ancora morti e abbiamo intenzione di non farci impiccare dai banchieri.

La previsione di non possedere un futuro come «italiani», la constatazione che la loro massima ricchezza è oggi totalmente rimossa e dimenticata, si mescolano in un insieme intellettuale e affettivo abnorme, privo di ragione. L'immenso patrimonio di arte, di musica, di scienza, che gli italiani hanno donato al mondo con la fatica, lo studio, l'intelligenza, l'amore per la bellezza spesi in tanti secoli di storia, si annulla nel momento stesso in cui allo straniero viene concesso, con la cittadinanza, il diritto di dichiararsi «italiano», di credersi e di far credere di essere italiano. Si perde, così, con la violenza dei detentori del potere, che regalano quello che non gli appartiene, ciò che di più prezioso possiedono i loro sudditi e che essi disprezzano come soltanto dei nemici possono disprezzarlo. È il suo essere creatore e portatore di storia che fa dell'uomo l'Uomo, ma anche il suo essere «sociale», appartenente a un determinato gruppo per eredità genetica ed epigenetica, fisica e culturale, un'eredità talmente ricca e complessa che è quasi impossibile discernerne tutti i tratti, ma senza la quale il singolo individuo non saprebbe chi è, non saprebbe conoscere se stesso e ri-conoscere gli altri intorno a sé, non saprebbe infine quale posto occupare nel mondo.

Naturalmente tutto quanto abbiamo detto riguarda ogni uomo; riguarda quindi gli immigrati, da qualunque parte del mondo vengano, tanto quanto riguarda gli italiani. Il disprezzo che i nostri governanti nutrono verso di noi è pari a quello che nutrono verso gli immigrati, anch'essi ovviamente portatori genetici ed epigenetici della loro storia e della loro civiltà. Nella questione dell'immigrazione non si parla mai di questo problema, che è altrettanto grave perché non soltanto gli immigrati soffrono della perdita di tutto il proprio bagaglio affettivo immediato: la lingua, l'ambiente cui sono psicologicamente e fisicamente abituati, il gruppo in cui sono nati e cresciuti, l'alimentazione, insomma tutto quanto forma il quotidiano di ogni essere umano e che è dettato dai costumi del gruppo cui l'individuo appartiene, ma è certo che non potranno assumerne un altro, se non in qualche apparenza esteriore, per cui la parola «integrazione», che i nostri politici pronunciano innumerevoli volte al giorno, è del tutto vuota di senso.

La differente fisicità è una delle tante cause del disagio degli italiani costretti a convivere nella propria casa con stranieri. Sembrerebbe superfluo farlo, ma è invece importante sottolineare il fatto che il territorio della Repubblica italiana è la casa degli italiani, così come per ogni popolo il territorio della propria Nazione è la sua casa. Con quale diritto, altrimenti, gli ebrei avrebbero rivendicato per sé lo Stato di Israele? Gli stranieri di cui stiamo parlando provengono in grande maggioranza dall'Africa e pertanto la differenza fisica è assoluta. Persone con le quali non ci si può identificare, rispecchiare proprio a causa della differenza fisica. Le donne capiscono questo problema molto meglio dei maschi proprio perché hanno sempre puntato quasi completamente sul proprio aspetto fisico il rapporto con gli altri, con la società. Una donna bruna, o bassa, o grassa, sa benissimo che non può, e neanche desidera, identificarsi, cercare un riferimento psicologico e comportamentale in una donna bionda, o alta, o magra. Il rapporto fisicità-personalità è del tutto scontato per le donne. È di questo rapporto, dunque, che stiamo parlando. Degli stranieri, in generale, e di quelli, come gli africani, che presentano una fondamentale differenza fisica quale il colore della pelle, è molto difficile per gli italiani «capire» la personalità, il vissuto, attraverso il corpo, l'espressione del viso, lo sguardo, la mimica, la gestualità, la voce... Tutta quella miriade di «segni» attraverso i quali si comunica molto prima e molto di più che con le parole, e che siamo abituati a interpretare senza accorgercene fin dalla nascita, nell'ambito di una lunga esperienza epigenetica, culturale, sociale, psicologica. Esperienza che si apprende «nell'aria», senza essere consapevoli dell'immenso patrimonio di conoscenze che abbiamo ereditato geneticamente e poi «rinforzato» dalla lingua, dall'ambiente familiare, da quello sociale. Naturalmente ogni individuo è unico, diverso da tutti gli altri. Questa è la grande legge della Natura: ogni Dna è unico. Ma l'appartenenza ad un popolo, al lunghissimo adattamento di quel popolo al clima, all'alimentazione, ai modi di vita, confluisce nella sua eredità genetica formando un patrimonio di cui ancora non conosciamo quasi per nulla i meccanismi, ma di cui vediamo ovunque gli effetti. Sarebbe la cosa fondamentale da conoscere, mentre in realtà i governanti fanno di tutto per impedirlo tanto che si può affermare, anche se non si trova scritto da nessuna parte, che è «vietato».

La violenza con la quale i politici impongono oggi la propria volontà, perfino al di là e al di sopra del sapere scientifico, è più tirannica e dittatoriale di quella che ha contraddistinto le più assolute dittature che la storia ricordi, da quella hitleriana a quella staliniana o maoista. È inutile naturalmente far notare come questo comportamento dipenda dal timore che una qualsiasi verifica scientifica dell'ereditarietà culturale possa comportare un'implicita forma di razzismo e la messa in discussione di quell'ugualitarismo e mondialismo che costituisce la meta finale, come sappiamo, del Laboratorio per la Distruzione.

Eppure è difficile negare che l'insieme di capelli biondi e lisci, occhi chiari, pelle bianca e sottile dei nordici (svedesi, norvegesi, danesi, finlandesi) sia funzionale al massimo assorbimento dei raggi solari, così come è difficile negare che la natura abbia provveduto con l'abbondanza di pesce e di grassi animali specifici del loro habitat al maggiore bisogno di vitamina D, indispensabile alla fissazione del calcio laddove appunto mancano i raggi del sole, che svolgono abbondantemente questa funzione nelle terre del Sud. Pertanto gli ulivi nascono soltanto al Sud, ma lo squisito olio con il quale siamo soliti condire gli alimenti anche in Italia, non possiede vitamina D. In base alla stessa logica la natura ha provveduto a fornire gli africani di capelli neri e crespi, di occhi neri e di pelle scura e spessa, che li proteggono dall'assorbimento dei forti raggi solari nello stesso modo con il quale ha provveduto alla pelliccia bianca dell'orso polare e alle ali mimetiche delle farfalle. Queste sono esemplificazioni banali, chiare a tutti. Ma una gran parte del patrimonio culturale lo si eredita attraverso analoghi meccanismi e, se non fosse che siamo abituati ad essere ciechi di fronte ai fenomeni che ci mettono in imbarazzo, ci apparirebbero con assoluta evidenza.

Tanto per fornire qualche semplice esempio di questi

comportamenti culturali non consapevoli ed ereditati per via genetica o epigenetica, possiamo guardare a quella «distanza di sicurezza» che è stata studiata e messa in luce per la prima volta dall'antropologo americano Edward Hall. Si tratta della distanza nella quale ogni popolo ha fissato la norma in cui abitualmente ci si colloca nello spazio in rapporto agli altri.[13] È una norma mai dichiarata da nessuno, non prescritta da nessuna legge, ma alla quale tutti ci atteniamo «istintivamente», il che significa che non sappiamo, pur osservandola, dell'esistenza della norma e quale sia la distanza che prescrive. Il disagio che si prova in genere quando si è in molti in un ascensore, per esempio, nasce dalla mancanza della distanza di sicurezza. Se qualcuno la supera senza una causa evidente (come appunto il poco spazio nell'ascensore), siamo autorizzati a vedervi un gesto di aggressività che di solito si accompagna ad un aumento del tono della voce. Anche il tono della voce, però, obbedisce a una norma culturale che varia da popolo a popolo (probabilmente dovuta ad antichissime necessità ambientali di sicurezza, o di caccia, o di tabù sacrali che non sono ancora state studiate), ma che non è stabilita da nessuna gazzetta ufficiale e che Hall ha classificato insieme a molti altri comportamenti culturali come «linguaggio silenzioso».[14] Dalle sue ricerche si è sviluppata quella dell'etologo Desmond Morris sui «gesti» tipici dell'uomo (ovviamente maschio) in determinate occasioni, gesti che tutti capiscono anche se il loro significato non è stato insegnato da nessuno.[15] È abbastanza frequente in Italia, per esempio, che un automobilista impaziente, una volta che sia riuscito abilmente a sorpassare quello a suo parere troppo lento che lo precedeva, si sporga dal finestrino a fargli il gesto dell'avam-

---

[13] Edward Hall, *La dimensione nascosta*, Bompiani, Milano 1968.

[14] Edward Hall, *Il linguaggio silenzioso*, Bompiani, Milano 1969.

[15] Desmond Morris, *L'uomo e i suoi gesti*, Mondadori, Milano 1978.

braccio all'insù in segno di vittoria, o meglio di «averlo messo sotto», sicuro che l'altro capirà. Fa parte del linguaggio silenzioso l'espressività degli occhi, occhi che nell'Italia del Sud parlano tanto quanto forse in nessun altro Paese (e sarebbe interessante cercare i motivi di questa particolare caratteristica). Giovanni Falcone, il magistrato ucciso insieme alla moglie e alla scorta da una bomba a Palermo, aveva detto pochi giorni prima del tragico attentato, in una intervista con la giornalista Marcelle Padovani, di possedere un grande vantaggio nella sua battaglia contro la mafia in confronto ad altri magistrati perché, essendo anche lui siciliano, comprendeva ciò che il suo interlocutore gli diceva con gli occhi e poteva rispondergli così con questo linguaggio più «privato», un linguaggio di fiducia quasi «complice».

Nessuno dunque può azzardarsi a ritenere che le norme culturali si possano facilmente cambiare e tanto meno apprendere, così come vorrebbero imporre i detentori del potere in Europa, e di conseguenza quelli italiani. Si tratta di una violenza ottusa e crudele nei confronti dei propri sudditi di cui forse non sono in grado di valutare l'entità, anche se l'esclusione delle scienze umane fa supporre che viceversa se ne rendano ben conto, e che serve soltanto ad aumentare l'angoscia e il disorientamento collettivo dato che non può raggiungere lo scopo che si prefigge. Le abitudini culturali appartengono alla struttura profonda della personalità dei popoli, la loro «personalità di base»,[16] ed è impossibile cambiarla o eliminarla senza distruggerli. La scomparsa delle popolazioni presenti in America al momento della Conquista, anche senza guerra, come è successo per le popolazioni amazzoniche, è una delle tante prove di come i popoli si disorientino, si disgreghino e muoiano quando sono costretti a subire l'impatto di altre abitudini culturali senza

[16] Ruth Benedict, *Modelli di cultura*, Feltrinelli, Milano 1960.

potervi reagire, oppure quando conquistatori stranieri o, come succede oggi in Europa, i propri stessi governanti li costringono a perderle.

Le norme elaborate dal Controlaboratorio per bloccare l'invasione immigratoria saranno dunque molto dettagliate e osservate rigidamente da tutti i responsabili. Quelle che proponiamo qui sono, naturalmente, soltanto indicative della direzione nella quale muoversi ed hanno come primo scopo quello d'instaurare e far percepire a tutti, anche nei Paesi dai quali sono soliti partire gli emigranti, un clima del tutto opposto a quello della permissività o, per dire meglio, dell'ossessivo «invito» attuale.

Le norme riguardanti i diritti dei cittadini italiani, non riguarderanno mai gli stranieri, anche quando si tratti di stranieri che hanno la residenza in Italia o che ne abbiano acquisito la cittadinanza.

Non saranno concesse cittadinanze attraverso il matrimonio, né per l'uomo, né per la donna. La norma che fin dall'antichità prevedeva questo diritto si riferiva a un contesto socio-culturale del tutto diverso da quello attuale, un contesto nel quale la donna era «oggetto» del matrimonio ed era consegnata dal padre alla famiglia del marito acquisendone obbligatoriamente il nome, la religione, lo statuto sociale.

Anche nella Roma antica, dove il concetto di diritto è nato ed è stato codificato portandolo in tutto il mondo e dove per la prima volta è diventata ben chiara la consapevolezza della soggettività della persona, tuttavia la formula del rito matrimoniale sottolineava l'appartenenza della sposa alla famiglia dello sposo: «*Ubi tu Gaius, ibi ego Gaia*». La donna romana non possedeva un nome proprio, ma quello della sua *gens*, e al momento del matrimonio acquisiva quello della *gens* del marito. Si trattava quindi di una trasformazione totale della sua posizione nella società, alla quale del resto non avrebbe mai potuto né voluto sottrarsi in quanto era questo il principale motivo del matrimonio: l'ampliamento del rapporto fra due famiglie tramite l'ingresso di una donna ritenuta degna di appartenervi e di procreare il maggior numero possibile di figli. Questi valori e questi comportamenti si sono prolungati dall'antichità lungo tutto il Medioevo, anche se con il rafforzamento sacramentale del rito dovuto al cristianesimo. Se qualcosa è cambiato è stato soltanto nel maggiore accento posto dalla Chiesa sui doveri matrimoniali, nella direzione della fedeltà coniugale e della sessualità finalizzata esclusivamente alla procreazione. Vi sono state aggiunte, poi, numerose norme che proibivano i matrimoni «misti», ossia di cristiani con persone di altra religione, il che significava in pratica anche di altra razza e di altra nazionalità in quanto fino in epoca contemporanea la religione è stata sempre connessa alla nascita. Tutto questo va ricordato ai nostri governanti perché nella loro ignoranza cercano di avallare la loro volontà di favorire l'immigrazione fingendo semplicemente di applicare, con qualche piccolo aggiustamento, le norme dell'antichità.

Non sono autorizzati «ricongiungimenti» con gli stranieri residenti in Italia in base a nessun grado di parentela. Per questa norma, che contrasta con quella attuale, il governo fisserà una data a partire dalla quale gli stranieri residenti, e che possiedono già la cittadinanza non potranno più esercitare questo diritto.

Gli stranieri non avranno diritto di voto, né attivo né passivo, nelle elezioni locali se non dopo la terza generazione di residenza permanente in Italia.

Gli stranieri, residenti o meno in Italia, così come qualsiasi società, possono prendere in affitto, ma mai comprare immobili e terreni di nessun tipo e per nessuno scopo: abitazioni, negozi, sale di divertimento, riunioni culturali o sportive. Le norme per i contratti di affitto degli stranieri, abitanti o no in Italia, saranno appositamente predisposte dallo Stato e dipenderanno sempre non dai Comuni, ma dallo Stato. Per quanto riguarda i luoghi di culto, il loro numero, la loro collocazione, lo stile architettonico saranno regolati con apposite norme dallo Stato.

I Comuni non possono emanare nessuna norma che riguardi l'immigrazione; nell'eventualità di casi particolari, i Comuni sottoporranno il problema allo Stato.

La prostituzione nelle strade sarà vietata. Lo Stato non «fingerà» che la prostituzione non esista, né fingerà di credere che le giovani straniere che la esercitano siano state indotte a venire in Italia, come spesso si afferma per indurre alla compassione, con l'inganno di una promessa di lavoro. Nel mondo contemporaneo non esiste nessuna donna, neanche proveniente dalla più profonda foresta amazzonica, che non sappia che si chiama prostituzione il «lavoro» più redditizio e sicuro. Sarà ammessa la gestione di alberghi destinati a questo scopo, ovviamente con norme igieniche precise e il massimo controllo.

L'Italia sorveglierà nel modo più rigido che non avvenga nessun «traffico» di bambini, che sono spesso oggetto di sfruttamento sessuale e del delitto più atroce: l'uccisione per l'espianto di organi. È indispensabile fornire la massima informazione su questo argomento, cosa che invece viene tenuta il più possibile nascosta, come tutto quello che possa suscitare reazioni negative all'uso dei trapianti.

Le coppie di italiani regolarmente sposate che desiderino adottare un bambino lo potranno ottenere soltanto fra i bambini italiani presenti nelle liste di quelli adottabili. Non sono quindi ammesse adozioni di stranieri. A questo proposito non bisogna mai trascurare di tenere presenti gli aspetti veri dell'agire da parte dell'Occidente, anche nel massimo della buona fede e della buona volontà. Tutto quello che facciamo nei confronti dei popoli più poveri, o che ci appaiono più poveri, e che ci sembra dettato dalla solidarietà o dalla carità, si configura invece come ingiusto e irrispettoso della loro dignità e dei loro valori. Se, come abbiamo ripetuto più volte, una cultura è costituita da un sistema interrelato di comportamenti, di significati, di tradizioni, che plasma la personalità di base degli individui che vi appartengono, tutto questo è vero per gli stranieri tanto quanto per noi, ovviamente anche all'interno degli Stati europei, ed anzi in questi con maggiore forza che in altre culture, proprio perché i popoli d'Europa sono più consapevoli e hanno oggettivato, studiandoli, i comportamenti dettati dalla propria cultura. La prova principale, naturalmente, è l'esistenza delle lingue, diverse da popolo a popolo, e delle opere letterarie nelle quali le lingue sono diventate strumento di massima consapevolezza culturale. Abbiamo già detto che sarebbe dovuta bastare la mancanza della lingua «europea» a far capire ai governanti che un'Europa unita non sarebbe stata mai possibile. Quando i governanti parlano degli «europei» non sanno quello che dicono: un popolo esiste soltanto se possiede una lingua. Ci si può riferire agli «europei» come a una razza, non a un popolo. L'Italia si è «rallegrata» in questi giorni perché è stato accolto dall'Ue il suo ricorso contro l'uso delle sole lingue inglese, francese e tedesca in un concorso indetto appunto dall'Ue. È stato riconosciuto l'obbligo di inserire anche l'italiano. Ma ovviamente sarebbe stato riconosciuto l'obbligo di inserire anche lo svedese, o il finlandese e così via, tante quante sono le lingue delle 27 Nazioni che fanno parte dell'Unione europea, se l'avessero richiesto. È davvero «strano» questo rallegrarsi da parte dell'Italia. Evidentemente i nostri governanti non si accorgono delle enormi contraddizioni logiche nelle quali si avvolgono ogni volta che invocano la definitiva unione «politica» dell'Europa, come ha fatto di recente anche il nostro Capo dello Stato, e al tempo stesso si rallegrano di aver «ottenuto» l'uso della lingua italiana.

Non saranno concessi permessi di soggiorno «per turismo» ai cittadini di Paesi dai quali è provenuta e proviene in maggior misura l'immigrazione, quali Algeria, Marocco, Tunisia, Libia, Egitto, Albania, Romania eccetera.

L'ingresso «per turismo» sarà subordinato ad un permesso limitato a 15 giorni, eventualmente rinnovabile per accertati motivi quali la frequenza a corsi di studio, vacanze estive eccetera, sempre soggetto a controllo. La cosa più importante, per quanto riguarda le nuove normative in ognuno dei campi che stiamo prospettando, è che, contrariamente al presente, si diffonda la sicurezza che queste norme saranno rigorosamente fatte rispettare con un controllo programmato e assiduo, senza nessuna possibilità di deroga.

La sorveglianza dei confini territoriali sarà affidata alle forze militari: Aeronautica, Marina e Corpi scelti dell'Esercito. Questa sorveglianza avverrà, in base ad opportuni studi strategici, su almeno tre sbarramenti distanziati in modo che non si sia obbligati ad usare la forza se non quando siano stati superati i primi due. Anche in questo campo, però, la cosa più importante non è respingere quelli che arrivano, ma non farli arrivare. Bisognerà quindi veicolare la norma nell'aria, in modo che tutti, tanto in Italia quanto all'estero, ne siano informati esaustivamente, ma soprattutto convinti della giustezza delle motivazioni. Motivazioni che vanno distinte ma non separate fra quelle che riguardano l'Italia e quelle che riguardano coloro che abbandonano il proprio Paese per venire in Italia. Si tratta di argomenti non semplici e che debbono essere affrontati in modo scientifico, ma anche psicologico, tenendo conto delle reazioni immediate di rifiuto che scattano ormai a causa delle ideologie coltivate in proposito da oltre cinquanta anni e che qualificano nel peggiore dei modi chi sia contrario all'immigrazione. Bisogna quindi mettere in luce chiaramente che gli scopi che l'Italia si prefigge sono scopi di bene per tutti.

Prima di tutto il concetto che il territorio dove risiede un popolo è di sua proprietà: è la sua casa. Così come la casa di un individuo è inviolabile e lo Stato è tenuto a difenderne la privatezza, così è inviolabile la casa degli italiani e lo Stato è tenuto a difenderla. In questi ultimi anni, quindi, lo Stato è venuto meno al suo compito principale: difendere la casa e i beni degli italiani e tutti i governi che hanno reso sempre più facile l'immigrazione, sia con normative lassiste sia chiudendo tutti e due gli occhi davanti a quelli che non le rispettavano, debbono essere considerati dagli italiani come governi illegittimi e traditori. Naturalmente il concetto di «casa di un popolo» riguarda il territorio dove risiede un determinato popolo e quindi anche quello dal quale provengono gli immigrati. Se vengono dall'Africa, se vengono dalla Somalia, la loro casa è l'Africa, la loro casa è la Somalia, ed esse hanno diritto allo stesso rispetto che richiediamo per la nostra.

Le università per stranieri saranno abolite. Studiare in Italia e ottenervi un titolo di studio deve rappresentare un prestigio di per sé. Chi lo vuole fare si impegnerà individualmente alla conoscenza della lingua e di qualsiasi altro strumento che possa servirgli a questo scopo, senza università di comodo e facilitazioni di alcun genere. Naturalmente le università recupereranno il prestigio che hanno perso quasi tutte a causa del predominio del marxismo in tutte le scienze, alla politicizzazione delle cattedre e alla libertà di ammissione per qualsiasi studente. Non sarà permessa in alcun caso l'intrusione dei raccomandati dai partiti e l'assegnazione delle cattedre dovrà avvenire esclusivamente in base agli studi e all'intelligenza.

Saranno istituite università italiane e conservatori di musica italiani nelle maggiori città in tutti i Paesi del mondo in modo che diventino punti di studio e di ricerca tanto per gli italiani all'estero e per i loro figli, quanto per tutti coloro che vogliono studiare con le caratteristiche del metodo di pensiero, di ricerca, di composizione e di interpretazione musicale italiani. Dovranno avere le cattedre nelle università italiane e nei conservatori italiani all'estero i migliori professori e ricercatori e i migliori musicisti italiani sostenendoli ovviamente anche con maggiori contributi finanziari. Tutte le università italiane e tutti i conservatori di musica parteciperanno e promuoveranno la vita culturale, scientifica e musicale dell'Italia organizzando convegni e invitando in Italia il più possibile i professori sia italiani che stranieri.

Le ambasciate non saranno luoghi morti o quasi morti come succede attualmente e che servono soltanto a svolgere pratiche burocratiche, ma parteciperanno attivamente alla vita culturale dell'Italia collegando le università e i conservatori del Paese dove si trovano con quelli italiani. Suscitare l'impulso alla realizzazione artistica: è questa la ricchezza che l'Italia ha sempre donato e dona, in ogni aspetto della sua realtà, una ricchezza che ha sempre posseduto e che vuole continuare a possedere e a donare.

Parte seconda
L'identità italiana nell'organizzazione del potere

Conflitto di interessi

Fra governanti e governati, qualunque sia il sistema di governo, esiste fin dall'inizio un inevitabile «conflitto di interessi». Chi governa tende ad aumentare il proprio potere; chi è suddito tende a farlo diminuire. La democrazia è nata come ultima, quasi disperata scelta per tentare di eliminarlo, ma si è trattato di un'illusione. Alla fine il potere rimane nelle mani di coloro che «decidono», e costoro a poco a poco lo assolutizzano al punto da non aver quasi più bisogno di nascondersi dietro alla democrazia. È inutile cercare di chi sia la colpa: dal 1700 fino ad oggi non si è fatto altro che studiare i meccanismi psicologici, sociali, culturali, economici dell'esercizio del potere, cambiando di volta in volta o il «sistema» del potere o il «tipo» di uomini cui affidarlo, ritrovandosi poi sempre, dopo un periodo di tempo più o meno lungo, di fronte alla fase dell'accumulo e dell'assolutizzazione. Può continuare a chiamarsi «democrazia» per forza d'inerzia, anche quando ai sudditi è rimasta soltanto la pseudo-libertà del voto, senza che nessuno si ribelli, perché ribellarsi al potere costituito e ufficialmente legittimo è impossibile o quasi impossibile. Richiede, infatti, prima di tutto la certezza di averne il diritto, cosa di per sé molto ardua perché, contrariamente a quanto accadeva e ancora accade quando ci si trova sotto un governo tirannico o totalitario, nelle democrazie siamo condizionati, fin dalla nascita, ad obbedire ad autorità costituite «da noi», o meglio che crediamo siano state costituite da noi. Richiede poi in secondo luogo enormi quantità di energia, di coraggio, di denaro, di mezzi concreti, tutte cose quasi impossibili da raccogliere, riunire, sommare nel medesimo momento e in un solo gruppo. Di fatto, perciò, la soglia della rottura scatta soltanto se e quando si verifica una determinata contingenza storica.

Questa contingenza storica è scattata in Italia nel mese di febbraio dell'anno 2013. Come abbiamo visto, sono crollati contemporaneamente il Parlamento e il Papato. Ma il loro logoramento durava già da molto tempo tanto sul piano religioso quanto su quello politico, e in ambedue le istituzioni a causa di un accumulo di potere assolutamente fuori da ogni norma. Nella Chiesa, come abbiamo già accennato, per l'accentramento di ogni potere, sia teologico che amministrativo, nella Curia Vaticana e nella persona dei Papi. Nello Stato per l'assoluto accentramento del potere nel sistema referenziale partitico che, elezioni o meno, ha tolto ogni possibilità ai cittadini di interferire con le decisioni dei quattro o cinque politici a capo dei partiti.

L'accumulo di potere comporta sempre un aumento della corruzione (che in un certo senso è «normale» e ineliminabile in ogni sistema di potere) e cresce enormemente nei sistemi in cui l'accumulo di potere non è legittimo, ossia quando non è autorizzato da leggi come nei sistemi monarchici o dittatoriali. Corruzione di ogni genere: favoritismo, nepotismo, sesso, droghe, e soprattutto arricchimento. Tutti sistemi che aumentano il potere aumentando la corruzione in un circolo vizioso interminabile. Durante l'inchiesta di Mani pulite Antonio Di Pietro definì in modo perfetto la situazione sulla quale stava indagando: «dazione ambientale». Definizione rimasta celebre ma che oggi forse non sarebbe sufficiente a dare un'idea del livello di ottundimento etico e di degrado morale cui sono giunti politici e sudditi, amministratori e amministrati. Il sistema: «aumento del potere quindi aumento dell'arricchimento quindi aumento della corruzione quindi aumento del potere...» è giunto al limite della perfezione occupando o estendendo alla politica sempre nuovi posti di potere tramite la corruzione e viceversa. Non esiste più alcuna carica ormai che sfugga alla politicizzazione, all'insaziabile fame dei politici. La testimonianza forse più accurata di un sistema che ha collegato la mafia, la 'ndrangheta, nella qualità di fornitrici di manovalanza per la criminalità, i politici di ogni livello, gli imprenditori, i cosiddetti «faccendieri», i banchieri, l'alta finanza, lo Ior, monsignori, vescovi, cardinali, massoni, è contenuta nel libro di Galeazzi e Pinotti: *Vaticano massone*, che oltre all'approfondimento delle vicende che coinvolgono direttamente il mondo ecclesiastico e la banca vaticana, è utilissimo come quadro d'insieme della fittissima rete corruttiva che sorregge e attraversa il potere in Italia.[1]

In Italia la politicizzazione è andata di pari passo con l'accaparramento di tutte le funzioni sociali da parte dello Stato. La statizzazione del cittadino è diventata statizzazione della «persona» e a poco a poco lo Stato se n'è impossessato fino a ottenere il diritto di vita e di morte su ognuno dei suoi sudditi. È sufficiente pensare, a questo proposito, che i trapianti d'organo si possono effettuare soltanto nelle strutture sanitarie dello Stato e che la dichiarazione di «morte cerebrale» è compito esclusivo dell'équipe designata dallo Stato. Non è stata presa nella minima considerazione la proposta dell'inserimento nell'équipe di un perito della famiglia per l'accertamento dell'attività cerebrale prima dell'espianto. (A questo proposito avrebbe dovuto essere evidente, e precisato in

[1] Giacomo Galeazzi – Ferruccio Pinotti, *Vaticano massone. Logge, denaro e poteri occulti: il lato segreto della Chiesa di papa Francesco*, Piemme, Milano 2013.

una specifica normativa, che è inibito l'accesso a una qualsiasi carica politica a chi, come il chirurgo di trapianti, decide della vita e della morte delle persone. Purtroppo questo caso si è verificato, come è noto, nell'elezione a sindaco di Roma del trapiantista Ignazio Marino.) Lo Stato socialista, quale è quello italiano, gestisce tutti i bisogni della «persona»: la sanità, la scuola di ogni ordine e grado, le università, le pensioni, ma nessuno Stato socialista è mai sfuggito, in nessuno dei luoghi dove è stato realizzato, alla corruzione politica, al dominio assoluto sulla vita e sul pensiero dei cittadini, all'impoverimento della maggior parte della popolazione e alla fine al crollo di tutte le strutture che lo reggevano. Come abbiamo già visto, in Italia è stata la simultaneità della fase finale della corruzione nei due poteri fondamentali a far scattare la soglia della rottura. Fino a quando è stato possibile si sono viceversa tenuti per mano l'uno con l'altro tanto che lo Stato ha chiuso totalmente gli occhi e non ha mai perseguito la corruzione nell'ambito ecclesiastico neanche quando le inchieste della magistratura riuscivano a dimostrarne tutta l'estensione e la pericolosità.

Nessuna istituzione, dunque, né laica né ecclesiastica, se n'è dimostrata immune. Come abbiamo detto, le inchieste della magistratura hanno colpito ovunque, in basso e in alto: partiti, Regioni, Province, Comuni, banche, ospedali, movimenti cattolici come l'Opus Dei. La Regione Lombardia e la Regione Lazio, che per la loro ampiezza ed importanza erano guardate come pilastri dell'amministrazione regionale italiana, hanno dimostrato di essere permeabili ad ogni tipo di corruzione. La presenza di un determinato partito o di un determinato personaggio non cambia nulla nel sistema e non salvaguarda i cittadini da nessuna forma d'inquinamento. Che nelle amministrazioni sieda un membro della Lega, o del Partito democratico o del Popolo della libertà non fa differenza: il sistema corruttivo si regge ormai sulle proprie gambe. Lo stesso dicasi per i singoli amministratori: che siano cattolici o addirittura sacerdoti come nel caso di don Luigi Verzè, l'immenso potere e l'immenso flusso di denaro di cui dispongono li travolge. La vicenda dell'ospedale San Raffaele di Milano ne rappresenta in un certo senso un caso tragicamente esemplare. Così come sembra rappresentarne un caso esemplare il suicidio, anch'esso alla luce del sole e nel luogo di lavoro, del funzionario del Monte dei Paschi di Siena David Rossi che si è gettato dalla finestra del suo ufficio senza lasciare scritta nessuna motivazione del suo gesto (almeno così ci è stato detto).

Monte dei Paschi di Siena! Pare che si riferisse proprio a questa banca l'esclamazione intercettata al telefono dell'esponente del Pd Fassino: «Abbiamo una banca», e pare concludersi, con questa frase di un esponente del Partito democratico e con un suicidio di cui non ci è stata data nessuna spiegazione,[2] la definitiva sconsacrazione di un'opera creata dallo spirito di carità del cristianesimo medioevale. Il Monte dei Paschi, infatti, è nato, come tutti i Monti di Pietà, per concedere dei prestiti ai piccoli artigiani e piccoli commercianti sottraendoli all'impegno dei debiti ad altissimo interesse richiesto dagli usurai, debiti dai quali poi non erano più in grado di liberarsi. Talmente limpido questo scopo di soccorso economico a chi non aveva capitali di nessun genere cui attingere tranne le proprie braccia, che lo Statuto dei vari Monti di Pietà, sorti da allora un po' ovunque in Italia, includeva una clausola, imposta da uno dei più famosi predicatori popolari dell'epoca, il francescano Bernardino da Feltre, che proibiva di prendere come cauzione

[2] L'nchiesta della magistratura ha archiviato il caso, come abbiamo visto, senza fare il minimo riferimento alle condizioni di gravi irregolarità nelle operazioni della banca. La famiglia sta cercando qualche verità, ma non sembra che ci sia molta buona volontà da parte di nessuno per chiarire i motivi di questo terribile gesto.

del prestito gli strumenti di lavoro del debitore.[3] Il concetto di «lavoro», il rispetto per il «lavoratore» e per le sue braccia, come si vede, non è nato con Marx. Il primo a metterne in luce il valore è stato un frate italiano: Benedetto da Norcia, ripreso e imitato poi da tutti gli Ordini religiosi che sono nati dopo di lui e che hanno adottato la sua regola di vita riassunta in uno schema semplicissimo: *ora et labora*. Un detto positivo, in cui il lavoro è talmente bello e fruttuoso da essere equiparato alla preghiera: «lavorare è pregare», lontanissimo da quel lavoro come fatica e condanna prospettato da Marx.

Per creare nuove istituzioni del potere è indispensabile per prima cosa tenere presente il conflitto di interessi fra chi lo detiene e chi lo subisce e cercare di «tamponarlo» il più possibile. Questo significa che tutto l'ordinamento oggi esistente va eliminato. Cosa che sarà senza dubbio più facile una volta cancellato il principio della sua sacralità e di ciò che ne è disceso: il Parlamento e la «rappresentanza». Se vi si pensa, appunto, al di fuori della sacralità, quale buon senso potrà mai esservi nel lasciare ai detentori del potere come i parlamentari, la decisione sull'ammontare del proprio stipendio, delle proprie pensioni, su tutto quello insomma che li riguarda come persone e che è fondamentale per una vita libera e comoda? Sono tanto convinti che sia loro diritto fissare il proprio stipendio che nei primi giorni della legislatura abbiamo assistito (marzo 2013) all'esibizione da parte dei presidenti della Camera e del Senato di gesti di goffa pseudo-generosità, in riconoscimento della crisi economica in cui si dibatte la Nazione, con la spontanea rinunzia a percentuali (pare il 30 per cento) della propria retribuzione. Privi di pudore e di una pur minima sensibilità, neanche si accorgono di offendere ognuno dei loro sud-

[3] Bernardino da Feltre, *De Monte Pietatis Papie erigendo*, Sermone 55, in *Sermoni del beato Bernardino Tomitano da Feltre*, Cassa di Risparmio delle Province Lombarde, Milano 1964, vol. II, pp. 185-193.

diti buttandogli in faccia l'assolutezza della loro «differenza»: la sovranità sul proprio reddito e la possibilità di aumentarlo quanto vogliono, così pure di toglierne, nella sua enorme abbondanza, una parte cospicua senza il timore comune a tutti i normali sudditi-lavoratori di non riuscire a giungere alla fine del mese.

Le diatribe che accompagnano i grillini fin dai primi giorni del loro arrivo in Parlamento proprio sulla questione della retribuzione sono per certi aspetti «esemplari». È talmente sacra questa retribuzione che non riescono a deciderne l'entità, cosa che avviene normalmente in un attimo quando si tratta della retribuzione dei normali cittadini. Il governo Monti ha semplicemente emanato un decreto per decurtare le pensioni, perfino quelle al minimo, in omaggio alla crisi dell'euro e delle banche e non ha trovato davanti a sé alcuna difficoltà: l'ha deciso e basta. Il Parlamento ha approvato.

Sempre in base alla sacralità della loro carica sono i parlamentari stessi a dover decidere entro quali limiti la magistratura possa inquisirli. Questo eccesso di tutela poteva forse trovare delle giustificazioni nei sistemi di potere assoluti (monarchie, imperi) in cui sono apparse le prime Camere di rappresentanza parlamentare, nel timore che potesse essere repressa la loro libertà, ma non ha ovviamente più alcun senso nelle attuali democrazie dove l'unica cosa che si può (e si deve) temere è al contrario l'eccesso di libertà, un eccesso che favorisce la corruzione sotto tutti gli aspetti, quelli politici tanto quanto quelli finanziari.

Mai più un Capo

Adesso dunque che in Europa il Sacro è evaporato senza che nessuno ne abbia neanche parlato, si può proporre un'organizzazione del tutto nuova proprio partendo da questo dato di fatto: niente sacralità del potere, quindi niente Parlamento, niente Costituzione e così via. Al posto della Costituzione potrà essere elaborato un semplice regolamento per la struttura dello Stato, privo di qualsiasi enfasi di carattere biblico e senza pretese etiche universali. Sapremo bene come deve essere pensato e formulato questo regolamento, proprio analizzando la Costituzione attuale e cercando di stabilire delle norme opposte, dato che è stata scritta avendo come principio lo scopo di escludere i cittadini dal potere. Un'esclusione così totale che i politici hanno potuto togliere agli italiani l'indipendenza e la sovranità del loro Stato senza neanche dirglielo, semplicemente firmando il Trattato di Maastricht. È certo che i governanti hanno tradito i cittadini e che hanno tradito l'Italia, utilizzando l'articolo 11, quello che esclude la possibilità di referendum nella politica estera, per costruire quell'impero europeo di cui non c'è la minima traccia nella Costituzione tanto che non vi compare il nome «Europa» e si parla di una sola bandiera, quella bianca rossa e verde. Ma rimane il fatto che in base alla Costituzione i politici non possono essere accusati di questo tragico tradimento. L'unica concessione fatta ai cittadini sono i referendum popolari che però si presentano chiaramente come «eccezioni», come qualcosa che dispiace ai politici e che sembra ledere la loro autorità tanto da essere permessi soltanto in forma abrogativa. Per riuscire a proporre una legge di iniziativa popolare, invece, il meccanismo che l'autorizza è talmente oneroso che in pratica può riuscire ad adempierne le prescrizioni esclusivamente un partito o un'associazione che disponga di molte forze e di molti finanziamenti.

Malgrado tutte queste precauzioni, gli animi sospettosi di coloro che hanno scritto la Costituzione italiana hanno messo al sicuro, escludendoli del tutto anche da qualsiasi referendum, gli unici due campi dove si esercita il vero potere: quello fiscale e quello della politica estera.

Ed è infatti soprattutto in questi due campi che i governanti hanno scatenato il massimo della loro capacità di sopraffazione. C'era forse bisogno della maschera di una «Costituzione» per nascondere agli occhi di chiunque avesse considerato nella loro realtà queste due esclusioni, il fatto che viceversa era stata costruita una dittatura? È nell'assolutezza della dittatura che è stata imposta agli italiani l'unificazione europea, la perdita dell'indipendenza, la perdita della sovranità monetaria e l'obbligo della moneta unica. È nell'assolutezza della dittatura che Giuliano Amato ha prelevato di notte dai conti correnti in banca il denaro risparmiato dai cittadini. È nell'assolutezza della dittatura che Mario Monti ha imposto tassazioni di ogni genere, controlli e limitazioni bolsceviche sui movimenti di denaro e sui conti correnti, togliendo ai sudditi il diritto ad una anche minima libertà e privatezza nell'uso del proprio denaro e di conseguenza in ogni gesto, in ogni aspetto della vita. Tutto lecito perché appunto nei campi della politica estera e in quello fiscale. Ma tutto lecito soprattutto perché la Costituzione è stata scritta con intenti truffaldini. Truffaldini sia nella sostanza di ciò che afferma, sia nella genericità e nell'ambiguità delle formulazioni che danno adito, quindi, a interpretazioni molto lontane da ciò che sembrerebbe logico ad una normale lettura. Saranno sufficienti pochi esempi.

Pur essendo previsto il reato di «tradimento», in tutta la storia dell'Italia repubblicana non è stato mai accusato nessun politico di tale reato. Il sistema della corruzione e delle tangenti esteso a tutti i campi del potere, quel sistema messo in luce da Mani pulite, ha costretto molti esponenti dei maggiori partiti a sparire dalla vita politica, ma nessuno è stato accusato di aver tradito la Repubblica. Eppure i ministri «giurano» fedeltà alla Repubblica quando assumono la carica. Ma evidentemente il «tradimento» di cui parla la Costituzione ha le sue radici in cielo... Sulla terra non si verifica mai.

In base allo stesso ragionamento non abbiamo il diritto di meravigliarci se, pur essendo scritto nella Costituzione che l'Italia rifiuta la guerra come strumento di aggressione e di risoluzione delle controversie internazionali, abbiamo fatto invece numerose guerre, da quella in Iraq a quella nel Kossovo, in Afghanistan, in Libia, semplicemente non chiamandole «guerre».

Cosa dire poi dell'affermazione che il parlamentare, una volta eletto, non è legato dal vincolo del mandato ed è libero quindi di fare anche il contrario di quanto aveva promesso ai suoi elettori? Si tratta di un'affermazione talmente spudorata che non si riesce ad immaginare come possa essere stata scritta in una Costituzione e come i cittadini possano conservare la pur minima fiducia nei propri rappresentanti. Così pure è in base all'articolo 11, che l'Italia ha rinunciato alla sovranità monetaria aderendo alla moneta unica. Si può mai pensare che il denaro che portiamo in tasca e del quale ci serviamo ogni giorno, sia materia di «politica estera»? L'articolo 11, però, è stato pensato e formulato appositamente da uno dei padri costituenti, il banchiere Luigi Einaudi, in vista della futura moneta unica, con lo spirito truffaldino che contraddistingue i banchieri in ognuna delle loro azioni e che si dispiegano al meglio quando il loro potere si estende dagli affari economici a quelli di governo politico. In Italia ne abbiamo avuto e ne abbiamo delle prove così esaurienti che ci si domanda come sia possibile che ancora oggi quando sto scrivendo queste righe, gli italiani sopportino di essere governati nell'orribile modo in cui governano i banchieri: inginocchiarsi davanti al dio euro e basta.

Adesso sappiamo però con sicurezza almeno una cosa: che con la fine della sacralità possiamo pensare alla gestione del potere esclusivamente come ad una funzione assegnata a singoli individui, i quali la svolgono per un tempo preordinato in base ad alcune competenze, vengono pagati in qualità di dipendenti dello Stato e possono essere licenziati in qualsiasi momento se il loro lavoro non soddisfa. Non esisteranno i «partiti», una delle cause maggiori della prevaricazione sui cittadini con la costituzione della «Classe del Potere», con i professionisti della politica che si autogenerano in famiglie ed eredi dinastici esattamente come un tempo la classe dei nobili. Sarebbe molto istruttivo, a questo proposito, fare un'analisi accurata della rete parentale esistente già da moltissimi anni nel Parlamento italiano, cosa che è favorita dal sistema delle elezioni perché, come accade in ogni campo della società moderna e che i pubblicitari conoscono benissimo, è sufficiente un nome già noto ad attirare l'attenzione e la fiducia del pubblico.

Ammesso che si voglia conservare, fino a quando non si sarà trovata una forma migliore, un'assemblea del tipo «Parlamento», questa sarà una sola (escludendo quindi la suddivisione in deputati e senatori) formata da un numero molto ristretto di persone (non più di trecento) delegate da ogni categoria di lavoratori che ne sceglierà due fra gli appartenenti alle singole associazioni, con l'esclusione degli appartenenti ai sindacati. Questa è soltanto una traccia che dovrà ovviamente essere ben studiata prima di diventare funzionale e operante. Quello che deve essere chiaro è che non ci saranno i partiti, né le ideologie coltivate nei partiti a governare l'Italia, ma le competenze. Le decisioni verranno prese in base alla discussione sulla loro ragionevolezza e funzionalità abolendo del tutto il presupposto della maggioranza e dell'opposizione. La maggioranza si formerà di volta in volta sulla base degli argomenti in causa e su quello che sembrerà più giusto in quel determinato caso. Non sarà perciò mai predeterminata da appartenenze che non abbiano a che fare con la competenza, con la capacità critica e la sensibilità etica di ciascuno nei confronti del bene comune. Non si sarà al sicuro dagli errori, è ovvio; ma questi saranno sicuramente molto inferiori a quelli compiuti da persone prive di competenza e guidate esclusivamente dall'interesse «politico», ossia da quello personale o del proprio partito.

Una delle ipotesi possibili è che ogni categoria di lavoratori elegga due appartenenti alla propria associazione per avere l'incarico di governare in uno specifico campo: gli idraulici due idraulici, gli elettricisti due elettricisti, e così via. Se qualcuno pensa a questo punto che si ritorni così alle Corporazioni, lasceremo che lo pensi dato che non si capisce che cosa ci sia di male. Le Corporazioni, frutto di normale buon senso, sono esistite fino dall'antichità e hanno assolto alle loro funzioni ottimamente tanto che durante il Medioevo hanno rappresentato una delle strutture portanti della società. Il fatto che siano state adottate dal fascismo (motivo non dichiarato dell'avversione che suscita subito il termine «corporazione») non pregiudica in nulla la loro funzionalità e sarebbe sciocco «evitarle» per questo motivo.

Non potranno essere eletti esponenti del Clero cristiano né di qualsiasi altra confessione religiosa. I motivi sono evidenti: hanno degli obblighi assoluti nei confronti delle istituzioni da cui dipendono.

Non potranno essere eletti a cariche di governo i militari di carriera, a qualsiasi arma appartengano, anche se dimissionari o in pensione.

Non potranno essere eletti a cariche di governo i magistrati, anche se dimissionari o in pensione.

Il Parlamento (o meglio l'assemblea che ne prenderà il posto) durerà in carica quattro anni e non potrà essere sciolto prima della scadenza salvo casi eccezionali. Le cariche importanti non saranno mai gestite da una sola persona, come attualmente, ma da due alla pari, come già la saggezza della Roma repubblicana aveva predisposto. Il governo, quindi, sarà formato a coppie di ministri per i vari ministeri e i capi, i responsabili di un qualsiasi ufficio statale o comunale saranno sempre due a parità di potere. La figura del «Capo» al singolare non esisterà più: capo ufficio, preside di scuola, direttore di dipartimento e così via saranno sempre due. Non ci sarà un Capo dello Stato, ma saranno i due Capi del governo in carica a rappresentare lo Stato nelle funzioni ufficiali. Non succederà più quindi, che la presidenza della Repubblica dia luogo a una carica dittatoriale come è successo più volte e in modo da «tradimento» durante la presidenza di Giorgio Napolitano.

Le condizioni di salute fisica e mentale di tutti gli incaricati del governo saranno accertate prima della nomina da un'apposita commissione medica.

È abolito il diritto di «grazia». Ogni detenuto, chiunque egli sia e quali che siano stati i suoi reati, usufruirà degli sconti di pena previsti in base al suo comportamento dall'ordinamento giudiziario, e non ci saranno eccezioni. Se le sue condizioni di salute non permetteranno la permanenza in carcere, sarà trasferito in un ospedale appositamente organizzato per la cura dei carcerati e la pena diventerà simbolica, con il massimo di umanità, nel caso che le sue condizioni di salute fossero gravi.

La separazione dei poteri deve rimanere tale sempre e in concreto. I magistrati nomineranno i propri due capi all'interno del proprio Ordine e non potranno organizzarsi in associazioni ideologiche, politiche, sindacali, di nessun genere.

I magistrati, come abbiamo già precisato, non potranno accedere alla vita politica. Chi sceglie di fare il magistrato deve credere e amare la magistratura sopra ogni altra cosa, essere convinto che anche il naso di Cleopatra farebbe ombra alla sua integrità, sapere che rimarrà legato per sempre alla magistratura. Non potrà quindi, come succede oggi, scegliere i processi e determinati modi di gestire i processi per raggiungere una notorietà che gli renda facile l'elezione a parlamentare.

Il limite minimo di età per l'elezione alle cariche politiche sarà fissato a ventiquattro anni. Il limite massimo non oltre i settant'anni. La maggiore età, oggi fissata a diciotto anni, non coincide né con la maturità biologica che, soprattutto nelle femmine, è molto anticipata in confronto al passato, né con quella psico-socio-culturale che viceversa è molto più difficile da conquistare data la complessità del mondo attuale. L'allungamento straordinario della durata media della vita deve essere messo al centro di tutte le normative esistenti, come abbiamo già visto per quanto riguarda l'organizzazione del lavoro.

Ogni carica istituzionale è incompatibile con le altre.

La retribuzione dei parlamentari sarà stabilita da un organismo esterno al Parlamento con un apposito sistema di aggancio alle altre cariche direttive dello Stato. Questo problema sarà studiato in particolar modo nel Controlaboratorio insieme anche alla funzione della Corte dei Conti che oggi è chiaramente ininfluente sull'etica e sul controllo dei comportamenti di spesa delle istituzioni. Non potrà e non dovrà mai più succedere quanto sta accadendo nel Parlamento attuale che siano i parlamentari stessi a diminuirsi o aumentarsi lo stipendio.

È abolita l'istituzione dei senatori a vita, idea forse in origine abbastanza suggestiva, visto che avrebbe dovuto essere una personalità della cultura e dell'arte a onorare l'Italia accettando di partecipare alla sua vita politica. È diventata invece, come tutto quello che «toccano» i politici, soltanto un'orrida caricatura di se stessa, sfruttata esclusivamente a fini politici. Sono sufficienti esempi come quello di Andreotti e di Monti. Andreotti nominato esclusivamente per salvarlo dai processi per mafia nei quali era implicato e truffando ovviamente il dettato della Costituzione che richiede che si sia illustrata l'Italia con contributi culturali e artistici, visto che era stato sempre e soltanto un politico. La nomina di Mario Monti, invece, ha dato la misura delle qualità etiche e dello spirito di servizio di una persona che pare abbia posto questa nomina come condizione per acconsentire alla richiesta di Napolitano di assumere la carica di capo del governo durante la crisi economica. Naturalmente Napolitano è venuto meno anch'egli al dettato della Costituzione (e Berlusconi insieme a lui avendo controfirmato questa nomina) visto che Mario Monti non ha mai illustrato culturalmente o artisticamente alcunché, ma appunto, come abbiamo detto, non si deve lasciare ai politici nessuno spiraglio attraverso il quale possano allargare il proprio potere perché è certo che se ne impadroniranno per il proprio esclusivo interesse privatopolitico (due termini che sono tutt'uno e che di conseguenza scrivo unificandoli).

Non ci sarà del resto bisogno di questo angolo appartato perché le personalità dell'arte così come di ogni altro campo della vita culturale e scientifica contribuiranno direttamente al governo dello Stato proprio in base al loro sapere. Non succederà in nessun caso ciò cui assistiamo oggi con il governo Letta, un governo che, come abbiamo già osservato in precedenza, umilia gli italiani ai propri occhi e a quelli del mondo visto che vi si trovano ministri privi di qualsiasi titolo professionale nel campo al quale sono preposti.

Tutte le cariche politiche avranno la durata di quattro anni e non sarà possibile ricoprirle più di due volte non consecutive. Questo è un punto determinante e in ogni caso non deve diventare automatico o abituale un secondo incarico. Questo sarà visto, invece, come un'eccezione (salvo che, dopo aver sperimentato questo tipo di organizzazione politica, ci si convinca che l'«apprendimento» concreto nella gestione del potere si avvantaggi del tempo e delle esperienze fatte più a lungo). In nessun caso l'esercizio del potere deve diventare una «professione» a sé stante, ma deve essere sempre congiunto all'effettiva professione che ognuno degli eletti svolge normalmente. È indispensabile che le cariche istituzionali siano ricoperte da persone che ne abbiano la capacità morale e tecnica. Per questo le associazioni professionali sceglieranno non soltanto i migliori e i più capaci nell'ambito dei propri iscritti in modo che ognuno abbia conoscenza dei problemi del settore nel quale si troverà a legiferare, ma anche quelli forniti di particolare sensibilità morale. Bisogna insistere su tutti e due questi punti in quanto sono indispensabili e connessi l'uno all'altro. La capacità morale, la sensibilità etica, in chi è preposto a governare, a fare leggi, a decidere della vita di un popolo, non può essere limitata al fatto di non aver commesso reati, anche se ovviamente questo è un presupposto inderogabile. Ne abbiamo avuto di recente un bell'esempio. Il 21 giugno scorso, infatti, si è scoperto che il ministro allo Sport e alle Pari opportunità del governo Letta, Josefa Idem, campionessa di gare con la canoa e chiamata a fare il ministro esclusivamente grazie a questo titolo, ha commesso degli illeciti edilizi e non ha pagato alcune tasse. La signora Idem ha dichiarato però, con tranquillo disprezzo verso la sua carica e verso i sessanta milioni di cittadini continuamente accusati del massimo dell'immoralità per aver nascosto qualche cosa al fisco, che pagherà ciò che deve come fanno i comuni cittadini e che non si dimette. Questa è appunto l'insensibilità morale. (Successivamente il capo del governo l'ha convinta, o «obbligata» a dimettersi.)

I governanti saranno sempre strettamente coadiuvati dai funzionari e dirigenti dell'amministrazione pubblica il cui nome figurerà in ogni decreto e normativa approvata dal governo. In definitiva la cosa che più conta è che i governanti siano direttamente competenti in un determinato campo eliminando il più possibile l'attuale macchinoso e oscuro sistema delle Commissioni, sempre chiuse nel cerchio dei parlamentari, i quali a loro volta nominano, a pagamento, degli esperti, anche questi «vicini», in un modo o nell'altro, ai loro interessi politici oppure, come spesso capita, familistici. Tutte le normative riguarderanno anche i sindaci e gli assessori, i quali dipenderanno anch'essi dallo Stato centrale, saranno sempre in due e dureranno in carica tre anni con la possibilità (comunque eccezionale) del reincarico una sola volta non consecutiva.

Regioni e Province saranno abolite. Molte delle loro funzioni, diventate abnormi sia dal punto di vista del potere, sia dal punto di vista economico, saranno svolte normalmente, quando non superflue e pertanto eliminate, dai tanti istituti già esistenti e da enti privati, come del resto è avvenuto per tanti anni prima che la fame di poltrone, di potere e di denaro inducesse i politici ad ampliare le strutture politico-amministrative al punto di creare con le Regioni dei veri e propri piccoli «Stati» di cui si sono solennemente dichiarati «Governatori», in cerca di una vaga, e ovviamente grottesca, analogia con gli Stati Uniti d'America.

L'Europa pietra d'inciampo

Sono passati circa settant'anni da quando è stata progettata l'unificazione europea e le conseguenze sono state catastrofiche per tutti gli Stati che vi hanno aderito. Le Nazioni hanno perso la libertà e l'indipendenza, quella libertà e quell'indipendenza che erano state conquistate con le durissime lotte, con l'eroismo e la morte dei patrioti dell'Ottocento e della Prima guerra mondiale. Ma è davvero incredibile e senza senso che abbia potuto perdere l'indipendenza e la libertà proprio quell'Italia che le aveva inseguite disperatamente attraverso i secoli e che le aveva conquistate, cosa che non è successa a nessun popolo al mondo, combattendo, oltre che contro tanti nemici e tante Nazioni immensamente più forti, anche contro i Papi, i «rappresentanti di Dio» in terra.

Pensando anche soltanto a uno dei casi che ci angosciano oggi, quello della Grecia, provocato dalla sua partecipazione all'Unione europea, non dobbiamo ricordare almeno che per la sua indipendenza, per la sua libertà, sono andati a combattere e morire tutti i patrioti d'Europa? Non dobbiamo ricordare che sono rimaste lì, sulla sua terra finalmente libera, le spoglie di due eroi così diversi eppure così ugualmente innamorati della Grecia, Patria dei poeti, da dare la vita per la sua libertà come Santorre di Santarosa e George Byron? Come è possibile sopportare di vederla adesso nelle condizioni disperate in cui si trova soltanto perché i suoi governanti hanno deciso di cancellarne la storia entrando a far parte dell'impero europeo? Dopo settanta anni di tentativi falliti, dopo le tragiche vicende di una crisi che è tutt'altro che una crisi ma una catastrofe economica, politica, culturale, morale quale le Nazioni europee non avevano mai vissuto,[4] si sentono risuonare per l'ennesima volta in questi giorni, le parole dei piccoli dittatori che governano (che fingono di governare) la Grecia, l'Italia, la Francia e che affermano, come ha fatto François Hollande nel suo discorso alla Nazione del 16 maggio 2013: «Nei prossimi due anni faremo l'unione politica europea». Non ha ripetuto le stesse parole il capo del governo italiano Enrico Letta, visitando la Grecia due mesi dopo (26-27 luglio), ma ha detto qualcosa di ancora più cinico, nel più assoluto disprezzo per un popolo ridotto in condizioni miserrime a causa dell'euro. Si è infatti rivolto ai greci incitandoli a riconciliarsi con l'Europa, a disperdere i sentimenti euroscettici e ad affrontare «con

[4] *L'Europa è un bluff: in morte di un'ideologia*; *Alla guerra dell'euro, Quanto ci costa quest'agonia*, in «Limes», 1 (2006) e 6 (2011).

entusiasmo» nel prossimo anno le elezioni per il Parlamento europeo. Se non fosse assodato già da molti anni quali siano le caratteristiche indispensabili per far parte del ristrettissimo gruppo degli operatori euromondialisti, potremmo forse stupirci di una tale atonia affettiva, o almeno di una tale apparente atonia affettiva. Ma il comportamento e il linguaggio corrispondono alla fredda maschera dei volti che si somigliano tutti in modo impressionante, quasi fossero stati plasmati in un unico calco: Trichet, Duisenberg, Barroso, Draghi, Strauss-Kahn, Monti, Lagarde, Ashton, Letta...

L'aspetto più grottesco di questa situazione già così tragica sono le vuote chiacchiere dei difensori dell'Europa. Chi non ha sentito ripetere innumerevoli volte il ritornello che, senza l'adesione all'euro, l'inflazione sarebbe stata gravissima portando alla svalutazione della dracma? Ritornello che del resto viene ripetuto anche negli altri Paesi, come la Spagna, il Portogallo, l'Italia (tutti riuniti dalla finanza mondiale nel nefando recinto dei «maiali» o *pigs*), che soffrono più o meno quanto la Grecia per le conseguenze della crisi economica. Il prelievo forzoso del 20 per cento sui conti correnti, deciso dai banchieri d'Europa per Cipro, agli effetti pratici è forse diverso da una fortissima svalutazione? Lo è per la sua gravità come espropriazione diretta dei risparmi dei cittadini; lo è perché ha scavalcato i governanti ciprioti costringendoli ad ubbidire alla «troika», barbara istituzione di sorveglianza-giudizio-condanna-esecuzione, copiata da quella creata dal governo sovietico per controllare e punire qualsiasi «disobbedienza». Non hanno fatto neanche lo sforzo di cambiare il termine che identificava soltanto con il nome «troika» (tre) il terribile Tribunale costituito per legge da persone di cui doveva rimanere segreta l'identità. Anche di questi manovratori della finanza euromondiale non ci dicono mai i nomi, sebbene si finga di vivere in democrazia.

«Un'idea orribile»

Come ci si può difendere dalla volontà truffaldina con la quale è stata imposta l'unificazione europea e la sua moneta, visto che politici e giornalisti, in combutta fra loro, favoriscono la circolazione degli pseudo-ragionamenti che il Laboratorio per la Distruzione inventa appositamente? Tutti sanno che il passaggio all'euro ha comportato quasi ovunque un'immediata, gravosissima svalutazione, dovuta all'insieme dei fattori negativi del progetto europeista, ma in particolare dovuta all'idea stessa di una moneta comune fra Paesi con produzioni molto diverse e al tempo stesso legati ai parametri fissati nel Trattato di Maastricht. È stato Amartya Sen, premio Nobel per l'economia, ad affermare in una intervista al «Corriere della Sera» che «l'euro è stata un'idea orribile» e che «i parametri di Maastricht sono arbitrari ed economicamente insensati». Affermazioni quasi incredibili per la loro gravità e per la competenza della persona che le ha pronunciate. Ebbene, nessuno ha risposto, né i politici, né i ministri, né i banchieri: insomma, nessuno. Amartya Sen poi non è il solo. Sono molto numerosi gli economisti che hanno espresso opinioni simili lungo il corso degli anni, mai ascoltati però dai politici. Del resto nessuno si chiede neanche perché si possa discutere all'infinito dei piedi più o meno pregevoli di Balotelli, ma non si possa e non si debba fare neanche la minima discussione sul problema principale della politica italiana: il rapporto con l'Europa.

Strani errori dei banchieri più bravi

Per quanto riguarda l'Italia, si è aggiunto all'errore di partenza compiuto con l'adesione all'euro il folle rapporto di cambio fissato da Ciampi e da Prodi, insieme agli altri governanti e ministri dell'Economia dell'area euro, un errore così madornale che ha comportato l'immediata svalutazione della metà del suo valore. Ma si è trattato davvero di un errore? Il cambio è stato deciso in modo assolutamente consapevole, come del resto è avvenuto per tutte le altre norme riguardanti l'unificazione; è stato il comune buon senso a giudicarle come «errori», essendo impossibile per dei cittadini «normali», supporre che si sia trattato di decisioni prese volutamente allo scopo di distruggere l'economia dei singoli Stati. Nessuno, poi, come abbiamo già detto, ha fatto il calcolo di quanto debbono aver guadagnato personalmente i singoli operatori. Non mi sembra di aver mai sentito accennare (e il silenzio in proposito appare molto significativo) alla possibilità che tutti coloro che erano a conoscenza di quale sarebbe stato il cambio delle singole monete con l'euro prima dell'apertura dei mercati abbiano potuto fare buoni affari. Così come non ho trovato in nessuno dei tanti libri che ho letto sull'Europa e sull'euro negli anni trascorsi dalla firma di Maastricht fino a oggi neanche il più piccolo accenno all'ipotesi che, con l'adozione di una moneta comune, si tendesse consapevolmente a danneggiare i singoli Stati. Non l'ho trovato neppure nelle analisi degli economisti più critici nei confronti dell'euro e neanche in quelli che hanno cominciato soltanto in quest'ultimo periodo, davanti agli effetti terribili della crisi, a proporre la possibilità e la convenienza per i Paesi più indebitati di ritornare alla valuta nazionale. Proposta molto dettagliata in tal senso si trova, per esempio, nel saggio *Europa Kaputt* dell'economista Antonio Maria Rinaldi,[5] un autore che non esita nella sua analisi a mettere in luce gli enormi errori compiuti da politici ed economisti nella costruzione di un'area di

[5] Antonio Maria Rinaldi, *Europa Kaputt: (S)venduti all'euro*, Piscopo editore, Roma 2013.

mercato e di moneta comune in Europa. Non esita ad affermare i gravissimi errori compiuti pure un noto economista e politico tedesco quale Thilo Sarrazin, il quale esce anche dallo stretto ridotto in cui si sono asserragliati economisti e banchieri, per accennare a ciò che tutti sanno ma che nessuno dice esplicitamente, ossia che la Germania ha dovuto espiare, e non finirà mai di espiare, i crimini nazisti accollandosi, con la rinuncia al marco, la parte più pesante dell'unificazione.[6] Il fatto che abbia finito poi col guadagnarci economicamente non cambia nulla alla motivazione di partenza, per la quale non può neanche oggi sottrarsi all'Europa, anche se molti tedeschi lo vorrebbero.

Stiamo parlando in ogni caso di riflessioni e di libri che hanno cominciato a circolare soltanto in questi ultimi anni, quelli della crisi. Ma per degli studiosi seri e competenti quali quelli cui abbiamo accennato, il progetto del mercato unico e della moneta unica avrebbe dovuto apparire del tutto errato fin dall'inizio, ossia dagli anni del Mercato comune, della distruzione delle colture agricole, delle quote latte, e al più tardi dalla firma di Maastricht, ossia dal 1992. A che servirebbero gli scienziati se non fossero in grado di valutare gli errori a livello di progetto? Come mai nessuno ha parlato prima? Non avevano capito quale fine avrebbe fatto l'Europa? Avevano paura? Ma paura di chi? Non sono in grado di rispondere a questi interrogativi. È certo che sull'unificazione europea è stata stesa fin dall'inizio una strettissima rete di protezione e di censura: non se ne doveva parlare affatto, oppure si doveva elogiarla al massimo.

L'aspetto più grave, però, e che in un certo senso spiega anche come mai gli economisti si siano resi conto così tardi del fatto che l'unificazione europea era un progetto

[6] Thilo Sarrazin, *L'Europa non ha bisogno dell'euro*, RX Castelvecchi, Roma 2013.

sbagliato, sta nella loro incapacità di guardare oltre al campo ristrettissimo dei mercati e del denaro. Nessuno di loro, quindi, pur criticando l'Europa, ha volto neppure uno sguardo all'errore fondamentale del progetto europeo, un errore di cui quello della moneta è il più visibile soltanto perché è più «misurabile». Sembra quasi incredibile che coloro che si occupano di economia non conoscano, o non ritengano utile conoscere, il complesso di vita di un popolo, la sua cultura, la sua lingua, la sua storia, la sua produzione letteraria e artistica, la sua musica, la sua religione, i suoi costumi: come se l'economia, il mercato, il denaro non fossero parte dell'insieme e non ne dipendessero interagendovi di continuo economisti e banchieri l'ignorano. Sembrerebbe quasi una specie di tabù, malgrado gli importantissimi esempi degli studi di precursori quali, per citare soltanto i più famosi, Émile Durkheim e Max Weber. Del resto il tabù sembra aver funzionato anche nella questione più importante. Neppure uno di questi economisti accenna a quella che pure dovrebbe essere una deduzione ovvia: non possono aver compiuto i catastrofici errori che adesso tutti vedono i titolari delle più importanti cattedre universitarie di economia, i migliori fra gli economisti e i banchieri d'Europa quali quelli chiamati ad elaborare il progetto dell'unificazione europea. La conclusione è inevitabile: non si tratta di «errori», ma di una loro precisa volontà. Per quanto sia difficile convincersi che i governanti abbiano voluto distruggere i propri Stati, è ancora più difficile credere che siano stati compiuti gli enormi errori tecnici che hanno portato l'Europa fino alla crisi attuale senza che almeno qualcuno fra i politici, gli economisti e i banchieri in campo ne fosse consapevole.

In realtà, però, questi che andiamo facendo sono tutti discorsi inutili, dettati dalla disperazione cui i politici ci hanno ridotto perché non abbiamo il modo per ribellarci alla loro volontà. Sono stati i politici, esclusivamente i politici, con una dabbenaggine (ma è poi davvero soltanto dabbenaggine?) che non finisce mai di sorprendere, a credere che avrebbero ingrandito se stessi e il proprio potere facendo parte di un impero. Si è trattato, invece, di qualche misero orpello esteriore visto che, consegnata ai banchieri la capacità di battere moneta, ai politici non è rimasto nulla. In Europa, e in tutti gli Stati d'Europa, gli unici che comandano sono i banchieri. Questi miseri politici, però, non mancano mai di apparire con la bandiera europea alle spalle, povero cencio che non corrisponde a nulla, tantomeno a una Patria, come dimostra il fatto che di comune accordo tutti gli Stati l'hanno abolita, insieme al tanto decantato *Inno alla gioia*, firmando il Trattato di Lisbona. Forse dire «abolita» è troppo, ma quasi: è rimasta, per chi proprio ci tenga, la possibilità di farla sventolare sugli edifici dell'Ue nel giorno della festa dell'Europa.

Eppure non ci rinunciano. Vogliono continuare ad illudere gli altri e se stessi di appartenere a un grande Impero. In Italia la bandiera europea continua a sventolare ovunque e prima di tutto accanto al politico, Capo dello Stato, Capo del governo, Sindaco, che si esibisce davanti ai poveri cittadini succubi della loro insulsa vanità.

Mentre scrivo queste righe giungono di continuo le notizie sul dubbio amletico dei due partiti, il Pdl e il Pd, se e a chi convenga far cadere il governo Letta, il cosiddetto governo delle «larghe intese», voluto con tutta la sua dispotica volontà dal presidente della Repubblica e che ha inflitto agli italiani, nell'ambito della guerra di distruzione di cui abbiamo parlato in questo libro, il segno più forte e indicativo della fine ignominiosa della loro storia: essere governati da un ministro congolese. Sarà il Congo, dunque, a sventolare la bandiera della nuova «cultura» che si estenderà dall'Italia in tutta l'Europa. Una cultura che non ha dato, durante i millenni della sua storia, nessun contributo al «pensiero» dell'Uomo. Nulla; non c'è nulla nel patrimonio del sapere universale che risalga all'Africa. Ma che ovviamente distruggerà tutto quello che troverà sulla sua strada e che non può, non è in grado di «riconoscere» come valore. Non si sa quale nome dare alla nostra Repubblica attuale, che ha anticipato di almeno cinquant'anni la conquista africana, sottoponendosi volontariamente al potere di un congolese. Un tempo si chiamavano «Repubbliche delle banane» quelle che non valevano nulla, in genere africane o addirittura congolesi, e che fingevano di somigliare alle Repubbliche vere, quelle nate dalla storia e dalla civiltà europea. Oggi è troppo anche definire quella italiana Repubblica delle banane e forse si potrebbe proporre, anche per non offendere il ministro Kyenge, di trovare un nome appropriato formulando una scala in discesa di questo tipo di Repubbliche in base al minor valore di qualcuno dei frutti che la loro terra produce (datteri forse?).

Nel frattempo Berlusconi si dibatte fra il desiderio di vendicarsi della condanna subita togliendo il proprio appoggio al governo e la speranza, invece, che stare al governo gli serva per sfuggire alle conseguenze della condanna. Dopo essere «sceso in campo», come ha affermato per vent'anni, allo scopo di non far cadere l'Italia nelle mani dei comunisti, ha portato lui stesso i comunisti al governo. Ha contribuito così a rendere più facile la guerra di distruzione rafforzando i poteri mondialisti e omogeneizzatori che, tramite l'Europa, dirigono i governi nazionali. Una fine ignominiosa anche per lui. Forse gli sarebbe stato d'esempio e di aiuto ricordare che la tortura, i processi inquisitoriali per eliminare le persone scomode sono una costante della storia degli italiani e che nessun potere, da quello dei Dogi a quello dei Duchi, dei Principi, degli Imperatori, dei Papi, ne ha mai fatto a meno. Eppure, i ribelli ci sono sempre stati e fra le tante menzogne sul carattere degli italiani che sono state tramandate come ovvie, quella della loro vigliaccheria è la più falsa e la più ingiusta.

Forse Berlusconi non sa che uno dei più famosi italiani, Galileo Galilei, dopo un terribile interrogatorio e la tortura, è stato anch'egli condannato agli arresti domiciliari e non per tre o quattro anni, ma a vita. Se n'è rimasto dunque prigioniero in una piccola stanza ad Arcetri che suor Maria Celeste, la sua figlia prediletta, monaca di clausura e quindi anch'essa prigioniera e impossibilitata ad uscire, aveva affittato appositamente accanto all'orto del suo monastero in modo da poterlo accudire e fargli da segretaria nel suo lavoro.[7] È stata lei, Celeste, infatti, a scrivere sotto sua dettatura e a ricopiare decine di volte il *Dialogo sopra i due massimi sistemi*, causa prima del processo e della condanna, mandandolo in giro fra tutti gli scienziati, i quali a loro volta lo hanno trascritto e nascosto, pena la morte, in barba all'Inquisitore, il gesuita Cardinal Roberto Bellarmino che, come pena aggiuntiva, ne aveva disposto il rogo cercandone le copie ovunque. Il *Dialogo sopra i due massimi sistemi* è stato copiato e nascosto tanto bene che è giunto fino a noi. In compenso la Chiesa ha non soltanto canonizzato Bellarmino, ma a propria eterna ignominia, lo ha anche dichiarato Dottore della Chiesa.[8]

Credo, però, che Berlusconi non abbia capito nulla neanche della storia e della politica cui ha partecipato, altrimenti oggi potrebbe forse almeno ritardare la distru-

---

[7] Antonio Favaro, *Galileo Galilei e Suor Maria Celeste*, Barbera, Firenze 1891; Luca Desiato, *Galileo, mio padre*, Mondadori, Milano 1983.

[8] Roberto Bellarmino possiede un primato, nella storia dell'Inquisizione, che nessun altro inquisitore ha mai potuto battere. Oltre a processare e condannare Galileo (nel primo processo cui è stato sottoposto lo scienziato) agli arresti domiciliari a vita e al rogo dei suoi scritti – che non ha potuto condannare a morte, come avrebbe dovuto dato che era la morte la condanna prevista per l'eresia (contraddiceva la Bibbia sostenere che la terra «non stava ferma») a causa del discredito che sarebbe venuto alla Chiesa uccidere uno scienziato di fama mondiale – ha processato e condannato al rogo, insieme ai suoi scritti, Giordano Bruno che nulla avrebbe potuto sottrarre alla sua furia visto che si trattava dell'eresia di un ex frate domenicano.

zione finale organizzando con tutti i mezzi che possiede la «resistenza» agli ordini dell'Europa, facendo uscire l'Italia dall'euro e dando così anche alle altre Nazioni europee quella scossa, quel sussulto di vitalità che è indispensabile per combattere gli strateghi della distruzione. Sarebbe l'unico modo, per lui, di rimanere nella storia. Non può illudersi, infatti, di rimanerci comunque: quello che rimane nella storia è ciò che vi ha impresso un'orma, un cambiamento, anche piccolo, che ha influito sul suo evolversi, nel bene o nel male. I circa vent'anni di presenza berlusconiana nella politica italiana, invece, sono stati una pausa inutile perché hanno «accompagnato» senza la più piccola incertezza e senza scosse la consegna dell'indipendenza e della sovranità dell'Italia all'Ue, ossia l'unica cosa importante per la storia dell'Italia in questo periodo. Ha inoltre acconsentito a tutte le guerre che con il nome di «missioni» l'America ha imposto, guerre che erano soltanto di danno all'Italia, come quella in Afghanistan e ultima quella contro la Libia, vero e proprio tradimento non soltanto degli interessi italiani in quel Paese per gli investimenti industriali e per gli accordi riguardanti il freno all'immigrazione, ma anche nei confronti di Gheddafi al quale aveva fatto credere in una sua personale amicizia. Fallimento finale e sconcertante, poi, del berlusconismo, l'aver affermato fin dall'inizio che scendeva in campo per impedire l'avvento dei comunisti al potere e averceli, invece, portati lui stesso.

Una disuguaglianza

Quale terribile destino, quello degli italiani, essere stati sempre, salvo che nel periodo dell'antica Roma e in quello del Risorgimento, governati da persone prive di una qualsiasi delle virtù necessarie a chi è a capo di un popolo! Sembra quasi incredibile al confronto l'entusiasmo di un Dumas per gli italiani, per gli italiani che combattono per la propria Patria. Se non l'avesse narrato lui stesso, con la sua incomparabile capacità di scrittore, stenteremmo a riconoscere negli italiani che lui descrive nei suoi diari di corrispondente di guerra intitolati a Garibaldi e ai garibaldini[9] gli stessi italiani di cui gli attuali governanti pretendono di essere i rappresentanti. Dumas ha abbandonato i suoi impegni di scrittore, il suo lavoro, ha venduto tutto ciò che possedeva per comprare un brigantino da offrire a Garibaldi ed è partito per Genova ad aspettarlo sul molo: gli chiederà in cambio di prenderlo con sé come corrispondente di guerra, vuole essere presente al suo fianco e narrare la sua battaglia per la Patria, per la libertà dell'Italia. Nessuno storico italiano ha mai descritto con tanta passione di verità l'uomo Garibaldi, gli uomini di Garibaldi, il loro coraggio, i loro sacrifici, la loro intelligenza strategica in una guerra in cui poche centinaia di uomini, vestiti e armati come capitava, con una camiciola rossa e qualche fucile, si trovavano a combattere contro l'esercito e le navi di un Re che possedeva metà dell'Italia, oltre che contro l'ira dei Pontefici.

Quale aggettivo trovare per descrivere i nostri governanti? Piccoli, miseri, ignoranti, stupidi, mentitori, traditori? No, sono talmente privi di qualità, talmente mediocri, che anche la definizione di «traditori» sembra troppo grande per loro. Nello scorrere col pensiero, in un rapidissimo sguardo sul recente passato, i nomi di questi governanti, la storia dei loro tradimenti, non ho potuto fare a meno di riconoscere che a nessun popolo è stato riservato, come a quello italiano, il destino di essere «rappresentato» da persone che non sono «italiane» se non perché iscritte all'anagrafe come tali. Spinta perciò dalla di-

[9] Alexandre Dumas, *I garibaldini*, Editori Riuniti-University Press, Roma 2011.

sperazione di questi giorni «finali», ho pensato che non c'è in questo momento in Italia un'altra persona che, come Berlusconi, abbia a disposizione grandi ricchezze personali da poter spendere come vuole e un grande partito già organizzato, che dipende quasi del tutto da lui e dalle sue decisioni e che inoltre ha di fronte a sé soltanto modi più o meno dolorosi di perdere il suo potere; insomma, che non ha più nulla da perdere. Certo si può avere molto potere in altri modi ma il potere vero, quello di chi impone il proprio potere agli altri creando le leggi, colloca in una dimensione diversa, quella della «potenza trascendente» e Berlusconi lo percepisce meglio e più degli altri proprio perché usufruisce di suo dell'altro indispensabile potere, quello della ricchezza. Non c'era quindi altra possibilità per salvare l'Italia dalla cancellazione della Nazione e dell'identità italiana che rivolgersi a lui. La questione della moralità, che molti gli contestano, a me appare di quasi nessun peso. Cos'è un'evasione fiscale o qualche nottata troppo allegra? Nulla, assolutamente nulla. I politici oggi operanti in Italia hanno commesso delitti spaventosi contro la propria Patria, contro i loro compatrioti e sudditi, li hanno traditi innumerevoli volte, dopo aver giurato fedeltà (il giuramento di fedeltà alla Repubblica italiana è prestato obbligatoriamente da tutti i ministri e da tutti Capi di Stato) portandoli fino alle condizioni attuali di degrado come popolo, come Nazione, come dignità e questo al solo scopo di aumentare il proprio potere oppure le proprie ricchezze oppure la propria area d'influenza e sempre con la complicità, l'assenso o il silenzio, di tutti gli altri politici. Quando Craxi ha affermato in Parlamento, all'inizio dell'operazione Mani pulite, che «tutti sapevano» e quindi che tutti erano complici, credeva di dire una cosa ovvia, invece ha firmato la propria condanna. Il primo ad abbandonarlo al suo destino, seguito immediatamente da tutti gli altri, è stato quel Giuliano Amato che era il suo braccio destro e segretario e che è ancora sulla piazza con pretese, o attese, di salire al gradino più alto. La presidenza della Camera era stata occupata per tre legislature dalla stessa persona, una comunista di ferro e compagna di Togliatti: Nilde Iotti. Non si era mai accorta di stare in mezzo a tanti ladri? Era davvero un'imbecille, priva di ogni normale spirito di osservazione? Come faceva allora a governare i poveri italiani? No, no, bisogna per forza accusarli tutti almeno di complicità e di aver salvaguardato i propri interessi nella complicità. Nel caso di Iotti, evidentemente si è assicurata, con il suo silenzio, la poltrona di presidente della Camera dei deputati.

I politici italiani sono riusciti ad elaborare e a far ritenere giusta la teoria che ciò che si fa in «politica» non può e non deve essere giudicato con il metro normale né della giustizia né del buon senso. Di conseguenza, se non si riesce a portare in luce un qualche «passaggio di soldi o di analogo ai soldi», i politici non sono responsabili di ciò che dicono e fanno. Berlusconi è stato accusato di reati evanescenti dal punto di vista politico, ma anche se riuscisse a salvarsi dalle condanne che gli sono state inflitte, non lascerà niente di se stesso alla storia. Il «berlusconismo» non è nulla, non è mai stato nulla, né sul piano del pensiero, né sul piano delle azioni. Il «moderatismo» è una sciocchezza quando si tratta di scelte politiche. Per questo Berlusconi non ha lasciato traccia di sé, sebbene sia sulla piazza politica italiana da vent'anni. Di fronte alla scelta di rinunciare alla sovranità monetaria firmando il Trattato di Maastricht o di rinunciare ai confini dell'Italia firmando il Trattato di Schengen, il «moderatismo» non serve a nulla. È servito esclusivamente a far credere che in Italia ci fosse una normale dialettica democratica fra chi governa e chi sta all'opposizione, e Berlusconi da questo punto di vista era necessario che esistesse. Finta democrazia, finta opposizione. Oggi che finalmente ha portato i comunisti al governo e il totalitarismo del governo euromondiale, impersonato da Letta, è stato pienamente accettato, di lui non c'è più bisogno.

La società italiana si sta autodistruggendo, come abbiamo cercato di dimostrare in questo libro, e nell'immenso mare della dissoluzione, a che può servire dunque sperare in un uomo che in vent'anni non ha concluso nulla? Io, però, la lettera con la proposta di portare l'Italia fuori dall'euro con il nuovo partito che sta organizzando gliel'ho mandata. Non lo vede anche lui che è contornato da traditori anche all'interno del suo partito? Non lo vede anche lui che, se si rimane privi dell'autonomia monetaria, non ci sono speranze né d'indipendenza né di benessere? Non lo vede anche lui che, se si deve rimanere legati a quel parametro del 3 per cento del Pil, bisogna per forza mantenere altissime le tasse? Ma non è stato detto che questi parametri sono sbagliati? Niente da fare: o è schizofrenia o è tradimento, il risultato non cambia. L'Italia è perduta in ogni caso. Chissà! Può darsi che lo tenti l'idea di poter «passare alla storia»...

Sogni! Sogni di chi cerca ancora la libertà, di chi spera ancora di poter combattere contro un mondo che ci vuole morti. L'ho già scritto molte volte e ne sono ogni giorno più convinta: gli italiani danno fastidio a tutti, sono troppo imprevedibili. Sono proprio quello che il Laboratorio per la Distruzione non vuole, non sopporta: una «disuguaglianza» nell'immenso mare dell'omogeneità.

Sto scrivendo le ultime righe di questo libro. Sento le notizie: Obama non se la passa tanto bene neanche lui, alle prese con il Congresso, Putin fa arrabbiare tutti andando d'amore e d'accordo con la Siria, Napolitano sta escogitando l'ennesima manovra dittatoriale per evitare le elezioni e rimanere arbitro assoluto del potere in Italia, i soliti emissari del prossimo governo mondiale ammoniscono i discoli italiani sventolando la bandiera dello spread. Insomma, siamo nel pieno della Terza guerra mondiale, quella contro di noi. Questa è la realtà.

Bibliografia

AA. VV., «Sodalitium», n. 3, 2013.

AA. VV., *Euro senza Europa*, «Limes» (Quaderni speciali), n. 1, Roma 2010.

AA. VV., *L'Europa è un bluff*, «Limes», n. 1, Roma 2006.

AA. VV., *L'histoire et ses méthodes*, Gallimard, Paris 1961.

Abbate, Carmelo, *Sex and the Vatican*, Edizioni Piemme, Milano 2011.

Abrahamsson, Hans, *The Origin of Death*, Almquist and Wiksells, Uppsala 1951.

Acton, Harold, *I Borboni di Napoli (1734-1825)*, Giunti, Firenze 1997.

Albanesi, Vinicio, *I tre mali della Chiesa in Italia*, Ancora, Milano 2012.

Alberti, Annibale, *Verdi intimo. Carteggio di Giuseppe Verdi con Opprandino Arrivabene, 1861-1886*, Mondadori, Milano 1931.

Amoroso, Bruno – Jespersen, Jesper, *L'Europa oltre l'euro*, Castelvecchi, Roma 2012.

Amoroso, Bruno, *Euro in bilico. Lo spettro del fallimento e gli inganni della finanza globale*, Castelvecchi, Roma 2011.

Arensberg, Conrad M., «L'antropologia come storia», in Polanyi, Karl (a cura di), *Traffici e mercati negli antichi imperi*, Einaudi, Torino 1978, pp. 117-137.

Aubin, Henry, «Conduits Magiques et Psychopathologie des Délires», in *Congrès International de Psychiatrie*, vol. I, Paris 1950, pp. 1968-1971.

Babélon, Jean, «Numismatique», in *L'histoire et ses méthodes*, vol. XI, Gallimard, Paris 1961, pp. 329-389.

Bachelard, Gaston, *Epistemologia*, Laterza, Bari 1975.

Bagnai, Alberto, *Il tramonto dell'euro*, Imprimatur, Reggio Emilia 2012.
Bataille, Georges, *Oeuvres*, Gallimard, Paris 1971.
Beltrami, Giacomo Costantino, *L'Italia ossia scoperte fatte dagli italiani, nelle scienze, nelle arti, ecc.*, Giuseppe Ruggia e C., Lugano 1834.
Benadusi, Lorenzo – Colarizi, Simona (a cura di), *1911. Calendario italiano*, Laterza, Bari 2011.
Berlinguer, Giovanni – Garrafa, Volnei, *La merce finale. Saggio sulla compravendita di parti del corpo umano*, Baldini&Castoldi, Milano 1996.
Bidney, David, «The Concept of Value in Modern Anthropology», in Kroeber, Alfred Louis (a cura di), *Anthropology Today*, University of Chicago Press, Chicago 1953.
Bini Smaghi, Lorenzo, *Morire di austerità*, il Mulino, Bologna 2013.
Boas, Franz, *Race, Language and Culture*, Macmillan, New York 1948.
Body, Richard, *A Democratic Europe. An Alternative to the European Union*, New European Publications, London 2006.
Caracciolo, Lucio, «Le vendette della storia», in *L'Europa è un bluff*, «Limes», n. 1, Roma 2006.
Chabod, Federico, *Storia dell'idea di Europa*, Laterza, Bari 1961.
Collomb, Henri, *La mort en tant qu'organisateur de syndromes psychosomatiques en Afrique*, in «Psychopathologie Africaine», vol. XIII, 2, 1977, pp. 137-147.
Daniel, Marc – Baudry, André, *Gli omosessuali*, Vallecchi, Firenze 1974.
De Goncourt, Edmond, *L'Italia di ieri. Note di viaggio 1855-1856*, Perinetti Casoni Editore, Milano 1944.
Devereux, Georges, *Saggi di etnopsichiatria generale*, Armando, Roma 1978.
Diderot, Denis, *La religiosa*, Marsilio, Venezia 2002.
Dodds, Eric R., *Pagani e cristiani in un'epoca di angoscia*, La Nuova Italia, Firenze 1993.
Dumas, Alexandre, *I garibaldini*, Editori Riuniti University Press, Roma 2011.

Epiphanius, *Massoneria e sette segrete*, Controcorrente Edizioni, Napoli 2002.
Fanzaga, Livio – Gnocchi, Alessandro – Palmaro, Mario, *Il crocifisso scomodo*, Piemme, Casale Monferrato 2003.
Fonseca, Luigi Gonzaga da, *Le meraviglie di Fatima*, Paoline, Roma 1970.
Foucault, Michel, *Nascita della clinica. Il ruolo della medicina nella costituzione delle scienze umane*, Einaudi, Torino 1969.
Gadamer, Hans-Georg, *Il problema della coscienza storica*, Guida, Napoli 1969.
Galeazzi, Giacomo – Pinotti, Ferruccio, *Vaticano massone*, Piemme, Milano 2013.
Gascou, Jacques, *La politique municipale de l'empire romain en Afrique proconsulaire de Trajan à Septime-Sévère*, Paris 1972.
Goethe, Johann Wolfgang, *Viaggio in Italia*, Rizzoli, Milano 2000.
Grimal, Pierre, *La civilisation romaine*, Arthaud, Paris 1968.
Guarino, Giuseppe, *Verso l'Europa. Ovvero la fine della politica*, Mondadori, Milano 1997.
Hagen, Victor Wolfgang von, *Le grandi strade di Roma nel mondo*, Newton Compton, Roma 1978.
Hall, Edward, *Il linguaggio silenzioso*, Bompiani, Milano 1969.
Heath, Dwight B., *Sexual Division of Labor and Cross-Cultural Research*, in «Social Forces», vol. XXXVII, 1, 1958, pp. 77-79.
Hertz, Robert, *Studio sulla rappresentazione collettiva della morte*, Savelli, Roma 1979.
Hill, Dave, *Il futuro del maschio*, Garzanti, Milano 1999.
Hogbin, Ian H., *Experiment in Civilization. The Effects of European Culture on a Native Community of the Solomon Islands*, George Routledge, London 1939.
Inkeles, Alex – Levinson, Daniel J., «National Character. The Study of Modal Personality and Sociocultural Systems», in Lindzey, Gardner (a cura di), *Handbook of Social Psychology*, Addison-Wesley, Reading MA 1968, pp. 977-1020.

Japikse, Nicolaas, *Europa und Bismarcks Friedenspolitik*, Deutsche Verlagsgesellschaft für Politik und Geschichte, Berlin 1927.
Kardiner, Abram, *L'individuo e la sua società*, Bompiani, Milano 1965.
Kluckhohn, Clyde – Kroeber, Alfred Louis, *Il concetto di cultura*, il Mulino, Bologna 1972.
Kroeber, Alfred Louis, *La natura della cultura*, il Mulino, Bologna 1977.
La Mesa, Rina (a cura di), *Viaggiatori stranieri in Sicilia*, Cappelli, Bologna 1961.
Laing, Ronald D. – Esterson, Aaron, *Normalità e follia nella famiglia*, Einaudi, Torino 1970.
Laing, Ronald D., *L'Io e gli altri*, Sansoni, Firenze 1969.
Laubscher, Barend J.F., *Sex, Custom and Psychopathology. A study of South African natives*, George Routledge, London 1937.
Laurentin, René, *Lourdes. Cronaca di un mistero*, Mondadori, Milano 1997.
Le Goff, Jacques, *Genio del Medioevo*, Mondadori, Milano 1959.
Leopardi, Giacomo, *Discorso di un Italiano intorno alla poesia romantica*, Rizzoli, Milano 1998.
—, *Discorso sopra lo stato presente dei costumi degl'italiani*, Rizzoli, Milano 1998.
—, *Zibaldone di pensieri*, Mondadori, Milano 2004.
Leroi-Gourhan, André, *Il gesto e la parola*, Einaudi, Torino 1977.
Letta, Enrico, *Euro sì. Morire per Maastricht*, Laterza, Bari 1997.
Letta, Enrico – Caracciolo, Lucio, *L'Europa è finita?*, Add Editore, Torino 2010.
Lévi-Strauss, Claude, *Le strutture elementari della parentela*, Feltrinelli, Milano 1969.
—, *Lo sguardo da lontano*, Einaudi, Torino 1984.
Linton, Ralph, *Culture and Mental Disorders*, Thomas, Springfield 1956.
—, «The Concept of National Character», in Stanton, Alfred H. – Perry, Stewart E. (a cura di), *Personality and Political Crisis*, Free Press, New York 1951, pp. 133-150.

Lodola D'Oria, Vittorio, *Pazzi per la scuola*, Alpes Italia, Roma 2010.

Lopez, Roberto S., *La nascita dell'Europa. Secc. V-XIV*, Einaudi, Torino 1966.

Lyons, Eugene, *Il crollo dell'utopia comunista*, Bocca, Milano 1940.

Magli, Giulio, *Mysteries and Discoveries of Archaeoastronomy*, Springer, New York 2009.

—, *The Orientation of Roman Towns in Italy*, in «Oxford Journal of Archaeology», Wiley Online Library, vol. XXVII, 1, 2008, pp. 63-71.

Magli, Ida, *Contro l'Europa*, Bompiani, Milano 1997.

—, *Dopo l'Occidente*, Rizzoli, Milano 2012.

—, *Gli uomini della penitenza. Lineamenti antropologici del Medioevo italiano*, Cappelli, Bologna 1968.

—, *Il mulino di Ofelia*, Rizzoli, Milano 2007.

—, *Introduzione all'antropologia culturale*, Laterza, Bari 1983.

—, *La dittatura europea*, Rizzoli, Milano 2010.

—, *La femmina dell'uomo*, Laterza, Bari 1985.

—, *La Madonna. Dalla donna alla statua*, Rizzoli, Milano 1987; nuova edizione accresciuta: Baldini&Castoldi, Milano 1997.

—, *La sessualità maschile*, Mondadori, Milano 1989.

—, *Matriarcato e potere delle donne*, Feltrinelli, Milano 1978.

—, *Omaggio agli italiani*, Rizzoli, Milano 2005.

—, *Santa Teresa di Lisieux. Una romantica ragazza dell'Ottocento*, Rizzoli, Milano 1984.

—, *Sesso e potere*, Bompiani, Milano 1998.

—, *Storia laica delle donne religiose*, Longanesi, Milano 1995.

—, *Sulla dignità della donna*, Guanda, Parma 1993.

—, *Viaggio intorno all'uomo bianco*, Rizzoli, Milano 1986.

Malinowski, Bronislaw, *Sex, Culture and Myth*, Harcourt, New York 1962.

Mandrou, Robert, *Magistrati e streghe nella Francia del Seicento*, Laterza, Bari 1971.

Manzoni, Alessandro, *Promessi sposi*, SEI, Torino 2008.

Martini, Gabriele, *Il «vitio nefando» nella Venezia del Seicento*, Jouvence, Roma 1988.

Mead, Margaret, *Maschio e femmina*, il Saggiatore, Milano 1962.
Messori, Vittorio, *Bernadette non ci ha ingannati*, Mondadori, Milano 2012.
Moncomble, Yann, *Il segreto del mondialismo*, Effedieffe, Proceno 2011.
—, *Les vrais responsables de la troisième guerre mondiale*, Éditions Faits ed Documents, Paris 1982.
Morris, Desmond, *La tribù del calcio*, Mondadori, Milano 1982.
—, *L'uomo e i suoi gesti*, Mondadori, Milano 1978.
Mumford, Lewis, *Tecnica e cultura*, il Saggiatore, Milano 1968.
Muti, Riccardo, *Verdi, l'Italiano*, Rizzoli, Milano 2013.
Nietzsche, Friedrich, *Sull'avvenire delle nostre scuole*, Adelphi, Milano 2012.
Nuzzi, Gianluigi, *Sua Santità. Le carte segrete di Benedetto XVI*, Chiarelettere, Milano 2012.
—, *Vaticano S.p.A.*, Chiarelettere, Milano 2009.
Opler, Marwin, *Culture and Mental Health*, Macmillan, New York 1959.
Ortigues, M. – Diop, M. – Collomb, H., *Syndrome de Possession, Niveaux d'Organisation de la Personnalité et Structures Sociales*, in «Congrès de Psychiatrie et Neurologie de Langue Française», vol. I, 1964, pp. 344-352.
Otto, Rudolf, *Il sacro*, Feltrinelli, Milano 1966.
Panebianco, Beatrice – Gineprini, Mario – Seminara, Simona, *LetterAutori. Dal Seicento all'Ottocento*, Zanichelli, Bologna 2012.
Papini, Giovanni – Prezzolini, Giuseppe, *Vecchio e nuovo nazionalismo*, Studio editoriale lombardo, Milano 1914.
Pauwels, Jacques R., *Profit über alles!*, La città del sole, Napoli 2008.
Pettazzoni, Raffaele, *Verità del mito*, in «Studi e Materiali di storia delle religioni», vol. XXI, Zanichelli, Bologna 1947-1948.
Quinto, Danilo, *Da servo di Pannella a figlio libero di Dio*, Fede e cultura, Verona 2012.
Rahner, Hugo, *Ignazio di Loyola e le donne del suo tempo*, Paoline, Roma 1968.

Ridolfi, Roberto, *Vita di Girolamo Savonarola*, Belardetti, Roma 1952.
Rinaldi, Antonio Maria, *Europa Kaputt: (S)venduti all'euro*, Piscopo, Roma 2013.
Rochemonteix, Camille (de), *Les Jésuites et la Nouvelle-France au XVIIe Siècle*, Letouzey et Ané, Paris 1895.
Rogge, Heinrich, *Intese con l'Inghilterra tentate da Hitler*, Garzanti, Milano 1941.
Rykwert, Joseph, *The Idea of a Town. The Anthropology of Urban Form in Rome, Italy, and The Ancient World*, MIT Press, Cambridge MA 1999.
Safrai, Ze'ev, *The Economy of Roman Palestine*, Routledge, London-New York 1994.
Sapir, Edward, *Cultural Anthropology and Psychiatry*, American Psychological Association, Washington 1932.
Sarrazin, Thilo, *L'Europa non ha bisogno dell'euro*, Lit Edizioni, Roma 2013.
Schumann, Robert, *Chopin e il virtuosismo romantico*, Marsilio, Venezia 1989.
Shorter, Edward, *Storia del corpo femminile*, Feltrinelli, Milano 1988.
Sorge, Bartolomeo, *Oltre le mura del tempio*, Paoline, Milano 2012.
Steiner, George, *Una certa idea di Europa*, Garzanti, Milano 2006.
Svidercoschi, Gian Franco, *Il ritorno dei chierici*, Edb, Bologna 2012.
Tripp, Clarens Arthur, *La questione omosessuale*, Rizzoli, Milano 1978.
Tylor, Edward Burnett, *Anthropology. An Introduction to the Study of Man and Civilization*, Macmillan, London 1881.
—, *Primitive Culture*, Murray, London 1871.
Urquhart, Gordon, *Le armate del papa*, Ponte alle Grazie, Firenze 1996.
van der Leeuw, Gerardus, *Fenomenologia della religione*, Boringhieri, Torino 1960.
Virion, Pierre, *Bientôt un gouvernement mondial?*, Téqui, Paris 1967.

Weber, Max, *L'etica protestante e lo spirito del capitalismo*, Sansoni, Firenze 1970.
Zilboorg, Gregory, *Masculine and Feminine. Some Biological and Cultural Aspects*, in «Psychiatry», vol. VII, 1944, pp. 257-269.
Zola, Émile, *Roma*, Bordeaux, Roma 2012.
—, *Viaggio a Lourdes*, Medusa, Milano 2010.

Indice dei nomi

Indice

Finito di stampare nel novembre 2013 presso
Rotolito Lombarda S.p.A. - Seggiano di Pioltello (Mi)
Printed in Italy

RCS
Libri

ISBN 978-88-17-06677-8